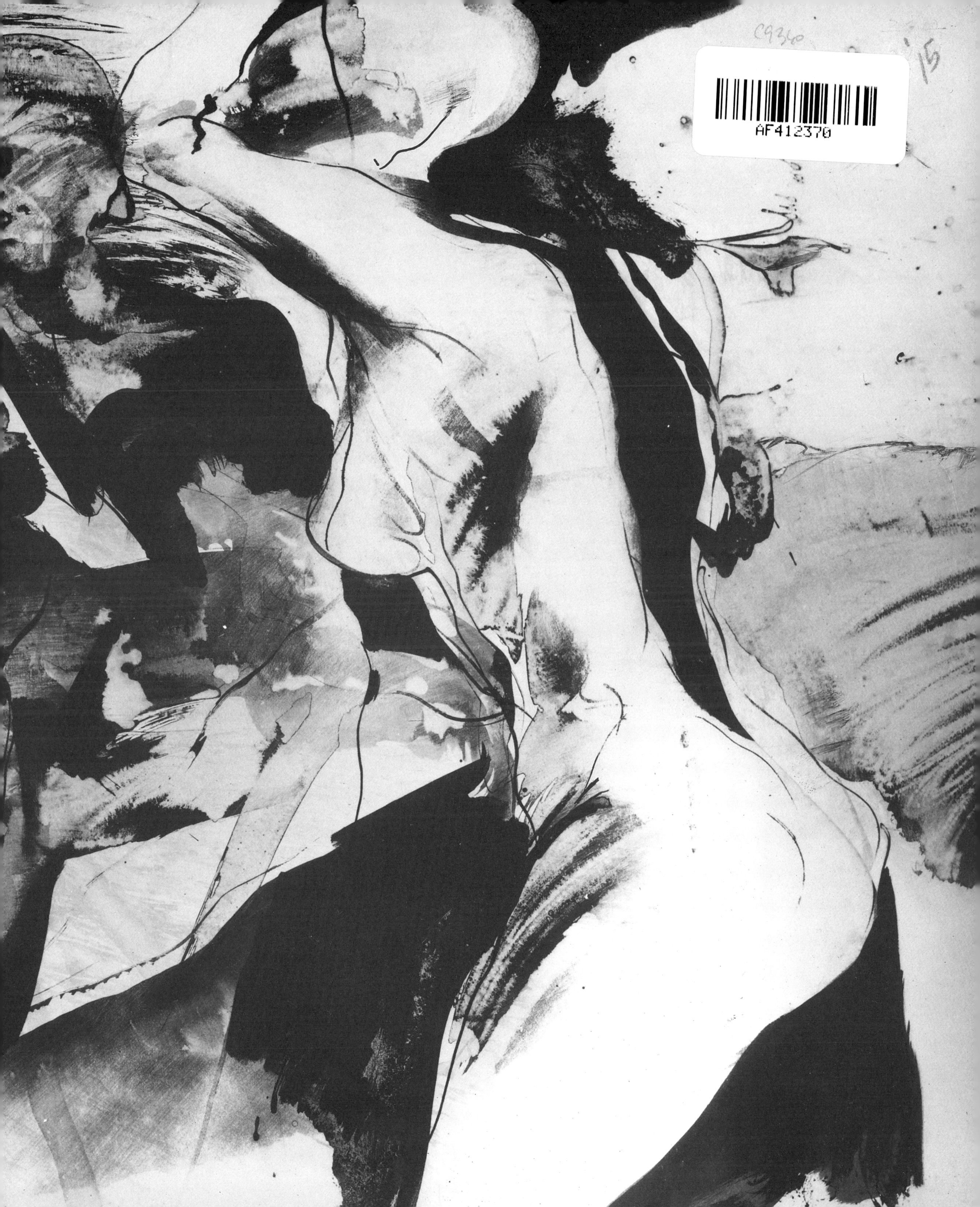

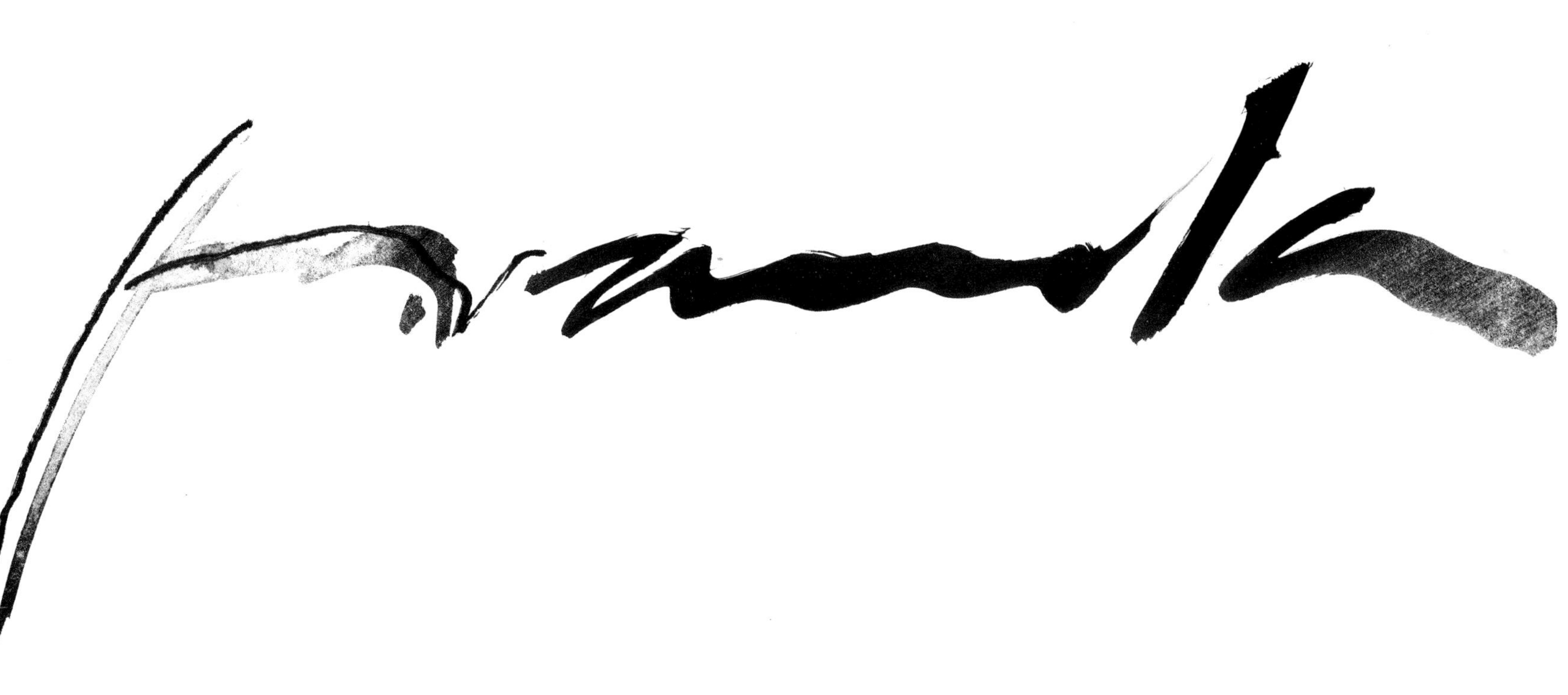

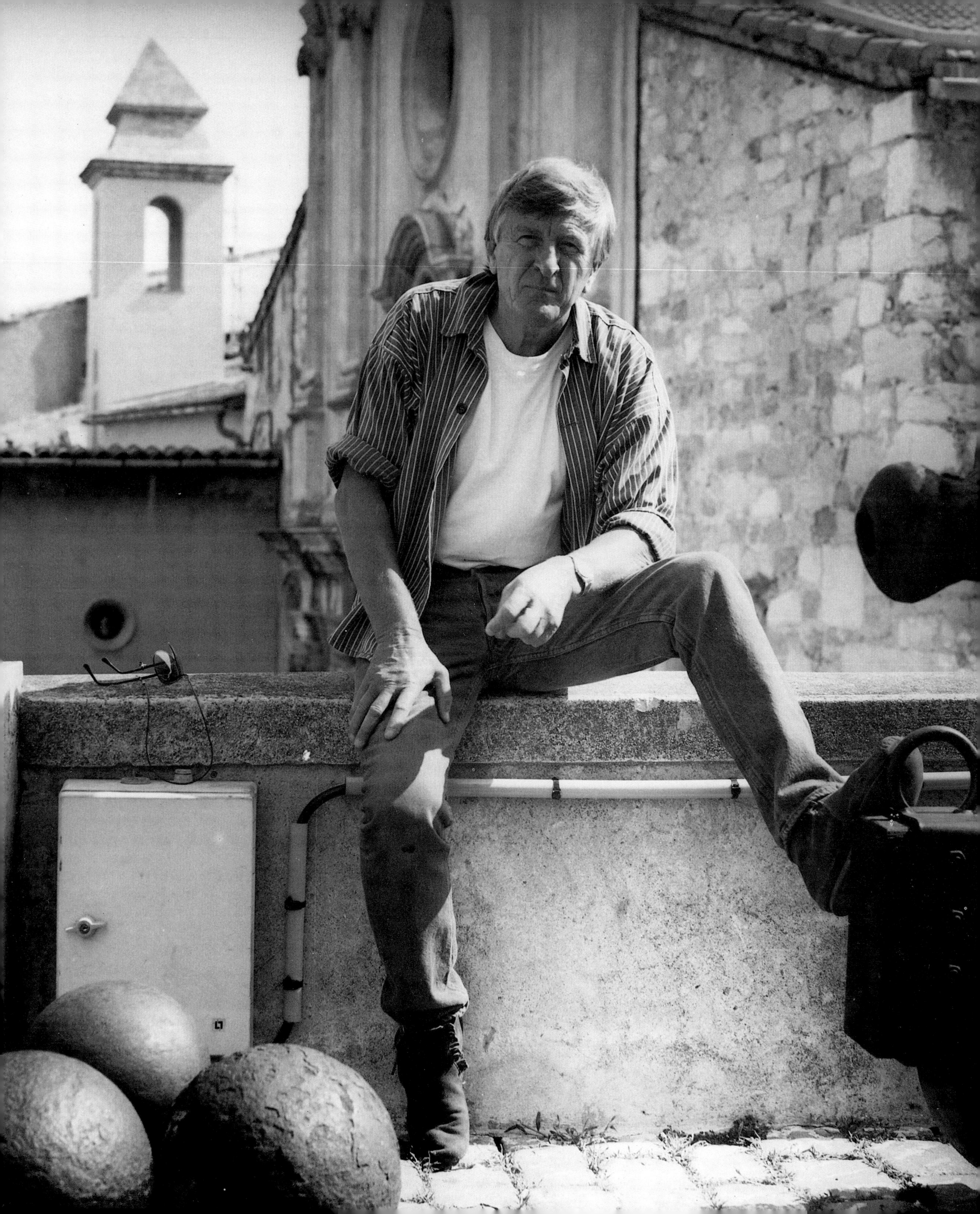

BERNARD NOËL

paintings and works on paper

FRANTA

peintures et travaux sur papier

Introduction
TH. M. MESSER

MAGE PUBLISHERS, INC.
WASHINGTON, D.C.

Text translated from French by: Betsy Eisendrath
Texte traduit du Français par:

Introduction translated from English by: Catherine Guetta
Introduction traduit de L'anglais par:

Dimensions of all artwork are given in centimeters; height precedes width.

Published with the aid of the French Ministry of Culture
Publié avec le concours du Ministère de la Culture (FIACRE)

Library of Congress Cataloging-in-Publication Data

Noël, Bernard, 1930
    Franta : paintings and works on paper = Franta.

    English and French.
    Bibliography: p. 142
    1. Franta, 1930-   .   2. Artists--France--
Biography. I. Title. II. Title: Paintings and works on paper.
N6853.F725N6   1987   759.4   86-23785

ISBN 0-934211-03-5
ISBN 0-934211-05-1 (lim. ed.)

A numbered edition limited to 50 copies is available; each copy includes a signed original work by Franta.
Une edition numerotée limitée à 50 exemplaires; Chaque exemplaire comprend une œuvre originale signée par Franta.

Mage Publishers, Inc.
1032 29th St., N.W.
Washington, D.C. 20007
(202) 342-1642

Printed in Japan

Contents
Sommaire

Introduction

Avant-propos

Franta is agonizingly concerned about the human condition. His explicit imagery of a maimed, bloodied and fragmented anatomy remains at the mercy of painful constraints imposed by a mechanistic environment. The tortured flesh of Franta's art is compulsive, reappearing in countless variations, never allowing us to forget the psychic origins of his art. Simultaneously the resulting dichotomy between the soft and the hard, between the organic and the fabricated, and between the coloristically muted and explicit, creates an appropriate formal vocabulary. As a result, it is difficult and perhaps unprofitable in Franta's case to distinguish between his overlapping observations and memories, his renderings and expressions, his fantasies and symbols. All find simultaneous manifestations in Franta's art. And all contribute to his search for reality that begs for answers to the large questions that his insights and vulnerabilities have urged upon him.

The artist's needs are already fully in evidence in the early exhibitions in his native Czechoslovakia and later in Italy. By the time he settled down in France, still in his twenties, Franta had located the central issues upon which his art was to be based. Consciously or not, painting took on an ameliorative, almost messianic purpose which also allowed him to reduce the sense of oppressiveness that a knowledge of evil inevitably brings about. It is difficult to divorce such points of departure from the

La condition humaine est le tourment majeur de Franta. Son imagerie explicite donne à voir une anatomie mutilée, sanglante et fragmentée à la merci des contraintes douloureuses d'un environnement mécanisé. La chair torturée obsède l'art de Franta, réapparaissant sans cesse et ne nous permettant jamais d'oublier l'origine psychique de sa peinture. Dans le même temps, ce qui résulte de la dichotomie produite entre le mou et le dur, l'organique et le fabriqué et les colorations en demi-teinte ou évidentes crée un vocabulaire d'expression formelle. Il serait difficile et sans doute inutile dans le cas de Franta de chercher à dissocier le chevauchement de la mémoire et de l'observation, de l'interprétation et de l'expression, des fantasmes et des symboles. Tous ces éléments se retrouvent dans son œuvre en des manifestations simultanées. Tous contribuent à cette quête du réel, à ce besoin de réponses aux vastes questions que son intuition et sa sensibilité au monde lui imposent.

Cette exigence de l'artiste est déjà totalement évidente dans ses premières expositions, dans sa Tchécoslovaquie natale et plus tard en Italie. Lorsqu'il s'installe en France, avant d'avoir atteint trente ans, Franta a cerné les questions centrales qui allaient sous-tendre son Art. Consciemment ou non peindre devient presque une volonté messianique qui lui permet de réduire cette sensation d'oppression qu'apporte inévitablement la connaissance du mal. Il est difficile de séparer de telles prémisses, des

political tragedies of Franta's time and place. Yet nothing he reveals as an artist allows narrow interpretations or explicit references.

While Franta's development renders proof of considerable independence, his work brings to mind the painting of Goya, Rouault, Kokoschka, Soutine, Bacon and others. These artists depict the human figure as the central carrier of their creative intention and the figure's deformation and mutilation as the prime conveyor of the human predicament. More important, they all have come to feel the tension between an acute sense of pain and its alleviation through a developing perfection of their art. Such tension, essentially between the dissonance of experience and the resolution of form, moves us toward esthetic perception while attenuating the roots of art in the malaise of life. Thus, Franta's art is in a decisive stage. His latest work gives auspicious promise of a newly emerging equilibrium.

Thomas M. Messer
Director, The Solomon R. Guggenheim Museum
New York, September 1986

tragédies politiques de son temps. Et pourtant rien dans l'art de Franta ne prête à des interprétations mécaniques, à des références précises.

Tandis que le developpement de sa création atteste de sa grande indépendance, ses œuvres évoquent les toiles de Goya, Rouault, Kokoschka, Soutine, et Bacon entre autres. Ces artistes font de la figure humaine l'expression dominante de leur désir créateur et de sa déformation et mutation l'outil principal de la représentation du sort humain. Plus encore, tous sont parvenus à sentir la tension entre un sens aigu de la douleur et son adoucsissement par leur poursuite de la perfection artistique. Une telle tension, essentiellement entre les expériences dissonantes et leur résolution par la forme ne peuvent qu'aiguiser notre perception esthétique, tout en atténuant les racines que l'art tire du mal de vivre. L'art de Franta est dans une phase décisive. Ses derniers travaux laissent augurer l'émergence d'un nouvel équilibre.

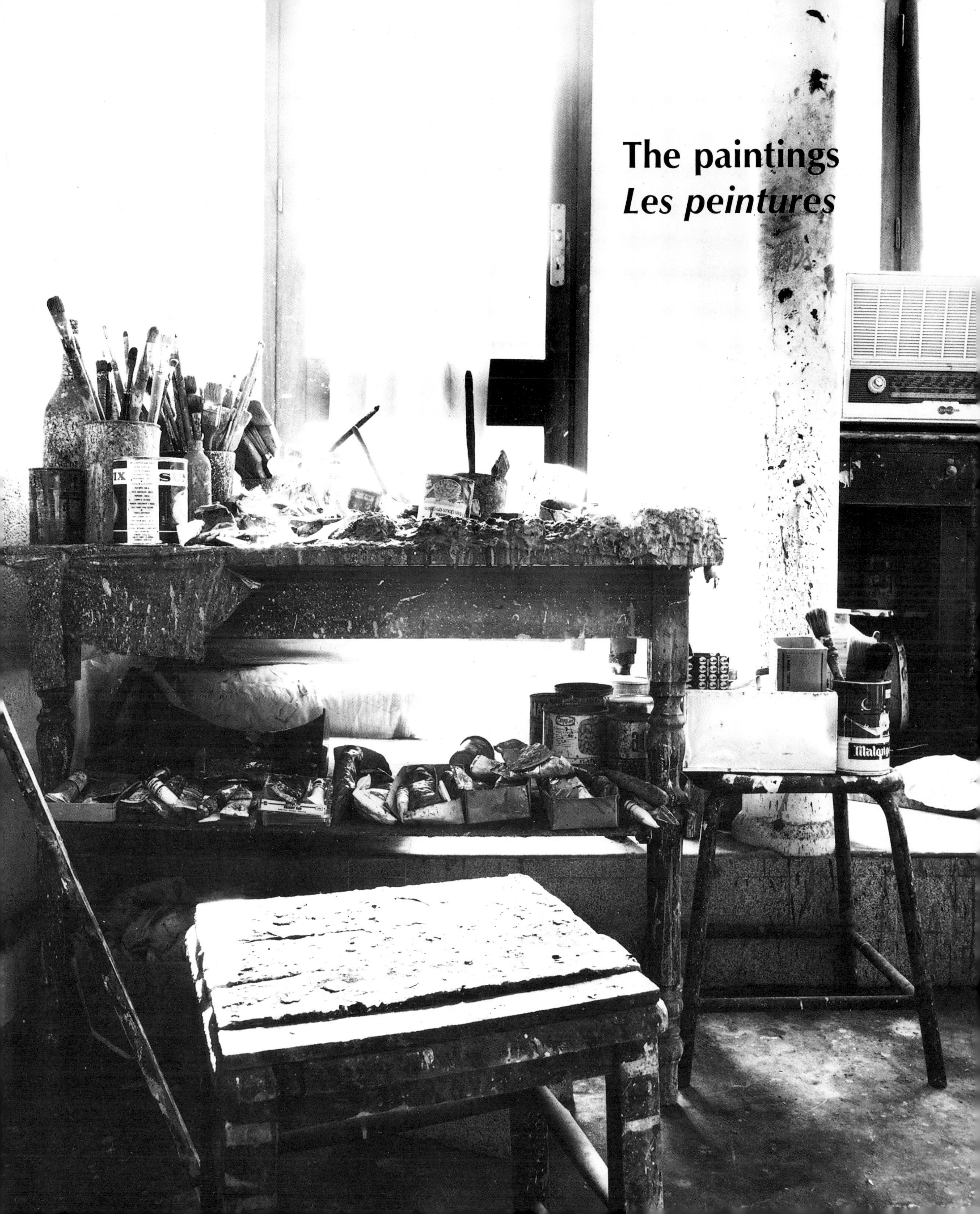
The paintings
Les peintures

The work of Franta

In the past, official art was made from subjects; today it is made from ideas: theory has replaced the academy. In both cases, the model and fashion are confused with each other, but fashion always mistakes itself for truth. When novelty becomes a commercial criterion, history is for sale.

Theory is nevertheless as indispensable to today's art as the academy was to yesterday's: the problem is to not mistake the instrument for the song. A work, in order to give us ideas, does not need to be an idea; in fact it depletes itself by being one, because as an idea it can flow in only one direction. Art demands too complete a connection for a conceptual relationship to be enough for it; if that happens, art becomes simply a decoration for our surroundings or for our intelligence. Moreover, it could be that this requirement—this refusal to be only a pretext—contains all that is new about present-day art, after so many centuries of meeting the demands of the gods or of the state. This would then be a sign that, having passed from a serving role to a leading one, art now needs to give meaning, whereas before all it had to do was to illustrate or convey meaning. This situation is perhaps what underlies a debate that has been skewed by the fantastic rise in the commercial value of artworks, just at the moment when their impact should definitely be shifting to a new level.

That the priceless might be just the overpriced is part of today's ambiguity of value. The indubitable has governed for so long that it was necessary to move from there to that unstable place that makes us limp between shadow and light. The state of art in any period resembles that of man, so an individual's adventure can take on general significance. Nevertheless, art is not a reflection; it is substantially the mentality of those whose gaze it forms, questions, or enchants.

Here, for example, is a work: like most, it has a title, a format, a style, a date, a creator. It is a canvas painted in oils, 162 by 130 centimeters, called **Interior**. It was made in 1970 and is signed Franta. These pieces of information are for the reader, since the viewer steps back only when he needs to isolate a structure or to grasp some color relationship. But whichever we are, we are always inheriting a relationship whose original impact is ceaselessly being dissipated into details. Unless we are seeking, by instinct, to protect ourselves from this impact,

Œuvre de Franta

Autrefois, l'art officiel se fabriquait avec des sujets; aujourd'hui, il se fabrique avec des idées: la théorie a remplacé l'académie. Dans les deux cas, la confusion règne entre le modèle et la mode, mais chaque fois la mode se prend pour la vérité. Quand la nouveauté devient un critère commercial, c'est que l'histoire est à vendre.

La théorie, pourtant, est aussi indispensable à l'art d'aujourd'hui que l'académie l'était à celui d'hier; le problème est que l'instrument ne se prenne pas pour la chanson. Pour qu'une oeuvre donne des idées, il ne faut pas qu'elle en représente une, car elle s'épuise dans cette représentation et y tourne au sens unique. L'art exige un rapport trop entier pour que la relation conceptuelle lui suffise, ou bien il n'est qu'un décor, soit pour le cadre de vie, soit pour l'intelligence. Il se pourrait d'ailleurs que cette exigence—qui correspond au refus de n'être qu'un prétexte—contienne toute la nouveauté de l'art actuel après tant de siècles aux ordres des dieux ou des Etats, et ce serait le signe que, étant passé du service au premier rôle, il doit maintenant donner le sens, alors qu'il lui suffisait auparavant de l'illustrer ou de le transmettre. Cette situation est peut-être le fond d'un débat que désaxe la fantastique montée de la valeur marchande des oeuvres au moment même où leur portée devrait, absolument, se situer sur un autre plan.

Que le sans-prix ne soit que le hors-de-prix fait à présent partie de l'ambiguité de la Valeur. L'indubitable a gouverné si longtemps qu'il était nécessaire d'en venir au porte-à-faux, qui nous fait boiter entre ombre et lumière. L'état de l'art ressemble à chaque époque à celui de l'homme, ainsi une aventure individuelle peut prendre une signification générale. L'art cependant n'est pas un reflet: il est substantiellement la mentalité qui le crée. Et il perpétue cette mentalité à travers celles dont il forme, questionne ou enchante le regard.

*Voici par exemple une oeuvre: elle a comme la plupart un titre, un format, un genre, une date, un auteur. C'est une toile peinte à l'huile, de 162 centimètres sur 130, dite **Intérieur**; elle a été exécutée en 1970 et elle est signée Franta. Ces renseignements sont pour le lecteur; le spectateur, lui, ne prend éventuellement du recul que pour isoler une structure, saisir des rapports de couleur. Mais que nous soyons l'un ou l'autre, nous sommes toujours dans la descendance d'une relation qui ne cesse de*

which tears vision apart.

It is time to climb toward the perpetual present of the canvas. This **Interior** forms a bizarre cross shape that blocks the gaze and then disintegrates within it. The vertical bands in the foreground stop connecting with the horizontal stripes in the background, but the broad white area of the bed would reestablish the balance if only all these hesitations did not have as their goal to put off the moment when the eye finally comes to rest on that which, from the first second, has occupied its center, but which it had rejected so as not to be exclusively preoccupied with it. What else is there to do with something that seizes your attention with such violence?

The first way to keep it at a distance is to recognize that it is a Franta, because this naming of the painter reassures us by covering what is disturbing with what is known. To articulate the signature is usually a shortcut for telling us how something is painted; here, the signature is synonymous with a matter that one avoids naming. A matter that painting has never shown as it is, and that our culture does not face: we have not spent this long decorating humanity's body in order to bring about the day when it will be treated as meat.

On a bed that is no doubt a bunk and that fills the picture at midlevel from one side to the other, is stretched a mass of meat, defined by its color without any possibility of mistake: it is not human, but it is man. The mass is running perpendicularly off the bed in the form of thighs and legs. The most horrible thing about this heap is that it is visibly soft, it has a rosy softness—yes, this makes it worse than something bleeding, than something cut up, than something oozing—this soft thing, which the two legs in front do not compensate for. They do just the opposite, because they confirm the nature of this spread-out meat.

Now something irretrievable has happened, and it has happened within the gaze itself.

It is no good trying to defend oneself from it by saying that it is just an image: this image is also a gaze—what the image is attacks what the gaze is.

From this point on, representation starts breaking down. It no longer takes place at a distance but, overwhelmed by an ambiguous vivacity, it becomes matter rather than sign, and unleashes a kind of contagion. One does not really know whether this contagion rouses emotion or whether it

perdre dans ses détails un choc original. A moins que nous ne cherchions, d'instinct, à nous protéger de ce choc, qui déchire la vue.

*Le temps est à remonter vers le présent perpétuel de la toile. Cet **Intérieur** forme une bizarre mise en croix, qui barre le regard puis s'y défait. Les bandes verticales du premier plan cessent alors de se raccorder avec les rayures horizontales de l'arrière-plan, mais le large bandeau blanc du lit rétablirait l'équilibre si toutes ces hésitations n'avaient pour but de retarder l'arrêt de l'oeil sur ce qui, dès la première seconde, a occupé son centre, et qu'il a rejeté pour n'en être pas exclusivement occupé. Que faire en effet d'une chose qui vous captive avec une telle violence?*

La première façon de l'éloigner est d'y reconnaître du Franta, car l'attribution rassure et voile en mettant du connu sur l'inquiétant. Enoncer la signature est d'habitude un abrégé pour dire la manière de peindre; ici, la signature est synonyme d'une matière dont on évite de dire le nom. Une matière que la peinture n'a jamais montrée telle quelle, et que notre culture n'envisage pas: elle n'a pas longuement paré le corps d'humanité pour en arriver un jour à le traiter comme de la viande.

Sur un lit, qui est sans doute une couchette, et qui, d'un bord à l'autre, occupe le tableau à mi-hauteur, s'étale une masse de viande que sa couleur qualifie sans erreur possible: ceci n'est pas humain, mais c'est de l'homme. La masse coule du lit perpendiculairement en forme de cuisses et de jambes. Ce tas, le plus horrible est qu'il soit visiblement mou, d'une mollesse rosée—oui, pire que le saignant, le sectionné, le suintant est ce mou, que ne rachètent pas les deux jambes par-devant. Au contraire, puisqu'elles confirment la nature de cette viande étalée.

Maintenant, quelque chose d'irrémédiable a eu lieu, et cela est arrivé dans le regard même.

On a beau s'en défendre, et se dire qu'il s'agit seulement d'une image, cette image est aussi du regard: ce qu'elle est attaque ce qu'il est.

Dès lors, la représentation se dérègle: elle ne se déroule plus à distance; prise d'une vivacité ambiguë, elle devient de la matière plus que du signe, et elle déclenche une espèce de contagion, dont on ne sait trop si elle remue l'émotion ou, plus profondément, cette zone obscure où bouge parfois une mémoire qui n'est pas personnelle. Bien sûr,

Motherhood / *Maternité*   1967
oil on canvas 130 x 162 cm
huile sur toile
Coll. Ferrey, Cannes

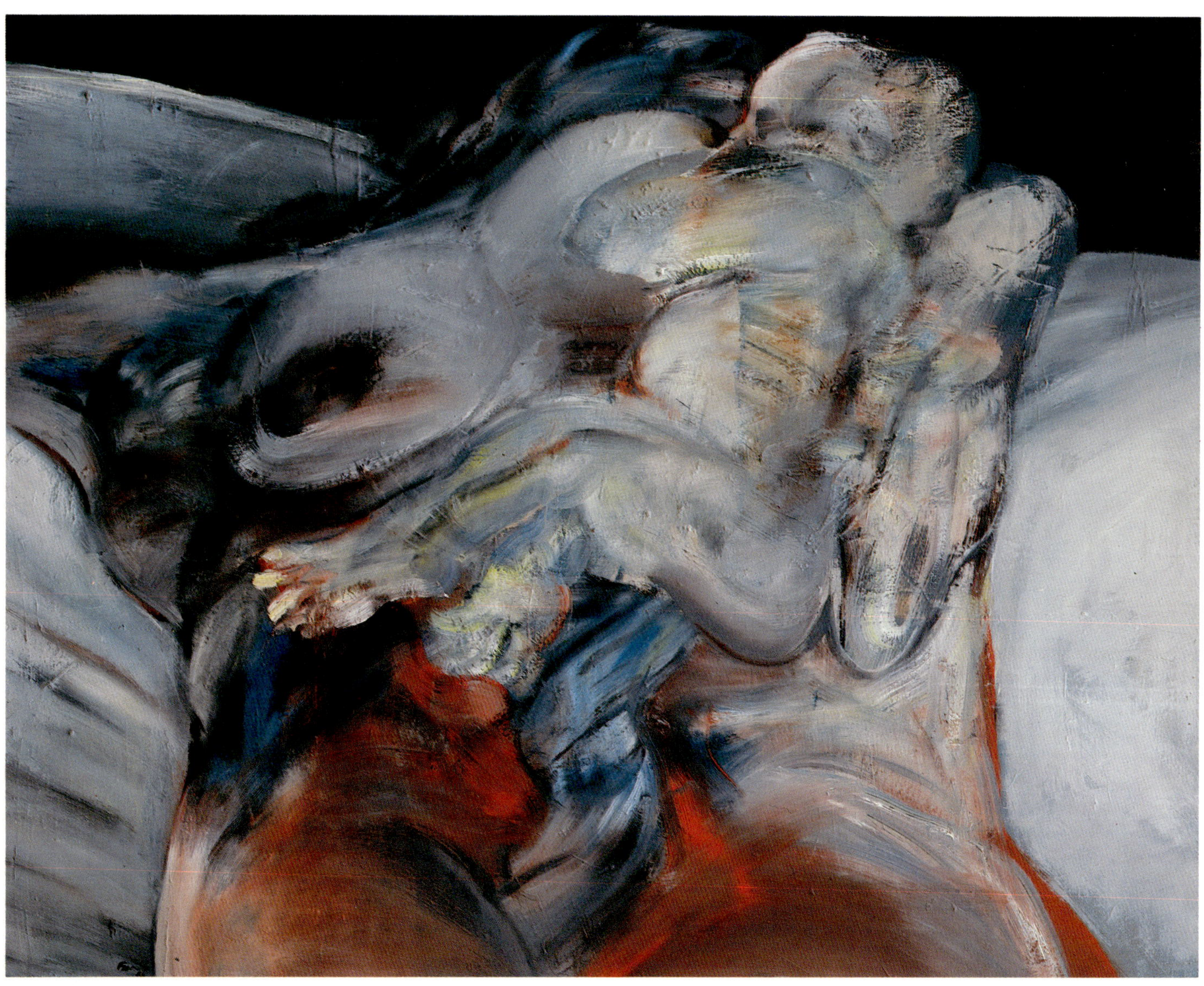

12

Father and child / *Père et enfant*   1968
oil on canvas 162 x 130 cm
huile sur toile
Coll. M. Bourjade, Paris

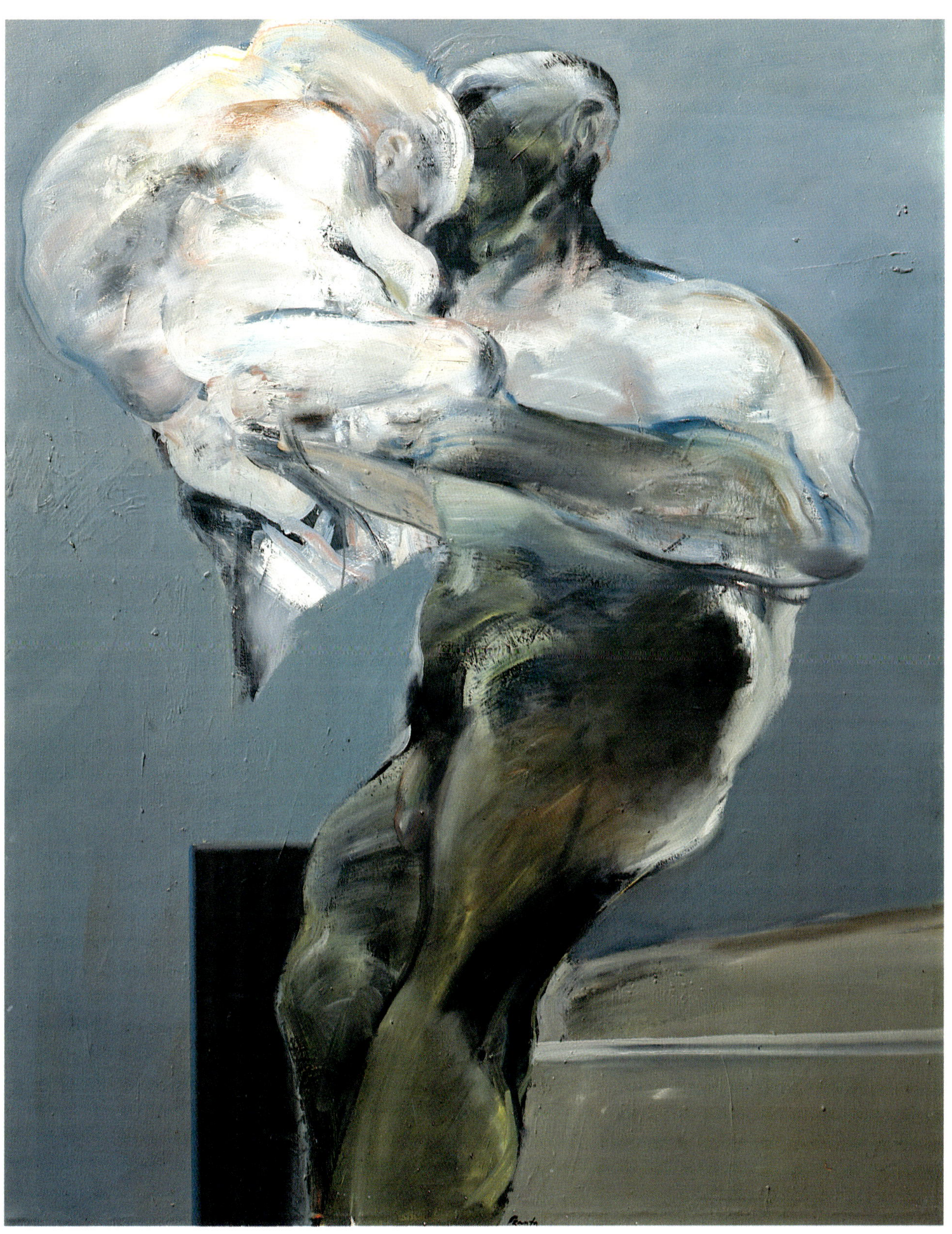

operates at a deeper level, rousing that obscure zone where sometimes a memory stirs that is not personal. Of course, anyone can turn away his eyes or his mind, denying this brutality.

Maybe it is even necessary to deny it if you are to realize that it is not limited to the meat; the meat is just its most overt manifestation. It comes equally from a disordering of the pictorial space, which the play of the lines—of the diagonal and oblique lines against the horizontal and vertical ones—puts into disequilibrium. From this comes our impression of a dangerous precariousness that communicates itself to the whole visual field as if, there too, a strange contagion was operating. Ordinarily a picture is a window opening onto a fixed view, and the spectator has a stable line of sight; but here, gravity is threatened. One might say that the fictitious view is spilling over into the real view.

You are in front of **Interior**, an oil painting on canvas by Franta, and you have come back to it several times, your eye jumping from one plane to another before looking at this central mass in the center, this color that is emanating an unnamable matter. Now you are thinking about examining the whole with a certain coldness. We can no more be the first person on earth than we can retain our first way of looking; the forgetting of the origin has already germinated within the origin. So you look at these red and blue stripes, at the whiteness of the sheet that has been rendered so well, at the metallic bars; then quickly you pass on to the venetian blind up there, between whose slats there are colors. Could it be that the view is of painting, rather than of a semblance of reality? And these stripes that you had looked at without mistrust, because their two straightforward colors were in such contrast to the legs of the meat—what are they?

As long as one can name things, everything is all right, a distance is maintained; words are like artificial hands that go around touching while the eyes remain on the defensive. But suddenly this relationship has seesawed and . . . what has happened? A little disaster in the relationship, a spilling over, and love or aggression appears. Space regains its depth, so does your point of view, and then words come to your aid. You are in front of a canvas, a canvas by Franta, and you try to understand how these greenish planes, these verticals and horizontals can jar against each other so much that they distort

chacun peut se détourner, dans ses yeux ou dans sa tête, pour refuser cette brutalité.

Peut-être faut-il même la refuser pour se rendre compte qu'elle ne tient pas seulement à la viande, qui en est la manifestation la plus directe; elle provient également d'un dérangement de l'espace pictural que le jeu des lignes, diagonales et obliques contre horizontales et verticales, met en déséquilibre. D'où l'impression d'une précarité dangereuse, qui se communique à tout le champ visuel, comme si, là encore, une étrange contagion opérait. D'ordinaire, le tableau est une fenêtre ouverte sur une vue fixe, et le spectateur est dans un regard solide; ici, la gravité est menacée: on dirait que la vue fictive se déverse dans la vue réelle.

*Vous êtes devant **Intérieur**, huile sur toile de Franta, et vous en êtes plusieurs fois revenu, votre oeil sautant d'un plan à l'autre, avant de regarder cet amas central, cette couleur qui dégage une matière innommable; maintenant vous pensez examiner l'ensemble avec quelque froideur. Nous ne pouvons pas plus être le premier homme que nous tenir dans le premier regard: l'oubli de l'origine a déjà germé dans l'origine. Vous regardez donc ces bandes rouges et bleues, le blanc si réussi du drap, les barres métalliques; puis, vite, vous passez à cette jalousie, là-haut, entre les lattes de laquelle sont des couleurs. La vue donnerait-elle sur la peinture au lieu de faire semblant de donner sur la réalité? Et ces bandes, que vous avez considérées sans méfiance, parce que la franchise de leurs deux couleurs s'opposait aux jambes de la viande, que sont-elles?*

Tant que l'on peut nommer, tout va bien, une distance est maintenue; les mots sont comme des prothèses qui vont toucher pendant que les yeux restent sur la défensive. Mais, soudain, ce rapport a basculé et . . . que s'est-il passé? Un petit désastre dans la relation, un débordement, et voilà l'amour ou l'agression. L'espace retrouve sa profondeur, votre point de vue aussi, puis les mots reviennent à la rescousse. Vous êtes devant une toile, une toile de Franta, et vous essayez de comprendre comment ces plans verdâtres, ces verticales et ces horizontales peuvent se contredire au point de provoquer une distorsion de votre vue.

Le tableau semble conçu pour exhiber en son milieu cette masse rosée, moitié mollusque de chair humaine et moitié corps monstrueusement mou, et

Interior / ***Intérieur***   1970
oil on canvas 162 x 130 cm
huile sur toile

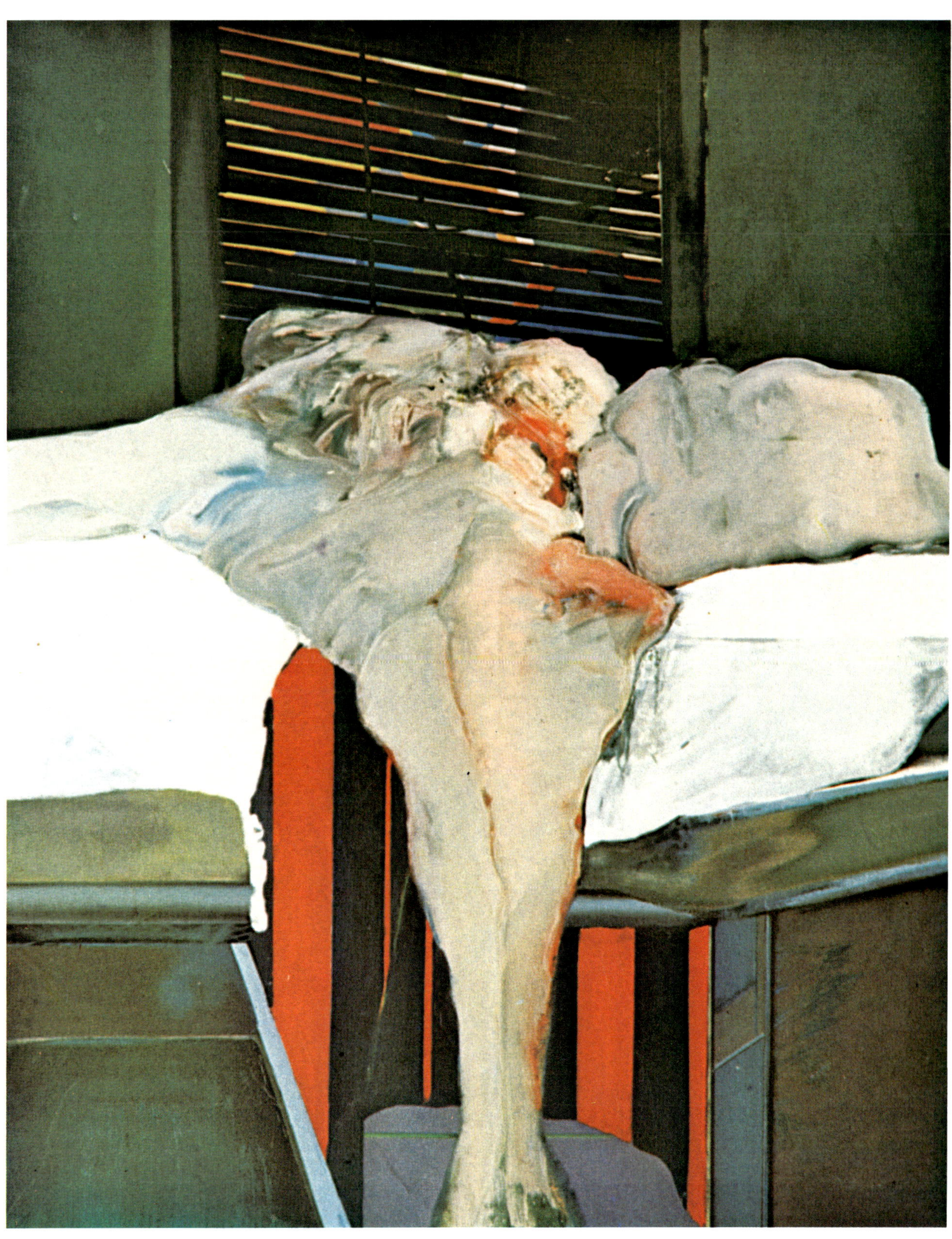

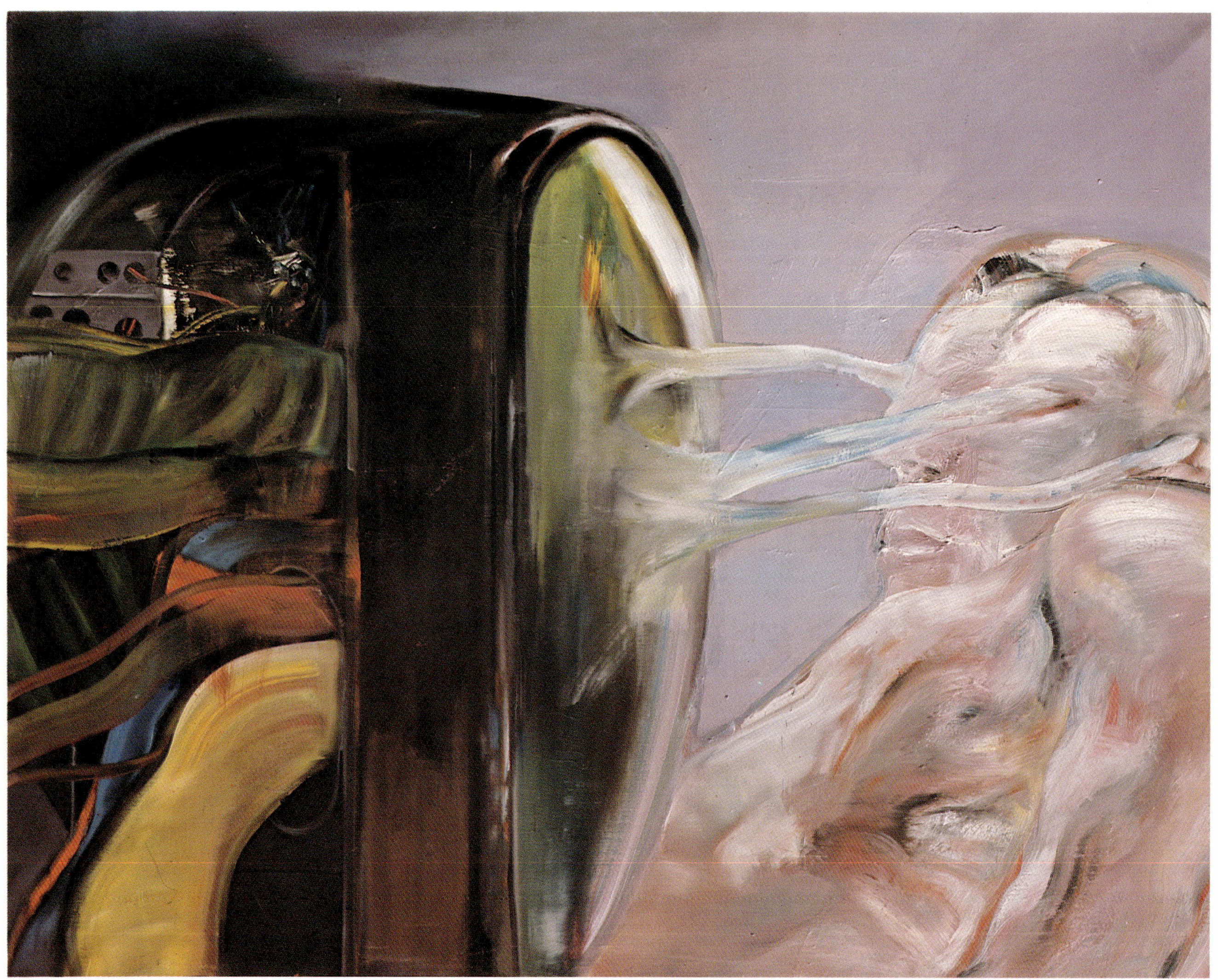

Live transmission / *En direct* 1966
oil on canvas   *huile sur toile*   114 x 146 cm

your vision.

The picture seems planned to exhibit in its center this roseate mass—half mollusk of human flesh and half monstrously soft body—and it is possible to believe that its diverse planes are there only to set the stage for this horror, while at the same time making a vague reference to an anonymous and completely indifferent railway compartment. But the descriptive parts, particularly the metal bars, the partitions, and the venetian blind, are less present than are their colors or than these vertical stripes that are nothing but painting. The consequence is that between the gratuitousness of these stripes (necessary only for painting) and the general frame of the image (necessary for setting the stage), another distortion slips in. And it is a very subtly disturbing one, because it questions, within our look itself, how we adjust to what we are looking at. The painted place that you have in front of you disturbs

l'on pourrait croire que ses divers plans ne sont là que pour construire une scène à cette horreur, tout en faisant vaguement référence à quelque compartiment de wagon bien anonyme et tout à fait indifférent, mais les parties descriptives, notamment les barres métalliques, les cloisons, la jalousie, sont moins présentes que leurs couleurs ou que ces bandes verticales, qui ne sont que de la peinture. Conséquence: entre la gratuité de ces bandes, uniquement nécessaires à la peinture, et le cadre général de l'image, nécessaire à la mise en scène, une autre distorsion s'installe, très subtilement dérangeante, car elle questionne dans le regard même la façon d'accommoder le regard. Le lieu peint, que vous avez devant vous, ne vous dérange à première vue qu'à cause de ce qu'y a mis le peintre, mais si vous l'observez en lui-même, cachant un instant la viande, vous voyez que tout regard est le lieu d'une histoire, et qu'on ne le

you at first only because of what the painter put there. But if you look at it just in itself, forgetting the meat for a moment, you will see that every look is the place where a story happens, and that you do not notice this so long as the story is happy or uninvolving. An adjustment always happens—unless some violence intervenes that is stronger than the story—a violence of horror or of beauty.

Everything is a double game in representation, but is equally so in a look. First of all because a look does not show us exactly what it appears to show us; also because everything it shows us is a narrative of our eyes. In that regard, a representation is no different from a look, and one experiences this vividly the moment that, as here, the representation provokes a shock or a rupture. In this instant the image escapes from its regulation to create reality: the image no longer represents, but is.

The effect of presence (or of being) becomes attenuated as one grows used to the canvas, and then comes back. It starts up again, as if by surprise, at the interior of the knowledge that one has of it. It seems that its violence becomes refined and touches us in an increasingly intimate way. Not following a very precise course, but by sudden, unexpected, unstoppable jumps. This penetration, which is difficult to pin down, is exactly the opposite of that demanded by conceptual art. One involves an invading presence; the other, an absence that becomes overwhelming as you understand it.

Violence in Franta nevertheless does not always lie in the place where it seems to lurk. Look at this other 1970 painting, **Yellow Line**, which is made up of two parts: on the left, everything is bloody; on the right, everything is already cooled down in the same chaos of metal plates and of pieces of meat. But isn't the wide yellow line that separates these two parts more aggressively present than the jarringly placed meat? This line is not an image, it is only the color yellow: a stripe whose track in your eyes overturns the apparent function of symmetry that it possesses, and becomes a blade that slices apart the points of view you try to have. Intractable, purely brutal line, killer line, one that is making a cold gesture.

In **Target**, done in 1972, a circle marks the boundary of the image with a comparable brutality. It no doubt refers to the surface of the eyepiece of a

remarque pas tant que l'histoire est heureuse ou indifférente. Il y a donc toujours une accommodation à moins que ne survienne une violence, plus forte qu'elle—violence de l'horreur ou de la beauté.

Tout est double-jeu dans la représentation, mais tout l'est également dans le regard. D'abord parce qu'il ne nous montre pas exactement ce qu'il paraît nous montrer; ensuite, parce que tout ce qu'il nous montre est un récit de nos yeux. En cela, la représentation n'est pas différente du regard, et on l'éprouve vivement dès lors que, comme ici, elle provoque un choc ou une rupture. A cet instant l'image s'évade de son statut pour créer de la réalité: elle ne représente plus, elle est.

L'effet de présence (ou d'être) s'atténue avec la fréquentation de la toile, puis reprend. Il resurgit même, comme par surprise, à l'intérieur de la connaissance qu'on a de lui. On dirait que sa violence s'affine et qu'elle nous touche toujours plus intimement. Non pas en suivant un trajet bien précis, mais par sauts brusques, inattendus, imparables. Cette pénétration, qui échappe, est tout à fait le contraire de celle qu'exige l'art conceptuel; d'un côté, le choc instinctif, de l'autre, l'intelligence du trajet; d'un côté, une présence envahissante, de l'autre, une absence à combler en la comprenant.

*La violence, chez Franta, n'est pourtant pas toujours où elle semble se tenir. Regardez cet autre tableau de 1970, **Ligne jaune**, qui se compose de deux parties: à gauche, tout est sanglant; à droite, tout est déjà refroidi, dans le même chaos de tôles et de viandes; mais la large ligne jaune qui sépare ces deux parties n'est-elle pas plus agressivement présente que la viande mise à mal? Cette ligne n'est pas une image, elle n'est que de la couleur jaune: une bande dont le parcours retourne dans vos yeux l'apparente fonction de symétrie qu'elle occupe, et c'est une lame qui sectionne les points de vue que vous essayez d'avoir. Ligne intraitable, purement brutale; ligne tuante et qui dresse là un geste froid.*

*Dans **Cible**, de 1972, un cercle délimite l'image avec une brutalité comparable. Il a sans doute pour référence la surface de l'oeilleton d'une lunette de visée, mais cette donnée réaliste est moins sensible, malgré la pointe et la croix de la mire, que le sentiment d'une ponction prélevant dans la vue un concentré d'horreur. L'épaisse ligne noire du cercle est d'une précision mécanique, et qui est en soi plus violente que la mêlée de gestes et d'armes des*

gunsight, but you are less aware of this realistic reference (despite the post and cross hairs of the sight) than you are of the feeling of a puncture that is already giving you a concentrated sense of horror. The thick black line of the circle has a mechanical precision that is in itself more violent than the mixture of gestures and weapons of the killers, which forms a double pile of military materials on either side of a mass of meat and blood.

This **Target** acts even more by its form than by its image, no doubt because this form—which is the eminently aesthetic one of the *tondo*—averts the pictorial with a violence at least equal to the violence of the image itself. Franta is not satisfied with representing a violence whose contemporary sources we know all too well; mentally violated by it, he in turn violates the painting of it, by turning surface devices against it: the lines cut, the planes form an aggressive machinery, the colors make up a meaty magma or cry out stridently. Evidently, work on the pictorial is inseparable from work on the image; it intensifies the image's solidity by carrying out within (and under cover of) the representation an attack against painting, an attack that transforms its elements and integrates them along the lines of its meaning. This is true of the yellow line, and of the circle, and of the red and blue stripes, which would normally be simply incidental discoveries in the composition, but which suddenly become a blow struck by the painting against the very act of looking, by the most sober and material means possible: a line, a flat area of color . . . There is a risk of seeing only details in this, whereas it is in truth acts that are involved, and very important ones at that, since they prolong the effect of the image by causing its perception to evolve.

The preceding can lead to misunderstanding insofar as the pictorial and the image naturally create a single whole when a picture is successful. What has led me to distinguish between them is that the reproach most often leveled at Franta, as at figure painters in general, is that of going after an effect and of sacrificing painting to it. In other words, it is that these painters expect everything from the image and use it as an illustration of the shock they want to produce. (But who reproaches conceptual artists for expecting everything of the idea, and using the work to illustrate it?) With Franta, the shock effect certainly happens, but one notices first

tueurs, qui forme un double agglomérat de matière militaire de part et d'autre d'une masse de viande et de sang.

*Cette **Cible** agit par sa forme plus encore que par l'image, sans doute parce que cette forme—qui est celle éminemment esthétique du tondo—détourne le pictural avec une violence au moins égale à celle qu'exerce l'image. Franta ne se contente pas de représenter une violence dont on connaît trop bien les sources contemporaines; violenté mentalement par elle, il en violente à son tour la peinture en utilisant contre elle les artifices de sa surface: les lignes coupent, les plans sont une machinerie agressive, les couleurs composent un magma viandeux ou émettent des stridences.*

Le travail sur le pictural est évidemment inséparable du travail sur l'image; il en intensifie la consistance en pratiquant à l'intérieur de la figuration, et sous son couvert, un attentat contre la peinture, qui transforme ses éléments et les intègre au mouvement du sens. Ainsi de la ligne jaune ou du cercle ou des bandes rouges et bleues, qui ne devraient être que des trouvailles de composition et qui sont un coup porté par la peinture au regard, par le moyen le plus sobre et le plus matériel qui soit: une ligne, une couleur platement posée. On risque de ne voir là que des détails, alors qu'il s'agit véritablement d'actes, et très importants car ils prolongent l'effet de l'image en faisant évoluer sa perception.

Tout ce qui précède peut prêter à malentendu dans la mesure où le pictural et l'image ne font naturellement qu'un quand le tableau est réussi. Ce qui m'a conduit à les distinguer, c'est que le reproche généralement adressé à Franta, comme d'ordinaire à tous les peintres du corps, est de poursuivre un effet et de lui sacrifier la peinture. Autrement dit, ces peintres attendraient tout de l'image et en feraient l'illustration du choc qu'ils veulent procurer. (Mais qui reproche aux conceptuels d'attendre tout de l'idée et de l'illustrer par l'oeuvre?) Chez Franta, l'effet de choc a bien lieu, mais on remarquera d'abord qu'il provient de la couleur, laquelle fait image à travers une impression bien plus qu'à travers une figuration, qui reste indécise. Il est même tout à fait probable que cette couleur doit son pouvoir choquant à l'indécision de sa forme, qui cependant ne laisse aucun doute sur sa nature. Il s'ensuit une réalité sans réalisme, et elle

Jacqueline   1965
oil on canvas 73 x 60 cm
huile sur toile

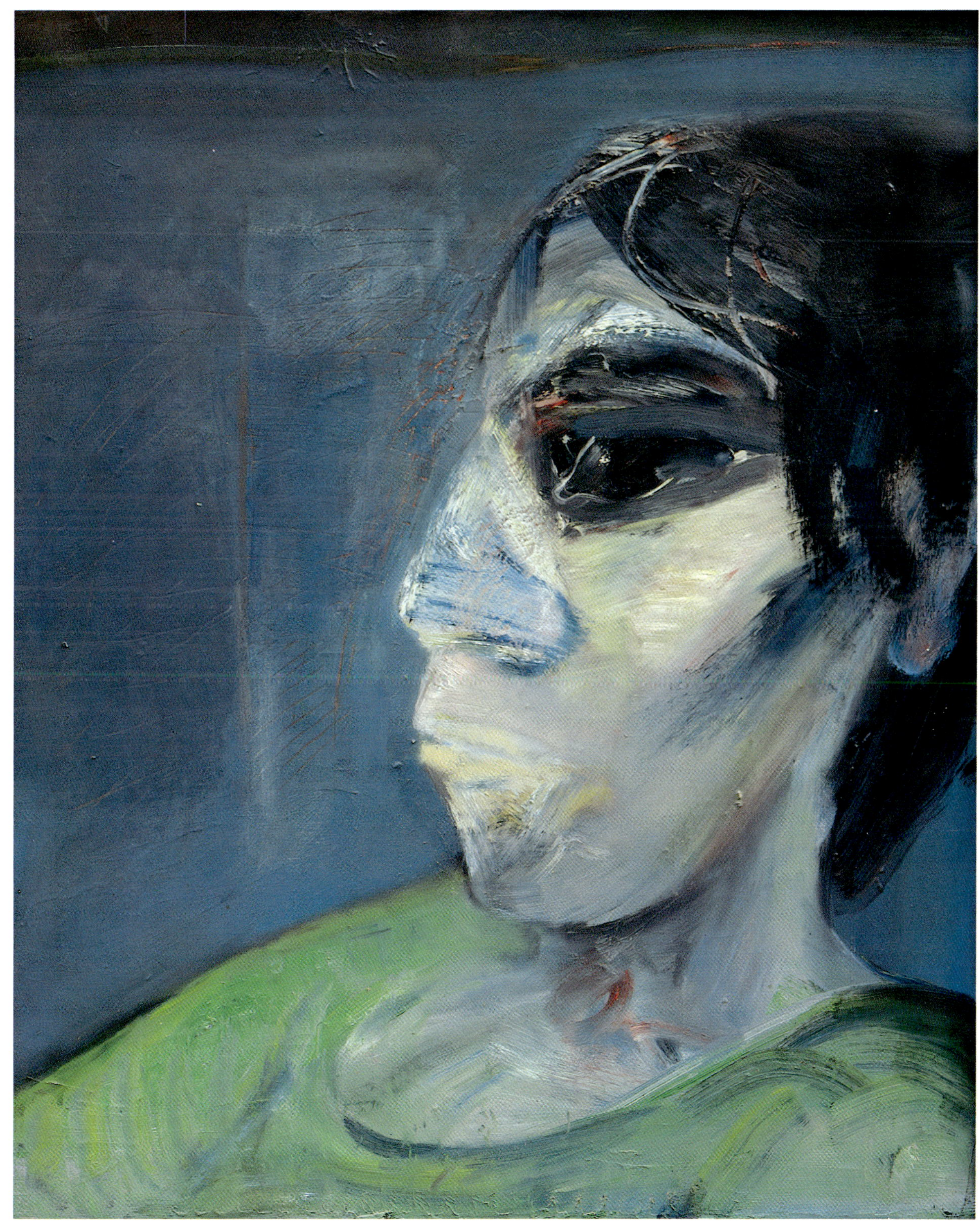

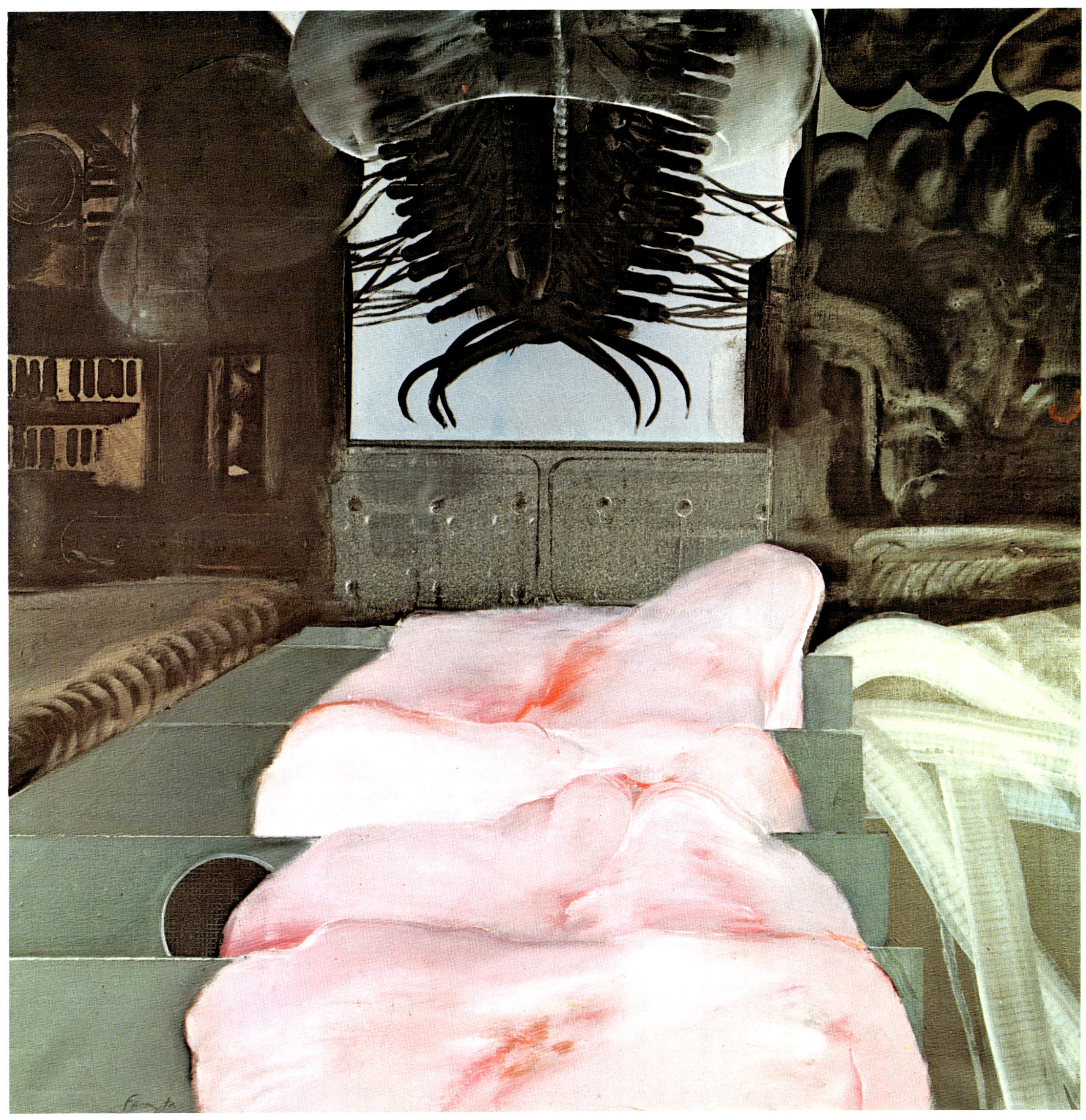

Ascension   1969
oil on canvas 100 x 100 cm
huile sur toile
Coll. Museum of Modern Arts, Prague

Dead end / *Cul de sac*   1970
oil on canvas 92 x 73 cm
huile sur toile
Coll. Ferrey, Cannes

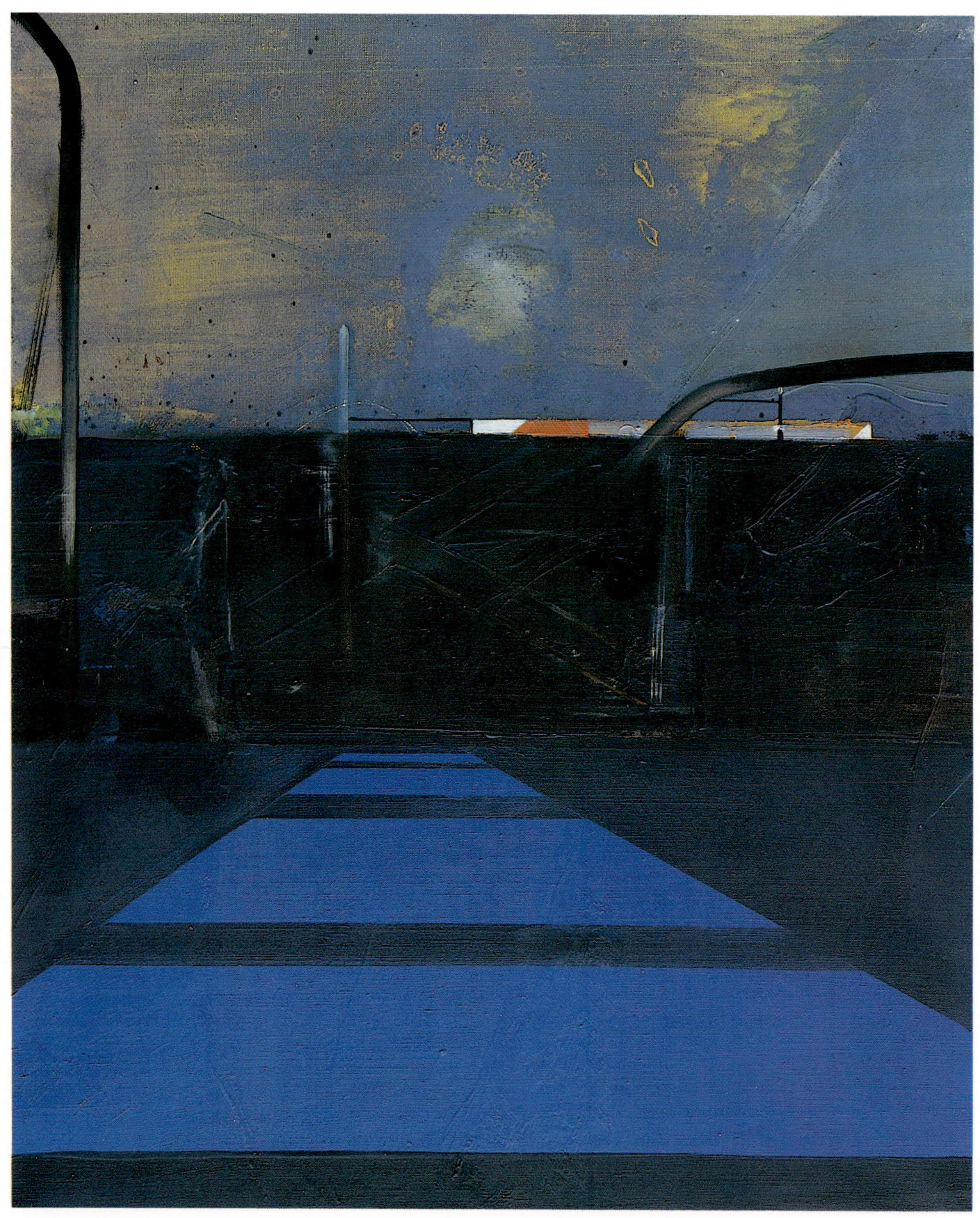

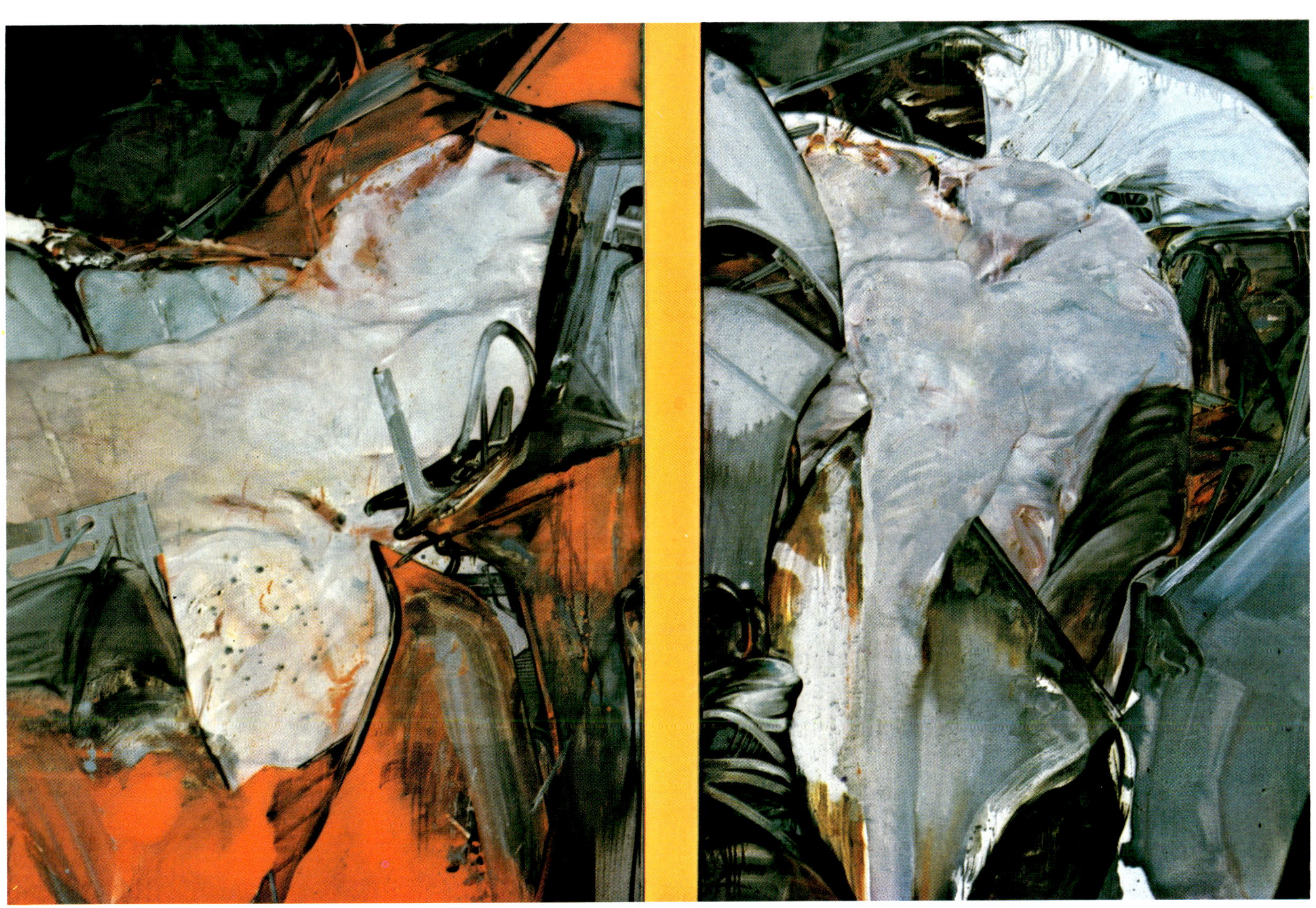

Yellow line / *Ligne jaune*   1970
oil on canvas 260 x 162 cm
huile sur toile
Coll. Mme Dodier-Hugues, Paris

of all that it comes from color, which makes an image by means of an impression much more than by means of representation, which remains undefined. In fact it is completely probable that this color owes its shock value to the uncertainty of its form, which nevertheless leaves no doubt as to its nature. What results is a reality without realism. And this reality confers on color a concrete aspect that no image, no matter how crude, would have.

The piles of meat that one sees in the paintings of Franta are a color invented by Franta, and have become his trademark, so much so as to unfairly make people forget that—yes, one cannot see anything there but meat, but this meat is nothing but a color that is precise enough to communicate the emotion that its referent would communicate visually. And in this sense, this color acts less like a color than like a collage: an impressive view of torn and quivering meat.

I ask, "Where does this color come from?"

"Oh, it's a mixture: madder lake and white with a touch of cadmium yellow."

The surroundings of this meat color are equally remarkable: they are sometimes orderly and arranged, as in **Big Crane** (1973) or **Escalator** (1976-77); sometimes very chaotic, as in **Yellow Line** (1970), or hard to read as in **Graft** (1972) or **Big Passage** (1972) or **Frontier** (1973). Everywhere, nevertheless, one senses a rigid, metallic, solid element that is in opposition to the softness of the meat and coldly contradicts it. These surroundings may have been broken, crushed by some accident at the same time as the meat, but most often they establish the indifference of the mechanical to the mutilated body, or of the operating room (or of the torture chamber) to the "client." Place or things, everything keeps its enigmatic look as if the world, however it is, could not mean itself within a picture, being much too vast to be contained there, but left behind there this poor garbage of its power—this torn and bleeding heap.

As to acts, which I spoke of above, their value becomes clearer through the pictorial quality of the meat-color, because lines or stripes introduce into the picture entirely abstract areas that are justifiable only in terms of painting and not in terms of the necessities of representation, even if they naturally find a place there. These acts, which are purely plastic decisions (I use the word *art* in thinking of the

confère à la couleur un aspect concret que n'aurait aucune image, si crue soit-elle.

Les amas de viande qu'on voit dans les tableaux de Franta sont une couleur inventée par Franta, et devenue sa marque au point de faire injustement oublier que—oui, on ne peut voir là autre chose que de la viande, mais cette viande n'est qu'une couleur assez juste pour communiquer l'émotion que communiquerait visuellement sa référence. Et par là, cette couleur se comporte moins comme une couleur que comme un collage: une impressionnante vue de viande arrachée, pantelante.

- D'où vient cette couleur? je demande.

- Oh! C'est un mélange: laque de garance et blanc avec une pointe de jaune de cadmium.

*L'environnement de cette couleur-viande est également remarquable: il est tantôt ordonné, agencé, comme dans **Grande grue** (1973) ou **Escalier mécanique** (1976-77); tantôt très chaotique, comme dans **Ligne jaune** (1970) ou peu lisible comme dans **Greffe** (1972) ou **Grand Passage** (1972) ou **Frontière** (1973). Partout, néanmoins, on devine du rigide, du métallique, du solide, qui s'oppose au mou de la viande et le contredit froidement. Cet environnement a pu être brisé, écrasé par quelque accident en même temps que la viande, mais le plus souvent il dresse alentour l'indifférence de la mécanique au corps mutilé ou celle de la salle d'opération (ou de torture) à l'égard du "client." Lieu ou choses, tout garde un aspect énigmatique, comme si le monde, quel qu'il soit, ne pouvait se signifier à l'intérieur d'un tableau, bien trop vaste pour s'y tenir, mais y laissant, pauvre déchet de sa force, ce tas rompu et sanglant.*

Quant aux actes, dont je parlais plus haut, leur valeur s'éclaire à partir de la qualité picturale de la couleur-viande, car lignes ou bandes, ils introduisent dans l'image des zones entièrement abstraites, qui ne se justifient qu'en tant que peinture et non d'après les nécessités de la représentation, même si elles y trouvent place naturellement. Ces actes, qui sont de pures décisions plastiques—j'emploie le mot acte en pensant à cette phrase de René Daumal: "On appelle ici art l'accomplissement d'un savoir dans une action," renchérissent picturalement sur la couleur-viande en opposant à sa matière vibrante la froideur d'aplats de couleur. Et de la contradiction entre une masse désagréablement sensible et des surfaces

Big passage / *Grand passage*   1972
oil on canvas 160 x 160 cm
huile sur toile

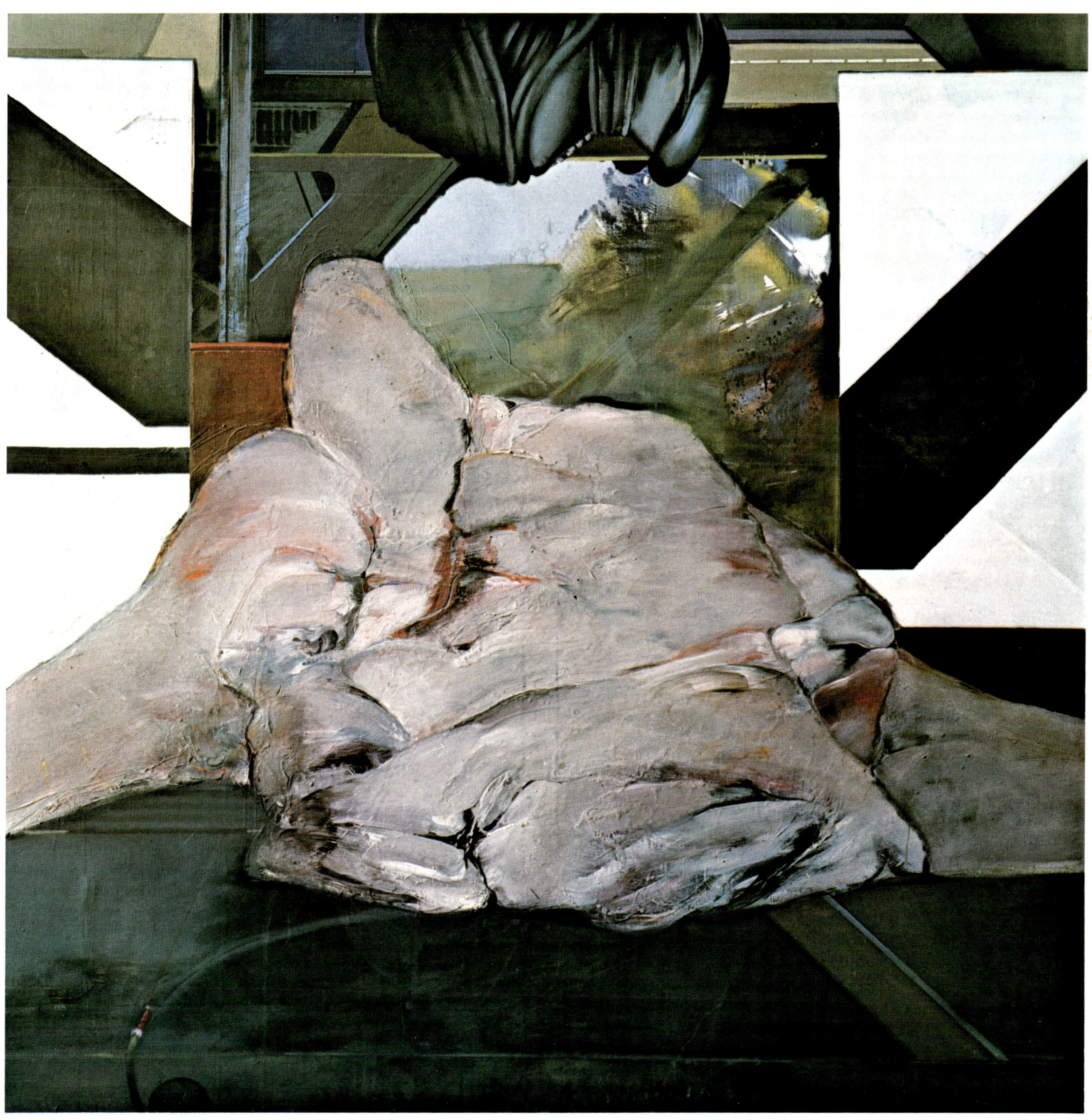

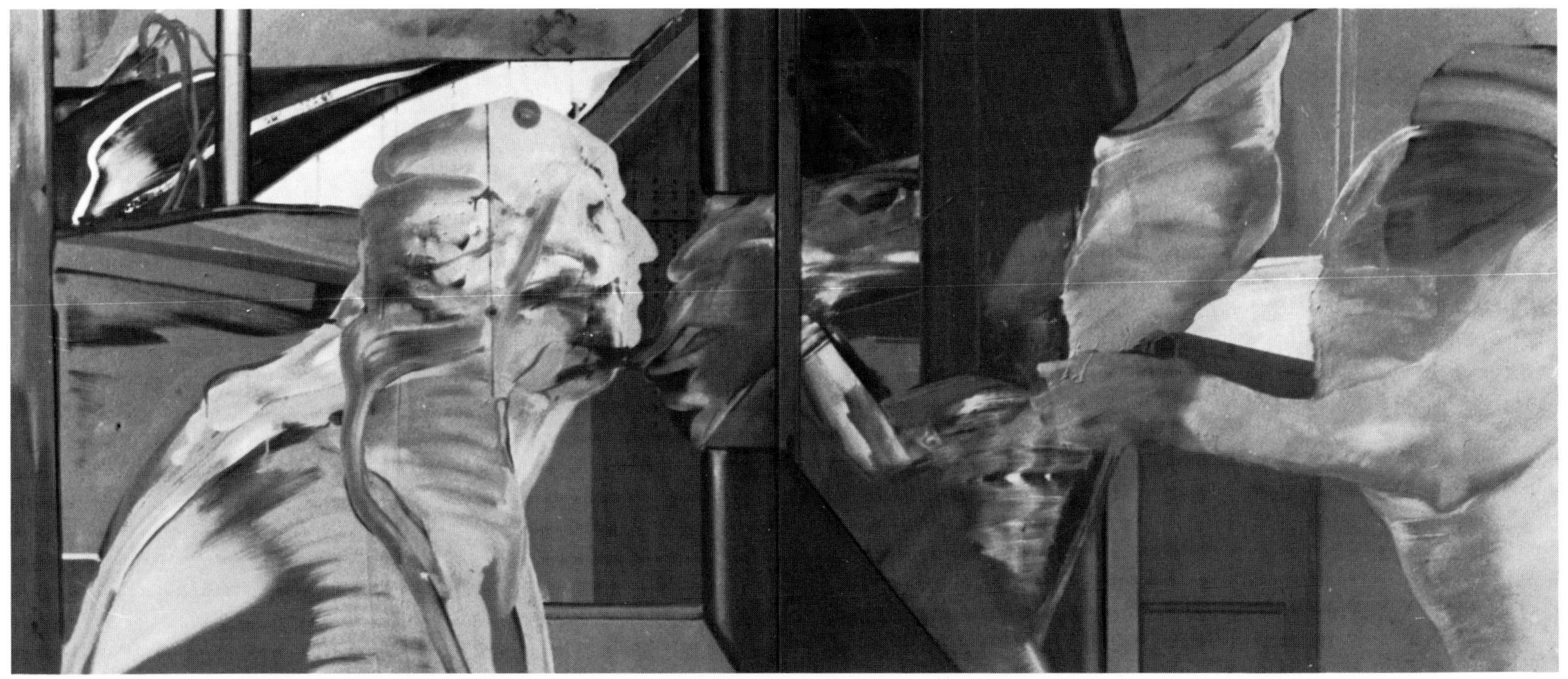

Face to face / *Face à face*   1973
oil on canvas 100 x 200 cm
huile sur toile
Coll. Musée d'Art Moderne, Dunkerque

phrase of René Daumal, "One calls *art* here the fulfillment of an insight in an action"), improve pictorially upon the meat-color by setting up a contrast between its vibrant materiality and the coldness of the flat areas of color. And out of this opposition between a disagreeably sensitive mass and these cleanly conceived surfaces surges up the dynamic of these pictures, where doing is at the same time action and reflection.

The concept of painting questions, contradicts—even threatens to tear—pictorial sensibility. But freeing the image of the rigidity inherent in representation allows what lies beyond the picture to emerge. A figure-ground reversal takes place: the visual sinks into the abyss, freeing the mental to move pensively upward. When this happens, you enter a space of silence and of presence; there, the relationship becomes immersed in its own perception, because it is only through this perception that it can be expressed.

"Are the canvases sketched first?"

"No, I draw with color. There is really no drawing, it grows on the canvas. And since I make a lot of changes, I always have problems, because oils don't make the work easy. I tried acrylics several times, but I didn't turn out anything worthwhile. A

nettement pensées surgit la dynamique de ces tableaux, où l'acte est à la fois pratique et réflexion.

Le concept de peinture questionne et contredit la sensibilité picturale—et même la torture, mais en débarrassant l'image de toute fixité illustrative, il fait apparaître son arrière-pays, où la figure se renverse dans un mouvement qui met en abîme le visuel et libère la montée pensive du mental. On entre alors dans un espace de silence et de présence, et la relation s'y recueille dans sa propre perception puisque c'est en elle seule qu'elle s'exprime.

- Les toiles sont-elles d'abord dessinées?

- Non, je dessine avec la couleur. Il n'y a pas vraiment de dessin, ça pousse sur la toile. Et comme je modifie énormément, j'ai toujours des problèmes, car l'huile ne facilite pas le travail. Plusieurs fois, j'ai essayé l'acrylique, mais je n'arrivais à rien de potable. Il y a un an et demi un marchand m'a proposé un medium qui peut retarder le séchage de l'acrylique, depuis ça va. Je termine les nuances à l'huile. Mais le travail s'est toujours fait sur la toile, entièrement et sans préalable. C'est sur la toile que tout arrive . . .

Les gestes s'effacent: il reste cela, qui est du Franta, et qui est de la peinture.

Graft / *Greffe*   1972
oil on canvas 162 x 130 cm
huile sur toile

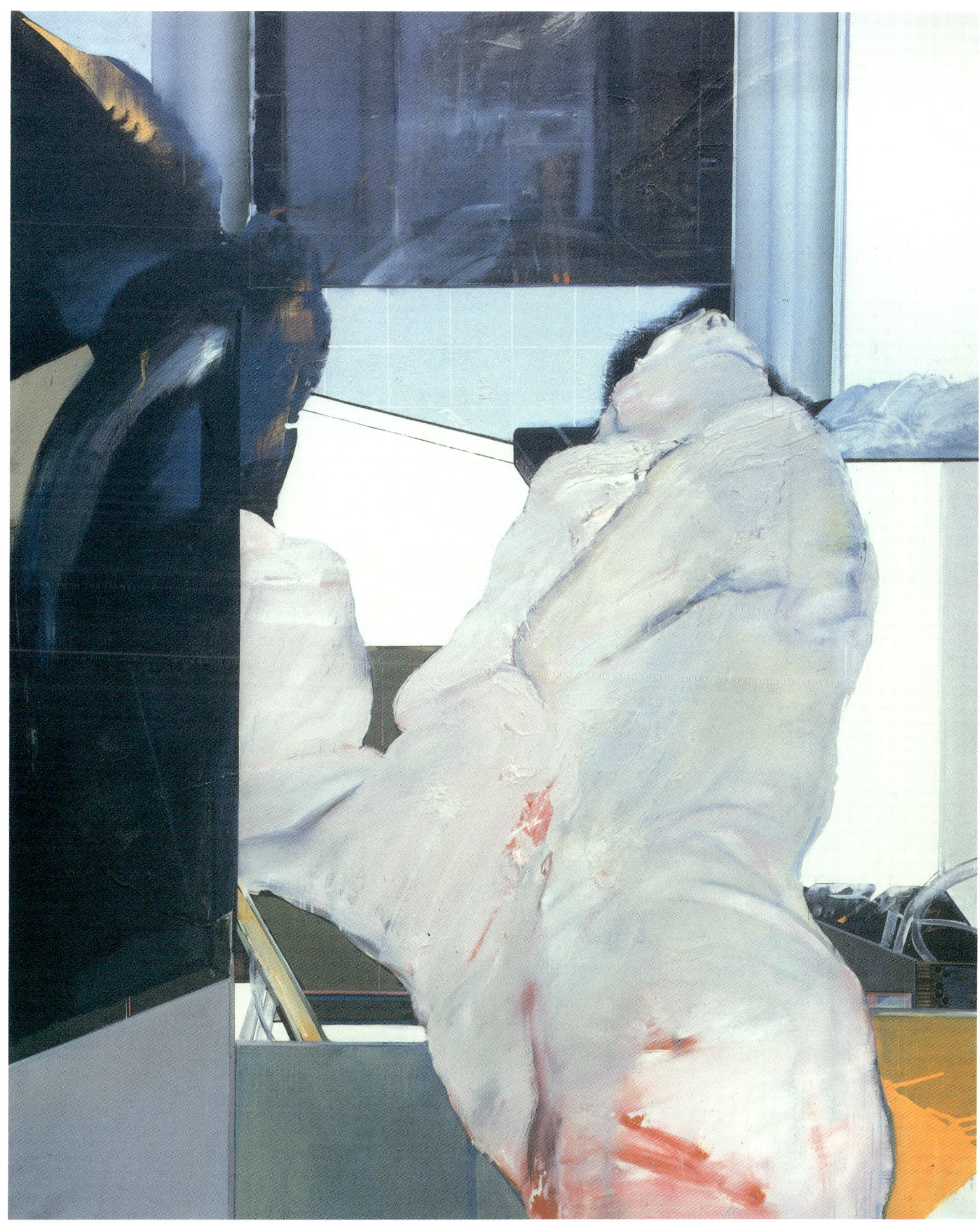

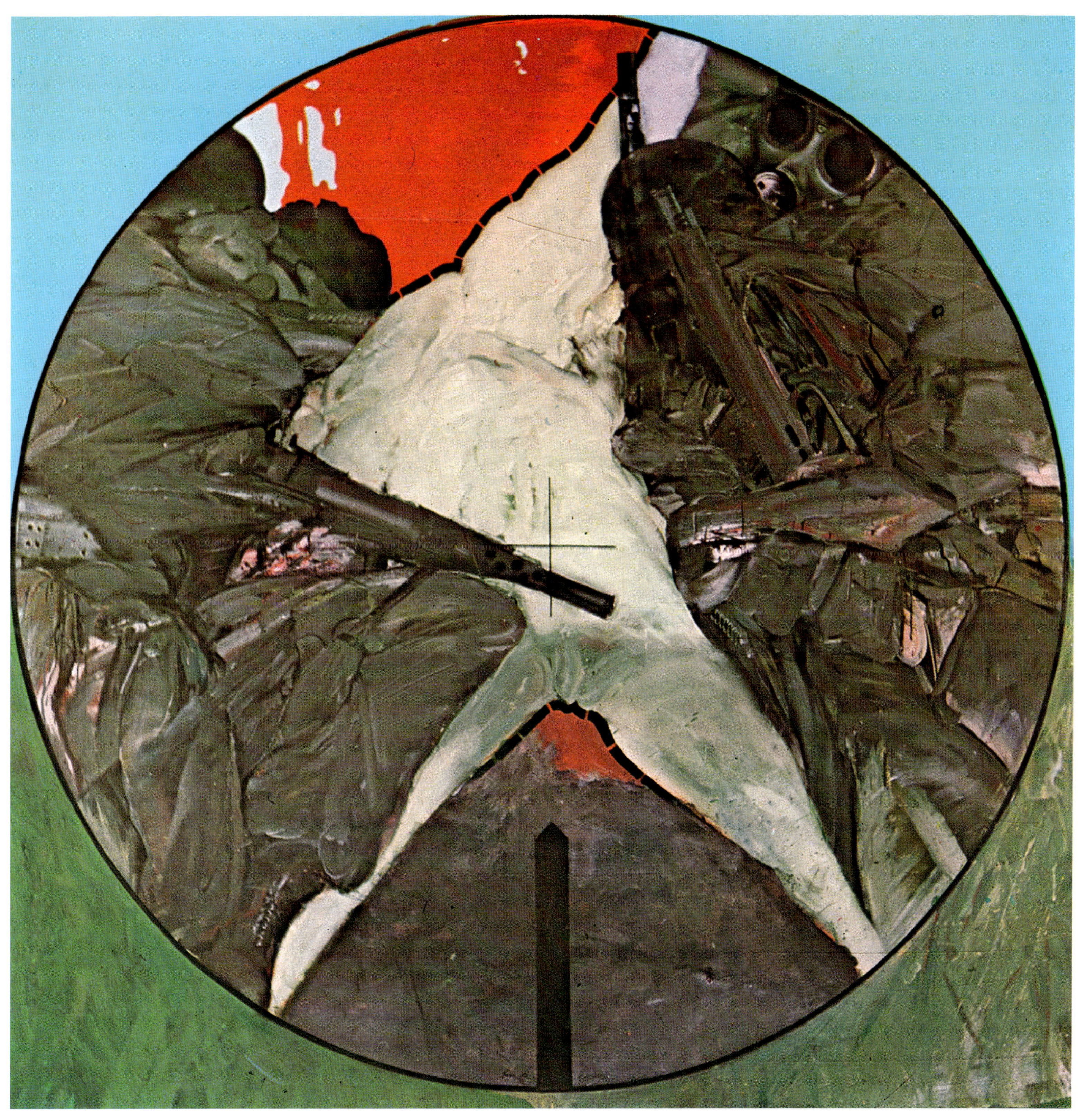

Target / *Cible* 1972
oil on canvas 160 x 160 cm
huile sur toile

Frontier / *Frontière*   1973
oil on canvas 160 x 160 cm
huile sur toile
Coll. L. Cousseau, Paris

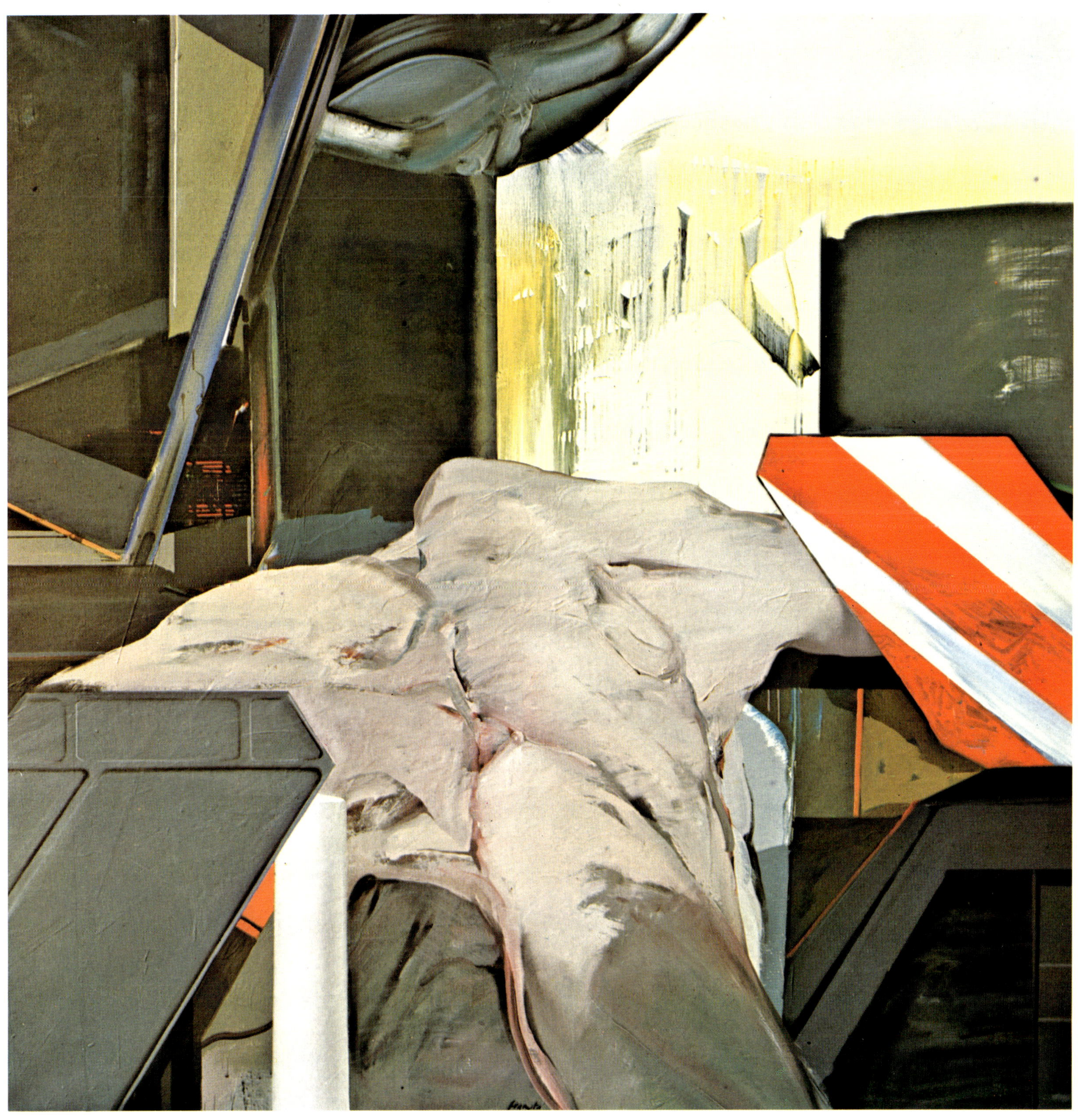

year and a half ago, a dealer suggested a medium that can slow down the drying time of acrylics, and since then they've been working fine. I finish up the nuances with oils. But I always work directly on the canvas, all the way through from the beginning. It's on the canvas that everything happens . . .''

The gestures fade: he is what remains, which is Franta, and which is painting.

The studio, on the left, is a stock of canvases: it is the side of the past. On the right, a pile of materials, provisions for the future. In the middle, a space for comings and goings, for waiting, for looking, for the present.

What is Franta?

The man is worried, lively, tense, at the same time on the lookout and on guard; he bristles with antennas, then hunches over—at one moment receptive, at one moment closed off. He does not live in a place, but on a path, a path that runs through him—and it is a dark hole, it is suddenly a mouth calling out, and then he needs to leave himself and run after something that cannot be caught.

What of the man goes into his painting?

Maybe only what he will never be able to catch for himself, because this thing is visible only to other eyes.

Seeing is such an intimate relationship that people usually only pretend to see. Painting is an offer of this intimacy, but the veil of images and signs must be lifted. Coming from Franta, this offer is aggressive, at least in the meat-colored pictures. And yet, no, the intimacy is not in the work, but develops out of the relationship that the work is calling for, that the work is an occasion for . . .

A friend passes by and says, ''It isn't novelty that gives a work of art its strength, but its charge, its energy . . .''

What about this statement?

What about man: what about his breath, about his hands when they are only touching air? What about his face?

From Gericault to Franta, figure painters raise questions for which aesthetics do not offer a sufficient answer. These painters have never advanced under the protection of a theory. Only one dreamed of that—Francois Lunven—but he was too feverishly hurried, and he died. What is the body in painting anyway?

Certainly not its representation, nor the images

L'atelier, sur la gauche, est une réserve de toiles: c'est le côté du passé; sur la droite, un amoncellement de matériel, les provisions de l'avenir; au milieu, un espace pour le va-et-vient, l'attente, le regard, le présent.

Qu'est-ce que du Franta?

L'homme est inquiet, vivace, tendu, à la fois aux aguets et sur ses gardes; il se hérisse d'antennes, puis se voûte, tout à coup réceptif, tout à coup fermé. Il n'habite pas un lieu mais un chemin—un chemin qui passe à travers lui, et c'est un trou obscur, et c'est brusquement une bouche qui appelle, et il lui faut alors se laisser là et courir derrière ce qu'on ne saurait rattraper.

Qu'est-ce qui passe de l'homme dans la peinture?

Peut-être ce qu'il n'attrapera jamais de-lui-même, car cette chose n'est visible qu'à d'autres yeux.

Voir est un rapport si intime qu'on fait généralement semblant de voir. La peinture est cette intimité offerte, mais il faut lever le voile des images et des signes. Chez Franta, l'offre est agressive, dans les tableaux du moins de la couleur-viande. Et pourtant, non, l'intimité n'est pas dans l'oeuvre, elle se développe dans le rapport dont l'oeuvre est l'appelant, ou l'occasion . . .

Un ami passe, il dit:

- Ce n'est pas la nouveauté que fait la force d'une oeuvre d'art, c'est sa charge, son énergie . . .

Que faire de cette affirmation?

Que faire de l'homme: de son souffle, de ses mains quand elles ne touchent que l'air? que faire de son visage?

De Géricault à Franta, les peintres du corps suscitent des questions auxquelles l'esthétique ne suffit pas à répondre. Ces peintres n'ont jamais avancé sous la protection d'une théorie. Un seul y a songé, François Lunven, mais il était trop fièvreusement pressé, et il est mort. D'ailleurs qu'est-ce que le corps en peinture?

Certainement pas sa représentation, ni les images qui le célèbrent. Le corps ne saurait être l'apparence du corps, mais quoi? Le corps n'existe qu'à partir du moment où ce qu'il cache pose une question. On s'en est aperçu récemment avec le problème des mères-porteuses en constatant que le mot corps, et à plus forte raison ce qui relève de ses fonctions internes, n'existait pas dans le vocabulaire du droit. Il

Workyard / *Chantier*   1972
oil on canvas 130 x 97 cm
huile sur toile
Coll. P.G., Paris

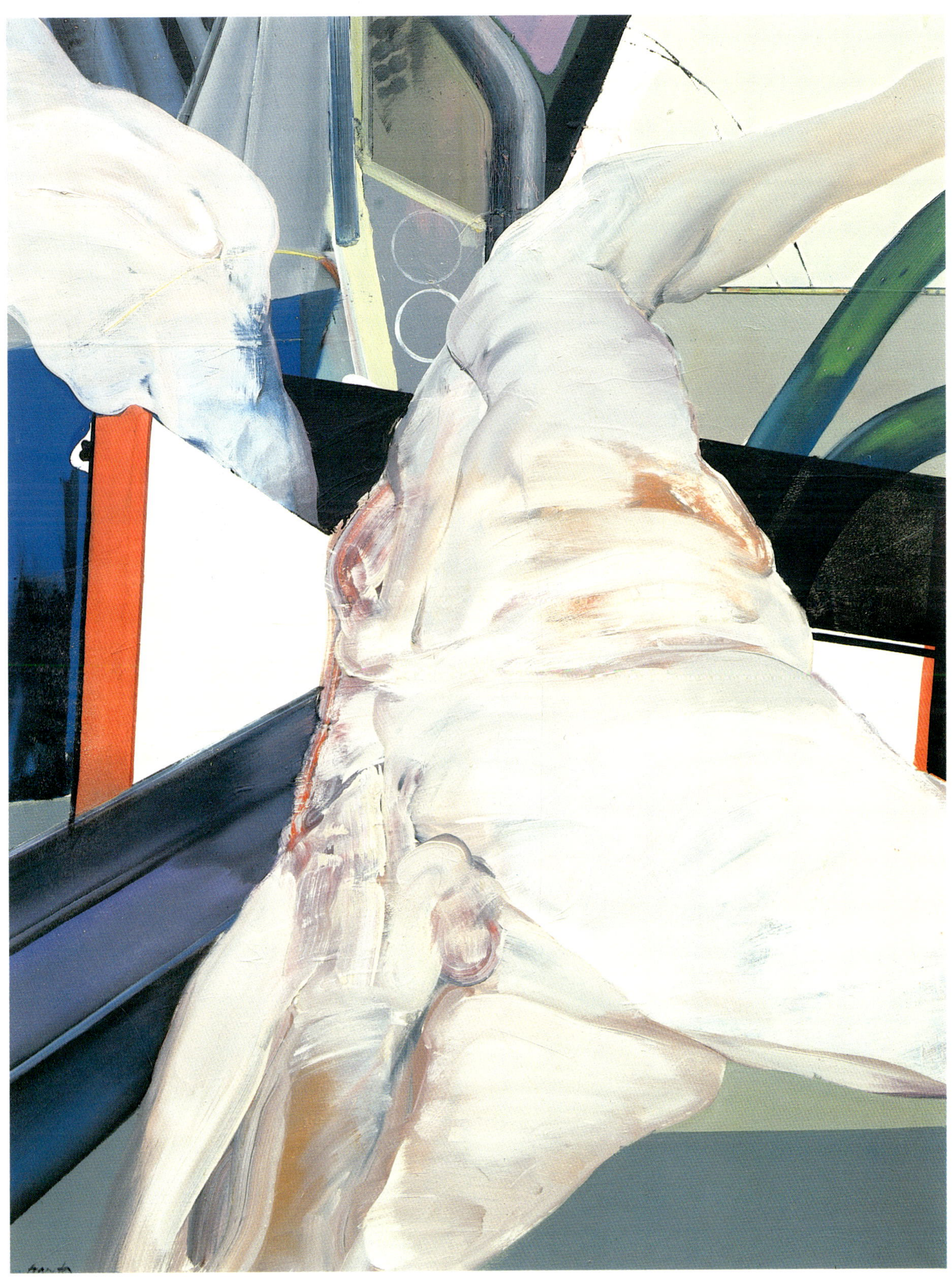

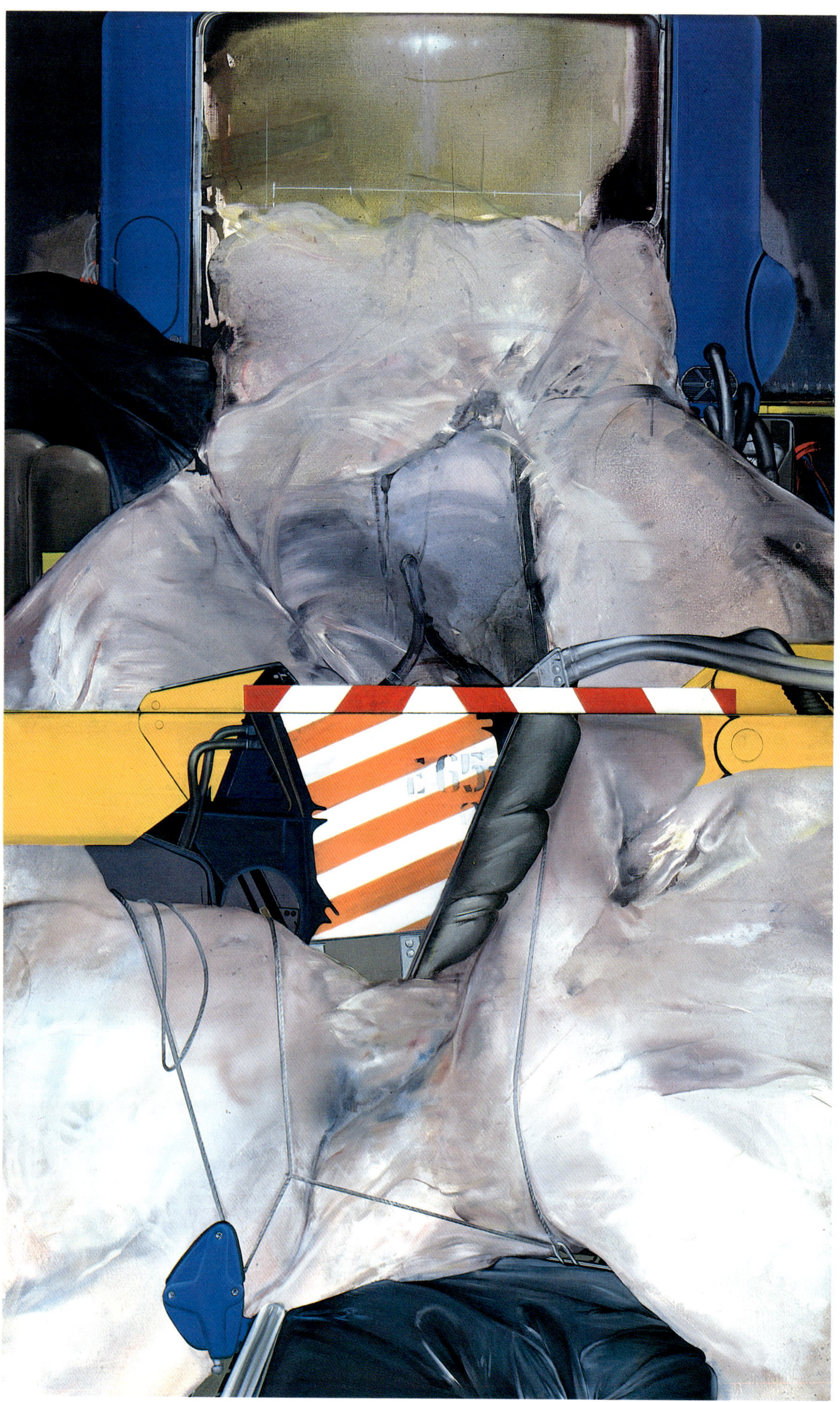

Hoist / *Monte-charge*   1973
oil on canvas 260 x 162 cm
huile sur toile
Coll. Fonds Nationaux
        de l'Etat, Paris

that celebrate it. The body does not know how to be the appearance of the body, but what can it be? The body exists only from the moment when what it hides poses a question. People have noticed this recently in connection with the problem of surrogate mothers, when they realized that the word *body*—and all the more everything having to do with its internal functions—did not exist in the language of the law. So it goes with painting: until Gericault, all people knew of the body was nudity. No doubt he had only "studies" in mind when he made his pictures of severed limbs and heads, but in painting very clearly the part that was cut and not just the anatomical parts, he completely changed our image of the body.

Before Gericault, people had already painted severed limbs or heads, but only as part of the imagery of martyrdom and of war scenes; such dismemberment had not produced the revelation that, behind its appearance, the body possesses an organic intimacy the reality of which remains secret so long as no act of aggression has violated it. This fact led to a linking of body images with violence, since such images occur only after the body's inviolacy has been destroyed by a wound or mortal injury. Evidently, the violation itself need not be shown, it is present—and even more than present—in its effects. It has left the body not exposed but open—open in a place beyond a nudity so extreme as to show the place of death within the place of life.

The meat that Franta paints is the generalized location of a cutting up; it is not that a part of the body has been cut, but that the whole body is nothing but cut-upness. The word *skinned* is not sufficient to describe the state of this meat: it is massively meaty matter, something one has never seen and the possibility of which one experiences with horror. For the meatiness revealed by Franta is, within ourselves, both the negation of the person and a drop into the undifferentiated.

After the first shock, which is visual and comes from the incomparable harshness of the meat color, comes a drawn-out second one, a completely mental one that is elicited by the vision, in this meat, of the most collective element possible: an element torn from the interior of the body but nevertheless so deprived of inwardness that it displays nothing but absolute anonymity.

en va de même en peinture: on n'y connaît du corps que la nudité, jusqu'à Géricault justement. Sans doute celui-ci n'avait-il en vue que des "études" quand il a fait ses tableaux de membres et de têtes coupés, mais en peignant très visiblement la partie sectionnée et pas seulement des parties anatomiques, il a bouleversé l'image du corps.

Avant Géricault, on avait déjà peint des membres ou des têtes détachés, mais tout cela faisait seulement partie de l'imagerie du martyre ou des scènes guerrières; ce démembrement n'apportait pas la révélation que, derrière son apparence, le corps possède une intimité organique dont la réalité demeure secrète tant qu'une agression ne la viole pas. D'où la liaison des images du corps avec la violence puisqu'elles n'apparaissent qu'à la suite d'une effraction blessante ou mortelle. Evidemment, cette effraction n'a pas besoin d'être représentée, elle est présente—et même plus que présente—à travers son effet. Elle a laissé le corps, non pas à découvert, mais ouvert—ouvert dans l'au-delà d'une nudité si excessive qu'elle montre l'endroit de la mort dans l'endroit de la vie.

La viande que peint Franta est le lieu généralisé d'un sectionnement; ce n'est pas une partie du corps qui est coupée, le corps entier n'est plus que du coupé. Le mot écorché ne suffit pas à dire l'état de cette viande: elle est massivement de la matière viandeuse, quelque chose qu'on n'a jamais vu, et dont on éprouve avec horreur la possibilité, car le viandeux révélé par Franta est, en nous-même, aussi bien la négation de la personne que la chute dans l'indifférencié.

Au premier choc, qui est visuel, et qui provient de la crudité sans pareille de la couleur-viande, succède longuement un autre, tout mental, et suscité par la vision, dans cette viande, de l'élément le plus collectif qui soit: un élément arraché à l'intérieur du corps mais tellement privé pourtant d'intériorité qu'il n'étale que l'anonymat absolu.

Personne n'a peint un tel comble de déréliction, sans doute parce que personne n'avait trouvé la figure adéquate. Aucune scène, aucun visage n'en pouvait porter l'expression: il fallait ce viandeux—cette viandosité informe pour faire passer dans une image visuelle l'invisibilité d'une collectivisation aussi violente qu'un équarrissage. Et qu'à son extrême le collectif ne puisse être exprimé que par du coupé, du séparé, est évidemment

No one has painted such an extreme of dereliction, no doubt because no one had found a form adequate to express it. No scene, no face could embody its expression: the meaty was necessary—this formless meatiness—to translate into a visual image the invisibility of a collectivization as violent as flaying. And it is evidently a very significant contradiction that the collective at its most extreme can be expressed only by what is cut up, what is separated.

Here the question, "What is a Franta?" is displaced by its own answer, for the work, by turning out to very vividly reflect an essential aspect of its time, lays the very circumstances that produced it open to question. The work enters history demanding first of all what belongs to it itself. The question becomes, "Who is Franta?" or rather, "Who is Franta to have expressed one of the defining qualities of his time by the very act of proceeding with his painting?"

The problem is that any answer is a simplification: it gives a satisfying sense of closure only to the extent that it is unable to state at the same time its relativity. Meaning is changed by each new reading; so is history. Nevertheless, we can say that Franta was born in Czechoslovakia in 1930; that after the oppression of the Nazi occupation, he experienced the liberation and then the Communist takeover as the arrival of justice and generosity; then he believed for a long time that collective progress counted infinitely more than personal searches; and that he left the Prague school of Fine Arts at the age of twenty-nine; that studies there consisted of academic realism and did not reveal to him anything of modern art beyond Picasso's Dove; that he lived the collapse of an ideal as he discovered that the practice of power did not correspond to its theories and its speeches; that he escaped to the West and then found himself in an internment camp there; that he believed in the free world and then found there selfishness as a social system and dog-eat-dog as artistic solidarity . . .

"In France," he says, "Life was worth more, in any case, but I didn't see anything. Everything that I was dragging around was too heavy, and I was always afraid of being tricked again. Maybe I was so imbued with the idea that the collective is all that counts that I couldn't get used to individuality . . ."

Ordinary exile, involving a change of language, of climate, of surroundings, is accompanied by

une contradiction très significative.

Ici, la question: Qu'est-ce que du Franta? trouve une réponse qui la déplace, car l'oeuvre, en se découvrant comme très significative d'un trait de son temps, interroge ses circonstances: elle entre dans l'histoire en réclamant d'abord la sienne propre. La question devient: qui est Franta? Ou plutôt: Qui est Franta dans son temps pour en avoir exprimé l'un des traits marquants tout en poursuivant SA peinture?

Le problème est que toute réponse simplifie: elle opère une fermeture satisfaisante faute de pouvoir énoncer à la fois sa relativité. Le sens est modifié par chaque nouvelle lecture, l'histoire aussi. Il faut dire cependant que Franta est né en Tchécoslovaquie, en 1930; qu'après le poids de l'occupation nazie, il a vécu la libération puis l'installation du pouvoir communiste comme l'arrivée de la justice et de la générosité; qu'il a cru longtemps que l'avancée collective comptait infiniment plus que la recherche personnelle; qu'il est sorti de l'école des Beaux-Arts de Prague à vingt-neuf ans; que les études y consistaient en bachotage réaliste et ne lui avaient révélé, en fait d'art moderne, que la Colombe de Picasso; qu'il a vécu l'effondrement d'un idéal en découvrant que la pratique du pouvoir ne correspondait pas à ses théories et à ses discours; qu'il est passé clandestinement en Occident et y a été accueilli dans un camp d'internement; qu'il a cru au monde libre et y a trouvé l'égoisme comme système de société et le pousse-toi-de-là-que-je-m'y-mette, comme solidarité artistique . . .

- En France, dit-il, la vie valait mieux, de toute façon, mais je ne voyais rien. Tout ce que je traînais pesait trop lourd, et toujours j'avais peur de nouvelles déceptions. Peut-être étais-je tellement imprégné par l'idée que seul compte le collectif que je n'arrivais pas à me faire à l'individualité . . .

L'exil ordinaire, celui du changement de langue, de climat, d'environnement, se double de plusieurs autres, très déroutants; après n'avoir connu, durant toute sa formation artistique, que le règne exclusif de l'art réaliste, Franta se trouve confronté au succès, quasiment exclusif lui aussi en ce début des années soixante, de l'art abstrait; après avoir vécu dans un monde respectueux des valeurs, il est dans la publicité du succès; de plus, il choisit de vivre en province, situation difficile pour un peintre non-régionaliste . . .

Transfusion   1972
oil on canvas 130 x 195 cm
huile sur toile

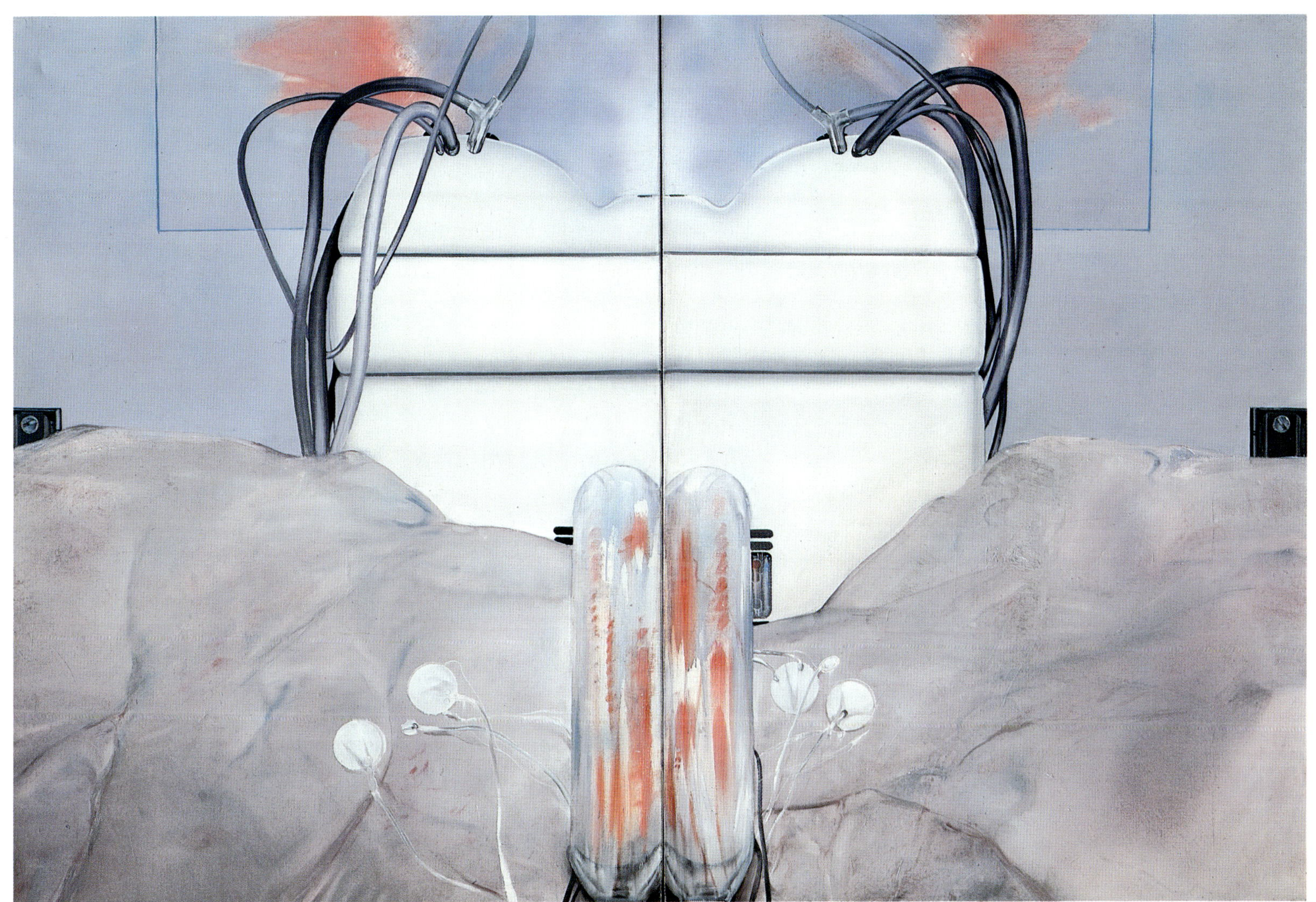

several other types of exile—very disturbing ones. After having experienced the exclusive reign of realistic art during his period of artistic training, Franta finds himself confronted with the success of abstract art—apparently also an exclusive success in these early 1960s. After having lived in a world that respected values, he finds himself surrounded by the publicity of success. Moreover, he chooses to live in the provinces, a difficult position for a non-regionalist painter to be in.

It is important to give a person's biography due credit, but the sum of the pieces of information that make it up is never in itself the whole story, much less the whole explanation; it is an ingredient whose importance varies in an incalculable way depending on whether it is combined with this or that fact—and this combination may well vary from picture to picture despite the presence of constants, which then become the markers of an era. A life is not contained in its span, any more than a work is contained in the time needed to create it: neither the life nor the work can be reduced to a simple itinerary.

"When I arrived in France, in October 1959, I had a lot of problems with my papers, so I couldn't get back to painting until 1960. I didn't have practice in working freely. At school, we would spend weeks and weeks on the same pose. It was a very extreme effort of observation that made you move beyond exhaustion, that made you perceive nuances . . . I had ten years of training of this type under my belt. I no longer wanted to see a model, because then I was reminded of the obligation to blindly obey the laws of proportion . . ."

From 1960 to 1965, Franta paints seen things: **Beach** (1960), **Fishermen** (1960), **Horses** (1961), **Thresher** (1963), **Mountain** (1963), **Workyard** (1964) . . . These are compositions done in somber, muted colors with subtle variations; they remain stylized, particularly in their drawing, which seeks to escape realism through the accentuation of lines and planes. This urge to structure and simplify invokes a certain violence, which is expressed in the elongation of the limbs of the fishermen and of the necks and shoulders of the horses, and in the multiplication of angles. No doubt the most personal of this group is **Mountain**, where slopes-valley-folds are also thighs-belly-sexual parts, and where this ambiguity sets up a beautiful

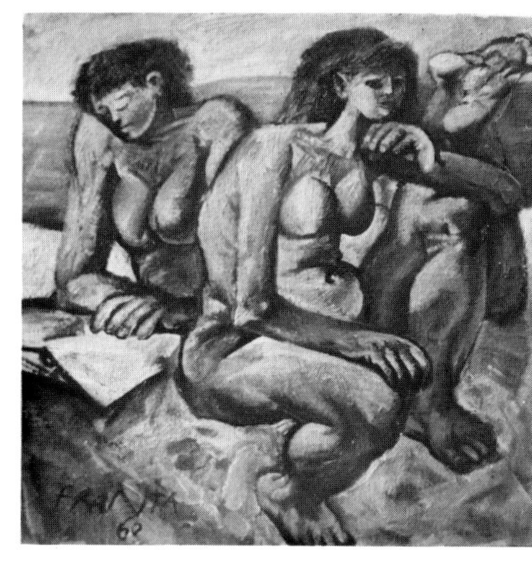

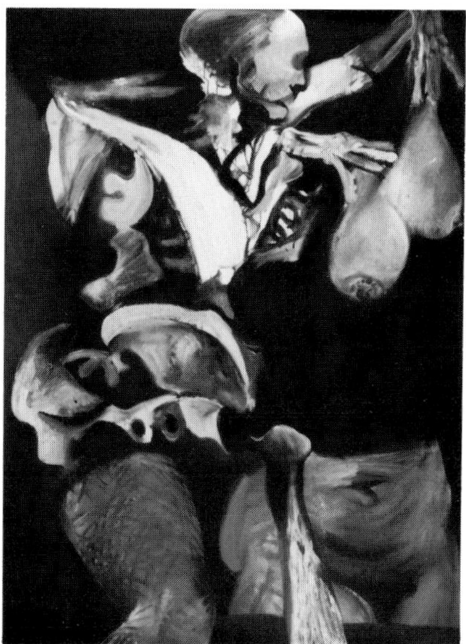

Beach / *Plage* 1960
oil on canvas 100 x 100 cm
huile sur toile
Coll. A. Passeto, Paris

Total strip-tease / *Strip-tease total* 1965
oil on canvas 162 x 130 cm
huile sur toile

Shelter / *Abri* 1966
oil on canvas 130 x 162 cm
huile sur toile

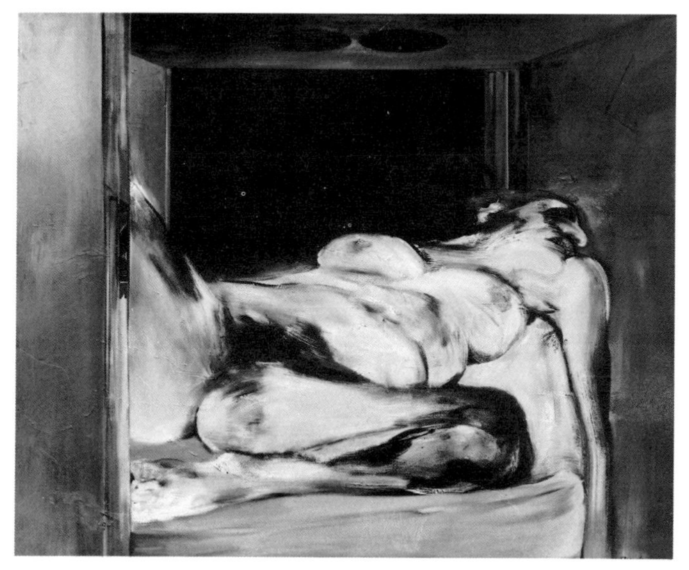

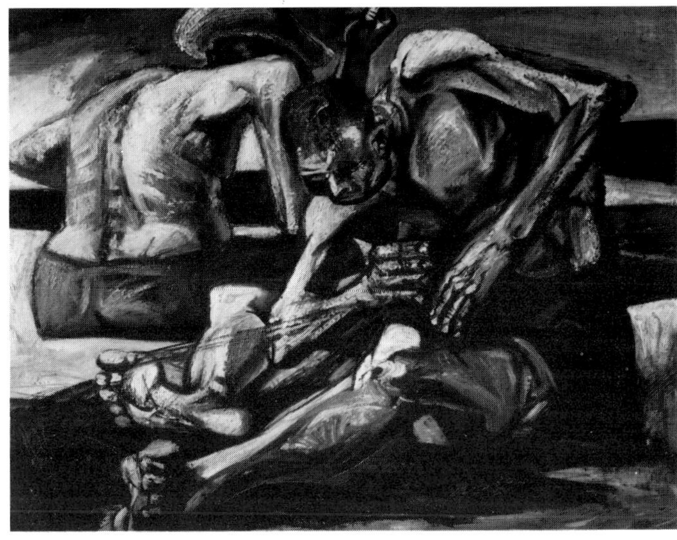

Fishermen / *Pêcheurs* 1960
oil on canvas 73 x 92 cm
huile sur toile
Coll. A. Passeto, Paris

Workyard / *Chantier* 1964
oil on canvas 50 x 50 cm
huile sur toile

Horses / *Chevaux* 1961
oil on canvas 73 x 92 cm
huile sur toile

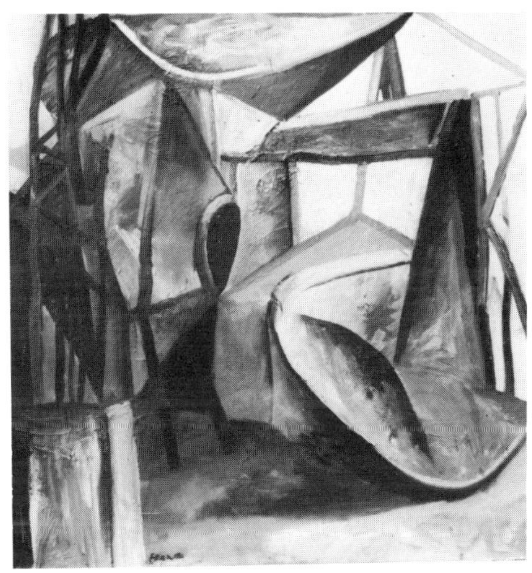

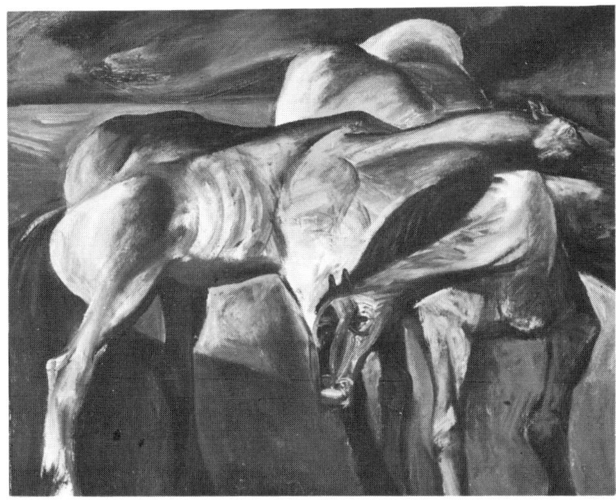

Il faut rendre justice à chacun de sa biographie, mais la somme de renseignements qui la compose n'est jamais en soi un récit suffisant, encore moins une explication suffisante, c'est un ingrédient dont l'importance varie de manière inestimable selon qu'il se combine avec telle ou telle donnée—et il se peut bien que cette combinaison varie de tableau en tableau malgré des constantes, qui font ensuite époque. Une vie ne tient pas dans le temps d'une vie, pas plus qu'une œuvre ne tient dans le seul temps de sa réalisation: ni l'une ni l'autre ne se ramènent à un seul parcours.

- Quand je suis arrivé en France, en octobre 1959, j'ai eu beaucoup de problèmes de papiers, de sorte que je ne me suis remis à la peinture qu'en 1960. Je n'avais pas la pratique d'un travail libre. A l'école, on passait des semaines et des semaines sur la même pose. Un travail d'observation très poussé qui faisait qu'on dépassait la fatigue, qu'on apercevait des nuances . . . J'avais dix ans de formation de ce genre dans les pattes. Je ne voulais plus voir un modèle parce que ça me rappelait l'obligation d'obéir bêtement aux proportions . . .

De 1960 à 1965, Franta peint des choses vues: **Plage** *(1960),* **Pêcheurs** *(1960),* **Chevaux** *(1961),* **Batteuse** *(1963),* **Montagne** *(1963),* **Chantier** *(1964) . . . Ce sont des compositions aux couleurs sombres, sourdes, nuancées en profondeur; elles retiennent surtout par le dessin, qui cherche à s'évader du réalisme par l'accentuation des lignes et des plans, la stylisation. Cette volonté de structurer et de simplifier appelle une certaine violence, qui se traduit par l'élongation des membres des pêcheurs et des encolures des chevaux par la multiplication des angles. Le tableau sans doute le plus personnel de cet ensemble est* **Montagne**, *où pentes-vallée-plissements sont également cuisses-ventre-sexe, et où cette ambiguïté produit une belle vibration. La tendance expressionniste trouve un aboutissement dans deux toiles où l'imaginaire et le symbolique succèdent à la scène réelle:* **Strip-tease total** *(1965): un corps se déshabille de sa chair; il a déposé son ventre féminin sur la gauche, il brandit ses seins;* **Cain et Abel** *(1965): un homme à tête d'oiseau de proie ou de tortue monstrueuse lève une lourde pierre et s'apprête à écraser la tête d'un autre, déjà jeté à terre . . . Devant ces tableaux d'apprentissage, Franta dit:*

- La couleur m'a longtemps donné des

vibration. The expressionist tendency culminates in two canvases in which the imaginary and the symbolic take the place of the real scene. The first is **Total Strip-Tease** (1965): a body takes off its flesh; it has set its female belly down at its left, and is brandishing its breast. The second is **Cain and Abel** (1965): a man with the head of a bird of prey or of a monstrous turtle is raising a heavy stone and preparing to crush the head of another, who has already been thrown to earth.

About these pictures from his apprenticeship, Franta says: "Color has given me complexes for a long time. I had trouble taking off. At first, color was incidental, just a surface thing. Grays, browns, very little light. It took me a long time to treat it honestly."

Nevertheless, as early as 1963, the face of **Jacqueline** is done in a fauvist manner, with large bursts of nonrealistic color which give it a remarkable vivacity. This very precise, very controlled use of emotion-color rather than representation-color gives great energy to the picture, and transfers to painting the expressiveness of drawing.

The same qualities can be found in **Interior** (November 1964), in which a woman is shown from her thighs to her armpits. Her arms are raised outside the picture, as she takes off a last piece of clothing. Her thighs and belly are done in blue, green, and red strokes; her very heavy breasts, in blue and red. These colors, which create very dynamic harmonies, give great sensuality to the body. Behind her lies a bed, the white, yellow, and blue tones of which blend together up close, the way the colors inside an agate do.

These two pictures preserve a gripping visual intensity; they possess a kind of original freshness, because one has the sensation of seeing in them the moment in which the painter found his freedom, if not his style. This is because everything in them happens directly on the canvas (rather than indirectly by referring to outside events)—it happens directly in the effort of visualization, which breathes into the pictorial material the desire of the body in the desire of the painting.

As to the style that will become characteristic of Franta, it appears in a 1966 picture. This picture, entitled **Shelter**, shows the interior of a large metal box fitted with two ventilators, a hand-lever, and a red arrow; on a mattress lies a woman's body. This

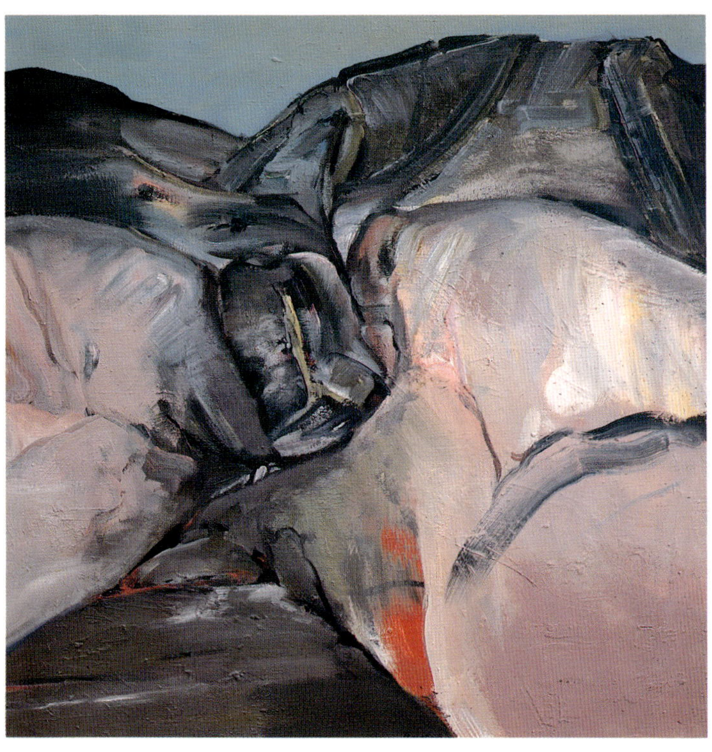

Mountain / *Montagne*   1963
oil on canvas 100 x 100 cm
huile sur toile

Interior II / *Intérieur II*   1965
oil on canvas 130 x 162 cm
huile sur toile

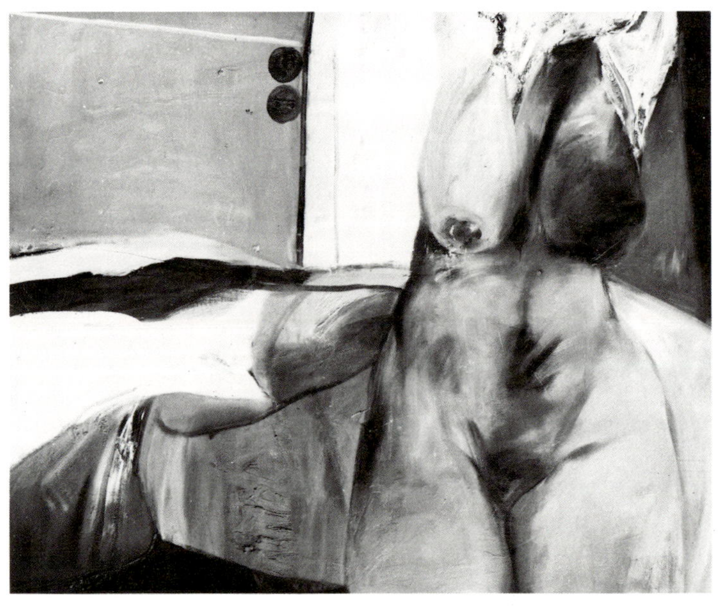

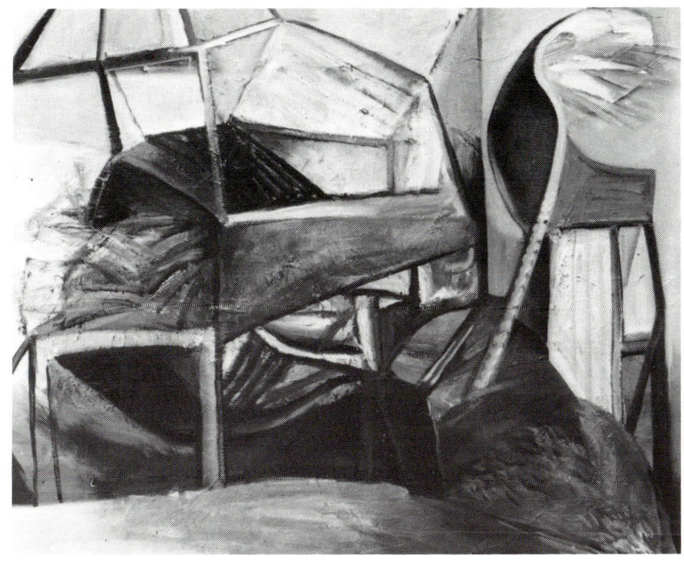

Thresher / *Batteuse*   1963
oil on canvas 60 x 73 cm
huile sur toile

Cain and Abel / *Cain et Abel*   1965
oil on canvas 162 x 130 cm
huile sur toile

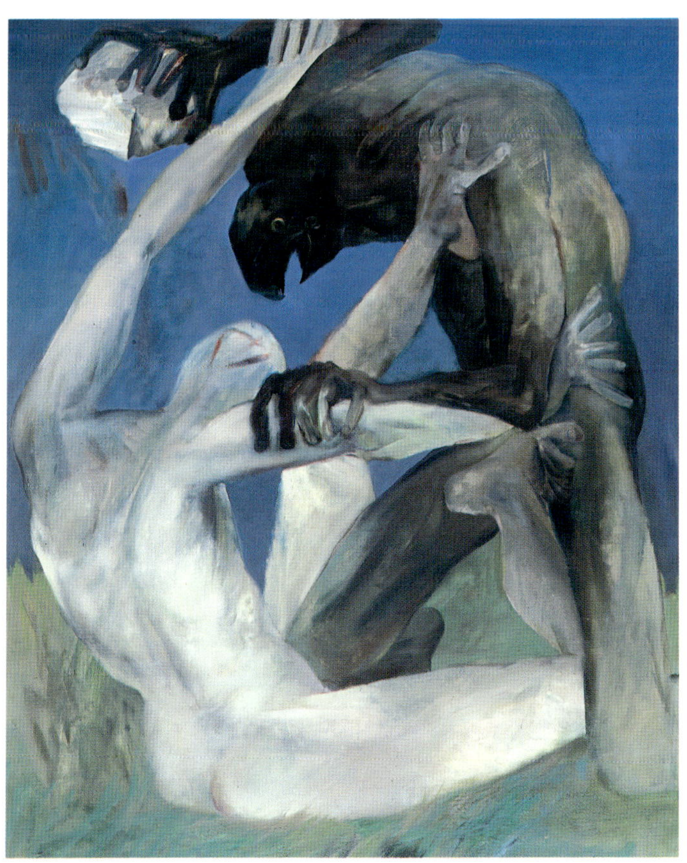

complexes. J'ai eu du mal à décoller. Au début, la couleur restait anecdotique, simple surface. Des gris, des marrons, très peu d'éclairage. Il m'a fallu du temps pour la traiter avec franchise.

Pourtant, dès 1963, le visage de **Jacqueline** est traité à la manière fauve, avec de larges éclats de couleur non réaliste, qui lui donnent une vivacité remarquable. Cet emploi très juste, très maîtrisé de la couleur-émotion au lieu de la couleur-ressemblance donne une grande énergie au tableau, et elle transfère l'expression du dessin à la peinture.

Les mêmes qualités se retrouvent dans **Intérieur** (novembre 1964), où l'on voit une femme représentée des cuisses aux aisselles et qui, les bras levés hors du tableau, est en train de retirer un dernier vêtement. Les cuisses et le ventre sont faits de touches bleues, vertes, rouges; les seins, très lourds, de bleu et de rouge. Ces couleurs, aux accords très dynamiques, donnent une très grande sensualité au corps derrière lequel s'étend un lit dont le blanc, le jaune et le bleu mêlent de près leurs reflets comme il arrive à l'intérieur d'une agathe.

Ces deux tableaux ont conservé une intensité visuelle saisissante; ils possèdent une sorte de fraîcheur originelle, car on croit y lire le moment où le peintre trouve sa liberté, sinon sa manière, parce que tout s'y passe directement sur la toile et non par référence—directement dans l'effort de visualisation qui insuffle à la matière picturale le désir du corps dans le désir de la peinture. Quant à la manière, celle qui va devenir qualificative de Franta, c'est plutôt dans un tableau de 1966 qu'elle apparaît.

Ce tableau, intitulé **l'Abri**, montre l'intérieur d'une grande caisse métallique dotée de deux aérateurs, d'une manette et d'une flèche rouge; sur un matelas s'étale un corps de femme. Ce corps, aux cuisses largement écartées, est un tas de chair dont l'épaule et le bras gauche paraissent couler entre lit et paroi tandis que la tête vient là-dessus comme une épave ramollie, projetant de profil un oeil fixe, un nez long et quelques dents sous une lèvre noire. Si le regard descend à partir de ce visage bizarrement houleux, tout le corps paraît fait de remous successifs en train de se figer. La chair est à base de rose, de bleu, de noir, de vert, de rouge, de jaune, mais l'impression n'est plus, comme dans les tableaux fauves, d'une charge sensuelle, car les reflets

body, with thighs flung open, is a heap of flesh. The shoulder and left arm appear to flow between the bed and the wall. The head, shown in profile and rising above it like a softened piece of wreckage, consists of a staring eye, a long nose, and a few teeth under a black lip. If you look down from this strangely billowing face, the rest of the body seems to be made of successive eddies in the process of congealing. The flesh is basically rose, blue, black, green, red, and yellow, but the impression is no longer, as in the fauvist pictures, of a sensual energy, because the undertones that these colors create in the thick paint suggest only decomposition.

One senses that this image was born on the canvas—that it was not the product of a drawing the way a piece of writing is the product of its outline. And this impression completely changes the look that one directs at the painting: what happened in the impression happens in the look. There is no certitude here, nothing but a rush of energy, as you stand in front of this deformed body, this container of rot and of blood. Up to this point, Franta's pictures had seemed to recreate seen objects and faces; the most beautiful paintings depicted them with revealing emotion. This picture, however, has no model: it projects—how to say it? yes, it projects a revelation into sight, a revelation that the canvas has picked up, the way a screen picks up in the projector's light the dusting of shadow that creates movement, characters, and story. The surface of the canvas has become the picture, not through the effort of illusion, which pulls from real things their image, or their idea, or even their meaning, but through a much more obscure effort, which represents with the help of visual elements something that does not come from the eyes, because eyes cannot see thought. And yet, by allying themselves with the hand of the painter, eyes become capable of giving visible form to elements of thought.

The emergence of form is now going to produce a coalescence of what haunts the painter, of his immediate problems, and of the feel of his time. Of course one could seek out the biographical or cultural references in each picture, pinpoint an event—a hospital memory, a museum meeting. But what more would one really know, when it is what precipitates out of this experience that counts, and this precipitation is subject to the whim of circum-

que ces couleurs mettent dans l'épaisseur n'y portent que la décomposition.

On sent que cette image est née sur la toile, et non à partir d'un dessin jouant le rôle du plan dans un écrit. Et cette impression change complètement le regard porté sur la peinture: il se passe en lui ce qui s'est passé en elle. Aucune certitude ici, rien qu'un élan, devant ce corps déformé, cette caisse de rouille et de sang. Les tableaux de Franta recréaient jusque-là des choses et des visages vus; les plus beaux les peignaient dans l'émotion qui dévoile; celui-ci n'a aucun modèle: il projette une—comment dire? oui, il projette dans la vue une révélation, que la toile a recueillie comme l'écran recueille dans la lumière du projecteur la poussière d'ombre qui fait le mouvement, les personnages et l'histoire. La surface de la toile est devenue le tableau, non par le travail d'illusion qui tire des choses réelles leur image, ou leur idée, ou même leur sens, mais par un travail beaucoup plus obscur, qui figure à l'aide d'éléments visuels quelque chose qui ne vient pas des yeux, puisque les yeux ne voient pas dans la pensée. Et pourtant, en faisant alliance avec la main du peintre, les yeux sont capables de donner aux choses de la pensée une forme visible.

Le surgissement de la forme va maintenant produire une agglutination des fantasmes du peintre, de ses problèmes immédiats et de l'air du temps. On pourrait bien sûr rechercher les références biographiques ou culturelles de chaque tableau, déterminer un évènement, un souvenir d'hôpital, une rencontre de musée, mais que saurait-on de plus quand c'est la précipitation qui compte et qu'elle souffle au vent les circonstances, justes bonnes à illustrer, pour n'en conserver que la fine émotion et le furtif toucher mental? La force de la peinture est en fonction de la complexité d'un réseau d'associations qui tisse une évidence: cette évidence fait image sans n'être qu'une image.

La peinture dévoile ce que voilent d'ordinaire notre visage, notre humanité, notre culture; elle fait du peintre un Robinson. Voilà des années que Robinson parcourt son île; il en a fait son royaume paisible et ordonné: une belle image de la Création. Puis, un jour, terreur soudaine, il aperçoit un pas sur le sable et, plus loin, les traces d'un feu, d'une fête, d'un festin—un horrible festin de chair humaine, dont traînent les restes. L'île n'est plus l'abri . . .

- Qu'est-ce qu'une image?

Brother enemies / *Frères ennemis*   1973
oil on canvas 175 x 197 cm
huile sur toile

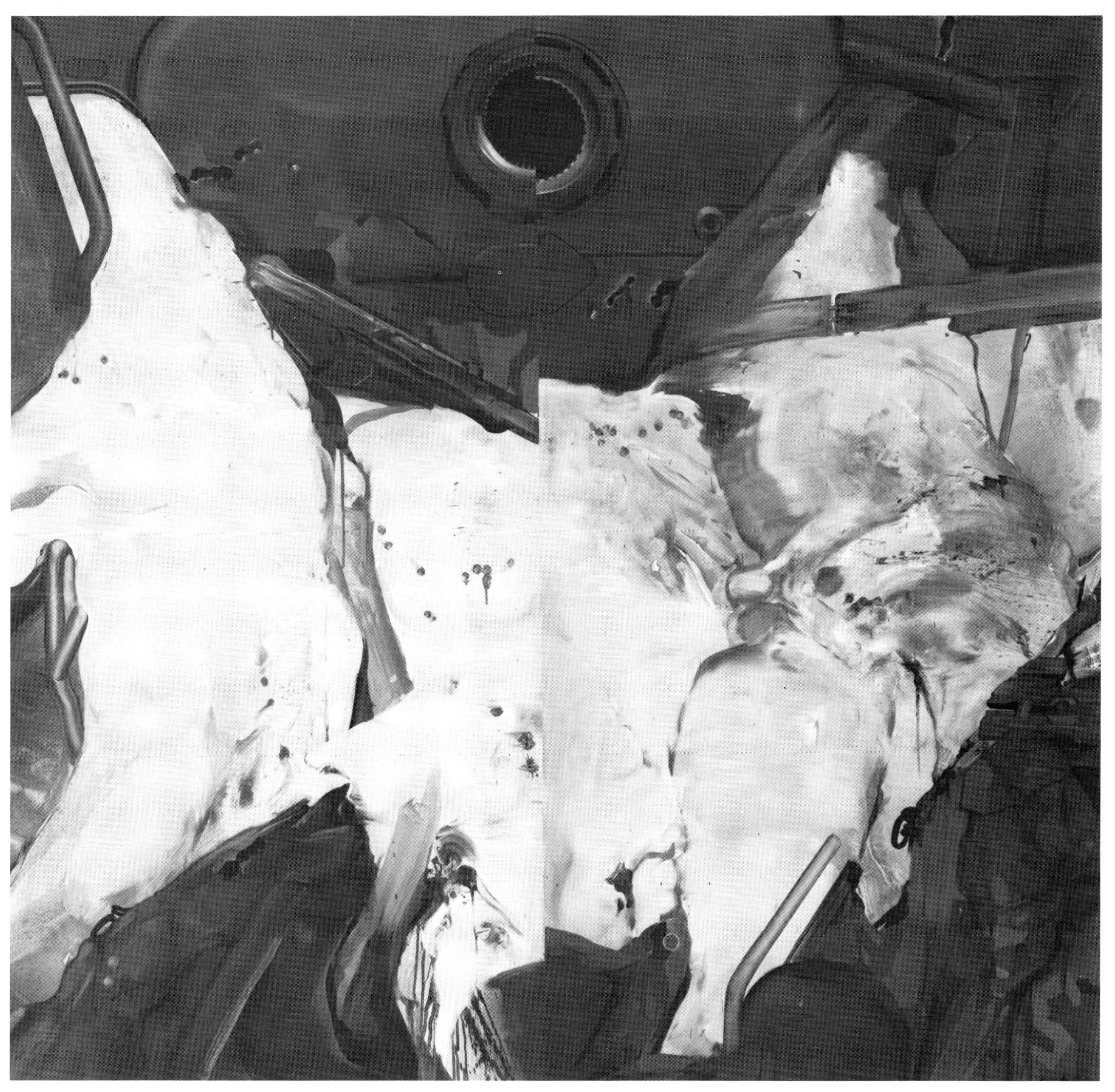

Distributor / *Distributeur*   1973
oil on canvas 150 x 150 cm
huile sur toile

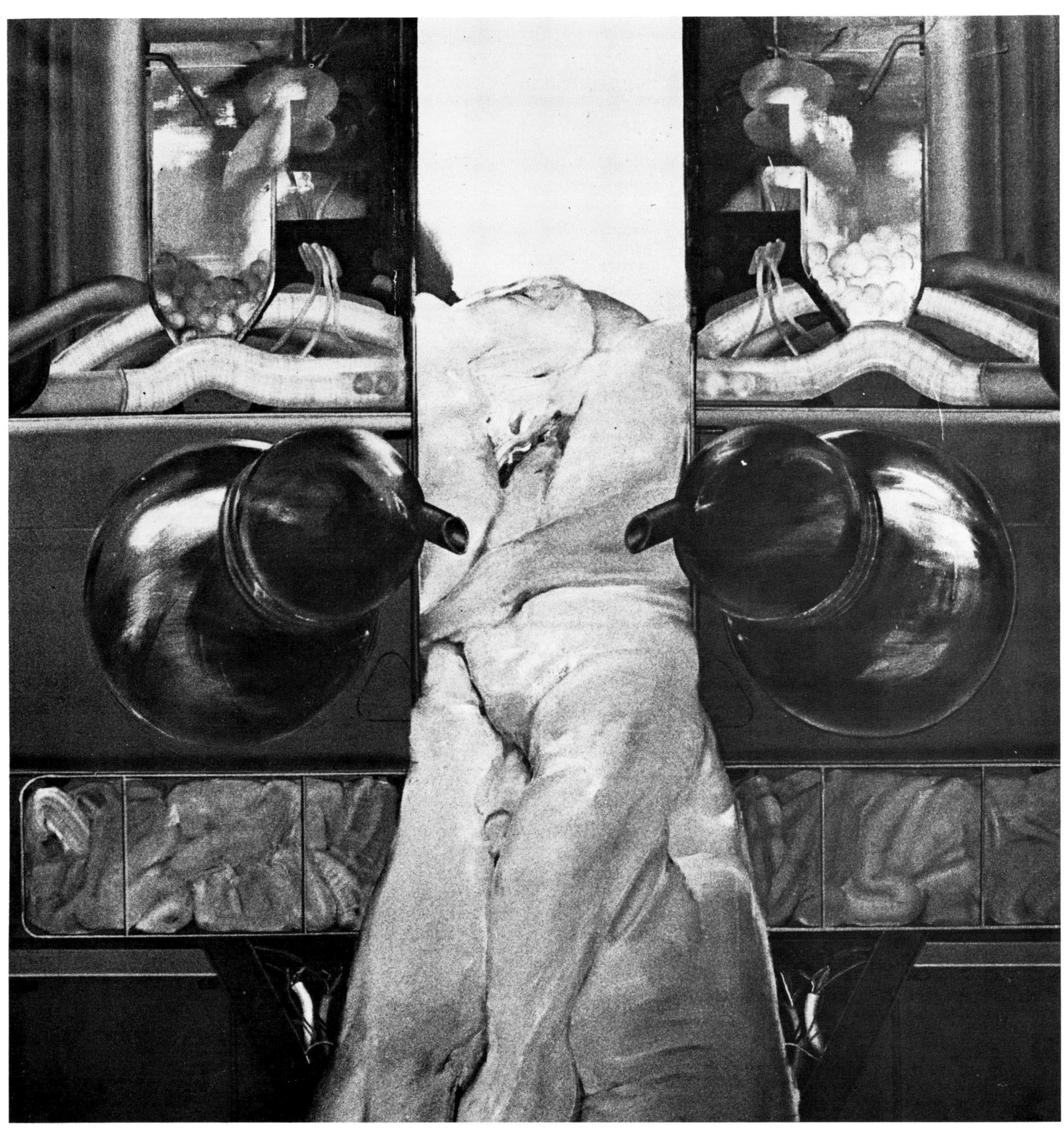

stances (which are good only as illustrations), preserving nothing but a delicate emotion and a furtive mental touch. The power of painting is a function of the complexity of a network of associations that weaves a web of evidence: this evidence creates an image without being just an image.

Painting unveils what ordinarily is veiled by our face, our humanity, our culture; it turns the painter into a Robinson Crusoe. For years Robinson had been traveling around his island; he has made of it a peaceful and orderly kingdom, a beautiful image of Creation. Then one day—sudden terror—he sees a footstep in the sand and, farther on, traces of a fire, of a feast—a horrible feast of human flesh, with the remains strewn around. The island is no longer a shelter.

"What is an image?"

"I would like the image to be the impression left by a question, or the emotion raised by such or such a thing. But I would prefer to answer by working. Talking gives too much importance to the ego of the painter. You need to stay in movement, in that area that connects painting and dirty hands. At one time, I was working in a factory in Nice, and I had a permanent show up in the halls. There were twenty-five workmen there, reacting. 'What are you doing?' one of them asked me. 'This is butchery.' Little by little, relations changed. One guy said to me, 'You know, the other day, because of you, I looked at my wife . . .' One of my canvases had changed the way he looked at his surroundings. But people today are so bombarded with images that a painter doesn't have much chance with a canvas or a drawing, compared to the tube, or to newspapers . . ."

The body of **Shelter** has individuality, even if this individuality is on its way toward decomposition: it is flesh, not meat; its color still possesses its own peculiar tones that create the resemblance. The evolution toward meat-color happens during the three following years (1966-1969): little by little the forms that denote the body disappear, while this massive, soft "unnamable" thing becomes concrete.

A 1969 canvas punctuates—perhaps even sets in motion—this evolution; it is entitled **Yellow Corridor**, and combines in a very simple way a series of yellow planes—each of a slightly different shade of yellow—diverging from a white square

- *J'aimerais que l'image soit l'empreinte d'une question, ou bien l'empreinte d'une émotion soulevée par telle ou telle chose. Mais je préfèrerais répondre en travaillant. Parler donne beaucoup trop d'importance au moi du peintre. Il faut rester dans le mouvement, dans la continuité de la peinture et des mains sales. A une époque je travaillais dans une fabrique, à Nice, et j'exposais en permanence dans les couloirs. Il y avait là vingt-cinq ouvriers. Ils réagissaient. Qu'est-ce que tu fais? m'a dit l'un d'eux, c'est de la boucherie! Les rapports ont changé petit à petit. Un gars m'a déclaré: Tu sais, l'autre jour, à cause de toi, j'ai regardé ma femme . . . Une de mes toiles avait changé son regard sur son entourage. Mais les gens sont tellement bombardés d'images aujourd'hui qu'un peintre n'a pas beaucoup de chances avec une toile, un dessin, à côté de la télé, des journaux . . .*

*Le corps de **l'Abri** possède une individualité, même si elle est en voie de décomposition; c'est de la chair et non de la viande; sa couleur possède encore le ton local qui porte la ressemblance. L'évolution vers la couleur viandeuse occupe les trois années suivantes (1966-1969): peu à peu les formes qui signalent le corps disparaissent pendant que se concrétise cette chose massive et molle, "innommable."*

*Une toile de 1969 ponctue cette évolution, et peut-être la précipite; elle s'intitule **Couloir jaune** et combine très simplement une série de plans jaunes—chacun d'un jaune nuancé différemment, qui divergent à partir d'un carré blanc indiquant la perspective. Sur la gauche, une ligne brisée, un plan vertical vert-bleu, une zone verte et une autre, noire avec des taches, qui pourrait constituer un petit tableau abstrait—une peinture dans la peinture. Au milieu de cet espace, et en occupant environ le tiers, une masse avec une tête. Il y a des yeux, la trace d'une bouche, et cependant il n'y a pas de visage. L'un des yeux est près d'être englouti; l'autre est fixe et grand ouvert. Le regard qui monte de là n'est pas dirigé vers le spectateur: il est infiniment pathétique: plein de perdition et d'au-delà, nullement résigné bien que condamné. C'est le dernier regard . . .*

Le corps paraît replié sous un informe duvet de chair molle, atrocement congestionnée par quelque asphyxie à en croire sa couleur violette. On ne saurait décider si ce tas prolifère ou s'il est en train

that indicates the perspective. On the left, a broken line, a vertical blue-green plane, a green zone, and another, black with splotches, that could be a little abstract picture—a painting within the painting. In the middle of this space, and taking up nearly a third of it, is a mass with a head. It has eyes, the trace of a mouth, and yet there is no face. One of the eyes has almost been swallowed up; the other is staring and wide open. The look that comes from it is not directed toward the viewer. The look is infinitely moving, full of loss and of the beyond, not at all resigned even though it is condemned. It is a last look.

The body seems twisted under a shapeless quilt of soft flesh, atrociously congested by some asphyxia, to judge from its violet color. It is impossible to decide whether this heap is proliferating or whether it is in the process of melting, whether it is swelling up or collapsing, but the head certainly seems to be on the verge of sinking into the limp folds.

A comparison of this picture with others of the same period, such as **Waiting** (1969) and **Tension** (1970), shows that the meat-color is asserting itself more forcefully and becoming more exact in proportion as the human traits are disappearing: face, breasts, navel, sex organs. The face disappears first; the other parts subsist as a line or a variation, but the viewer's eye recognizes an organ at the slightest suggestion. It is necessary for all bodily detail to become completely indistinct before the meaty thing can be—can be this pile of fleshy material whose human origin is indicated only by its color. If, as with **Interior**, it then happens that one perceives thighs and legs, it is as colors in the shape of organs rather than as true organic forms.

The effect of the color is strange here: this color is undoubtedly human and undoubtedly meaty, but it is misleading in regard to its referents. Nevertheless, it imposes them on us—violently.

Confronted with this heap, we know clearly that this meat is no one; we also know clearly that its mass expresses the lowest level of the collective. The disappearance of the human into human meat: this is perhaps what looking at **Yellow Corridor** helps us witness.

"This canvas is from more than fifteen years ago, what does it represent?"

"It is a turning point, one of the first canvases where you see flesh in that way. The lighting is

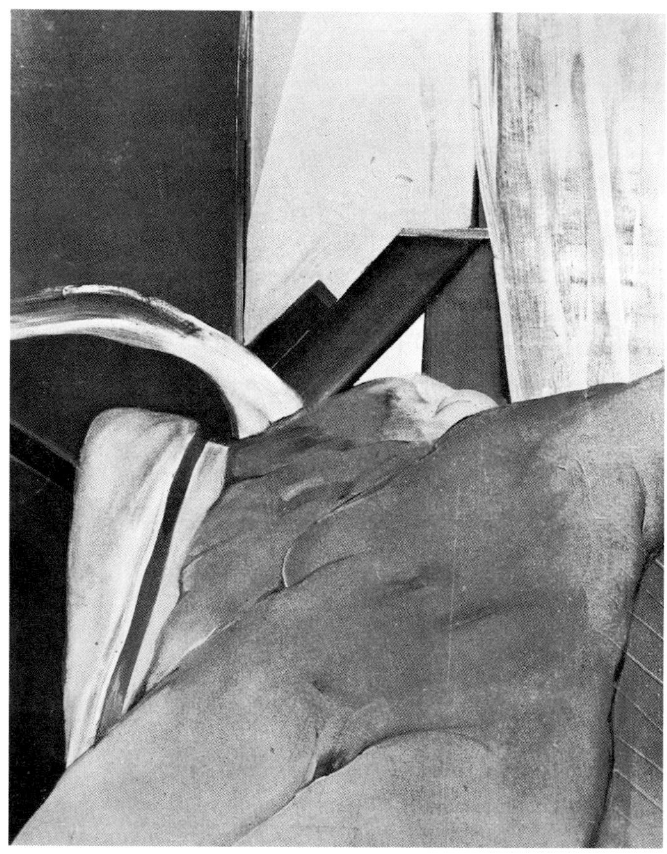

Wait / *Attente* 1968
oil on canvas 92 x 73 cm
huile sur toile
Coll. A.B., Paris

Tension 1970
oil on canvas 100 x 100 cm
huile sur toile

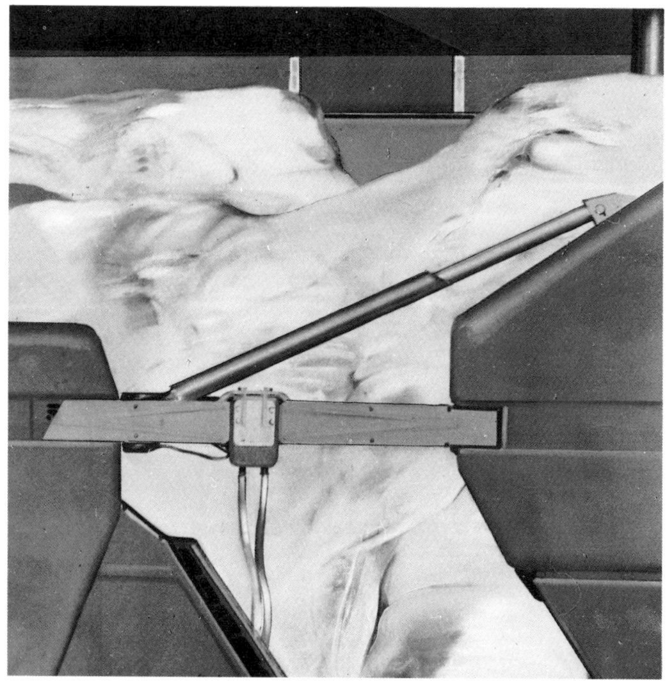

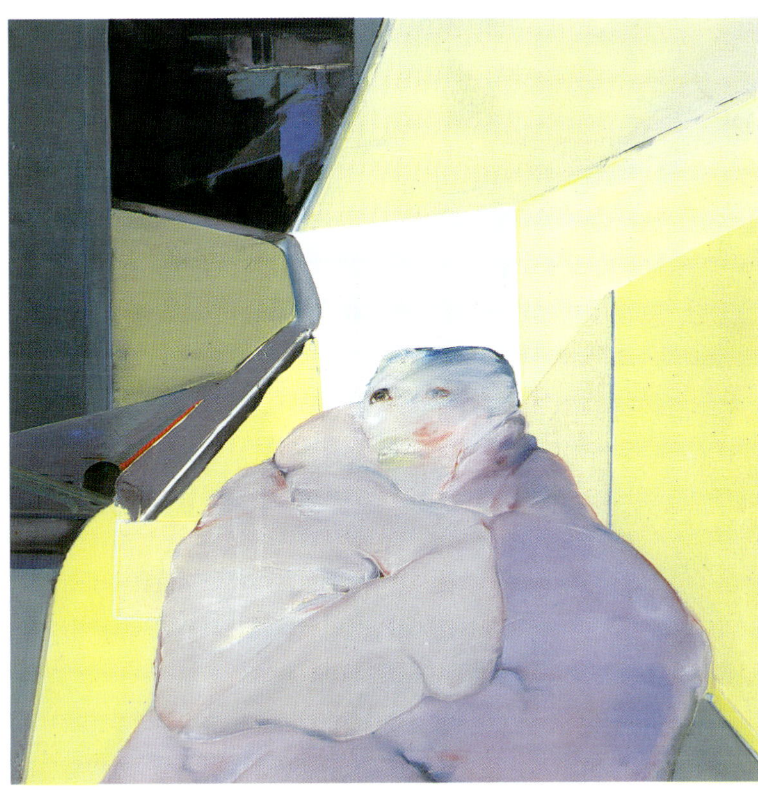

Yellow corridor / *Couloir jaune*   1969
oil on canvas 100 x 100 cm
huile sur toile
Coll. B. Noël, Paris

de fondre, s'il gonfle ou s'il dégonfle, mais la tête paraît bien sur le point de sombrer dans les plissements flasques . . .

*La comparaison de ce tableau avec ceux de la même période, par exemple **Attente** (1969) et **Tension** (1970) montre que la couleur-viande s'affirme et se précise à mesure que disparaissent les traits de l'espèce humaine: le visage, les seins, le nombril, le sexe. Le visage disparaît d'abord; les autres parties subsistent comme ligne, comme inflexion, mais l'oeil reconnaît l'organe à la moindre suggestion. Il faut que le détail organique devienne complètement indistinct pour que la chose viandeuse soit—qu'elle soit cet amas de matière charnelle, dont l'origine humaine n'est indiquée que par la couleur. S'il arrive alors, comme dans **Intérieur**, qu'on aperçoive des cuisses et des jambes, ce sont des couleurs en forme d'organes plutôt que, véritablement, des formes organiques.*

L'effet de la couleur est ici étrange: cette couleur est indubitablement humaine et indubitablement viandeuse, mais elle est fausse par rapport à ses références. Pourtant, elle les impose, et violemment.

*Devant le tas, il est clair que cette viande n'est personne, clair aussi que sa masse exprime le degré le plus bas du collectif. La disparition de l'humain dans la viande humaine, c'est peut-être à quoi assiste le regard du **Couloir jaune**.*

- Cette toile a plus de quinze ans, que représente-t-elle?

- C'est le moment d'un tournant, et l'une des premières où l'on voit ainsi la chair. L'éclairage est bizarre, presque aveugle. Cette toile a fait peur à beaucoup de gens, je ne sais pas pourquoi. J'ai été agressé, souvent. Oui, vraiment agressé, de nombreuses fois.

- La chair, quelles couleurs?

- Il y a du garance, un peu de bleu et puis du blanc. La plupart du temps, je fais des mélanges sur la toile, une fois la couleur posée, pour la réchauffer ou pour la refroidir. Ce personnage erre dans un couloir, et quelque chose se forme sur lui, prolifère, bourgeonne, l'entoure, quelque chose qui est peut-être un second lui-même, un autre lui-même qui va l'étouffer . . .

Les grands tableaux des années 1970 à 1978 sont un aboutissement parce qu'ils trouvent l'expression la plus simple pour conjuguer, dans l'évidence, le

Big crane / *Grande grue*   1973
oil on canvas 197 x 175 cm
huile sur toile
Coll. Ville de Grenoble

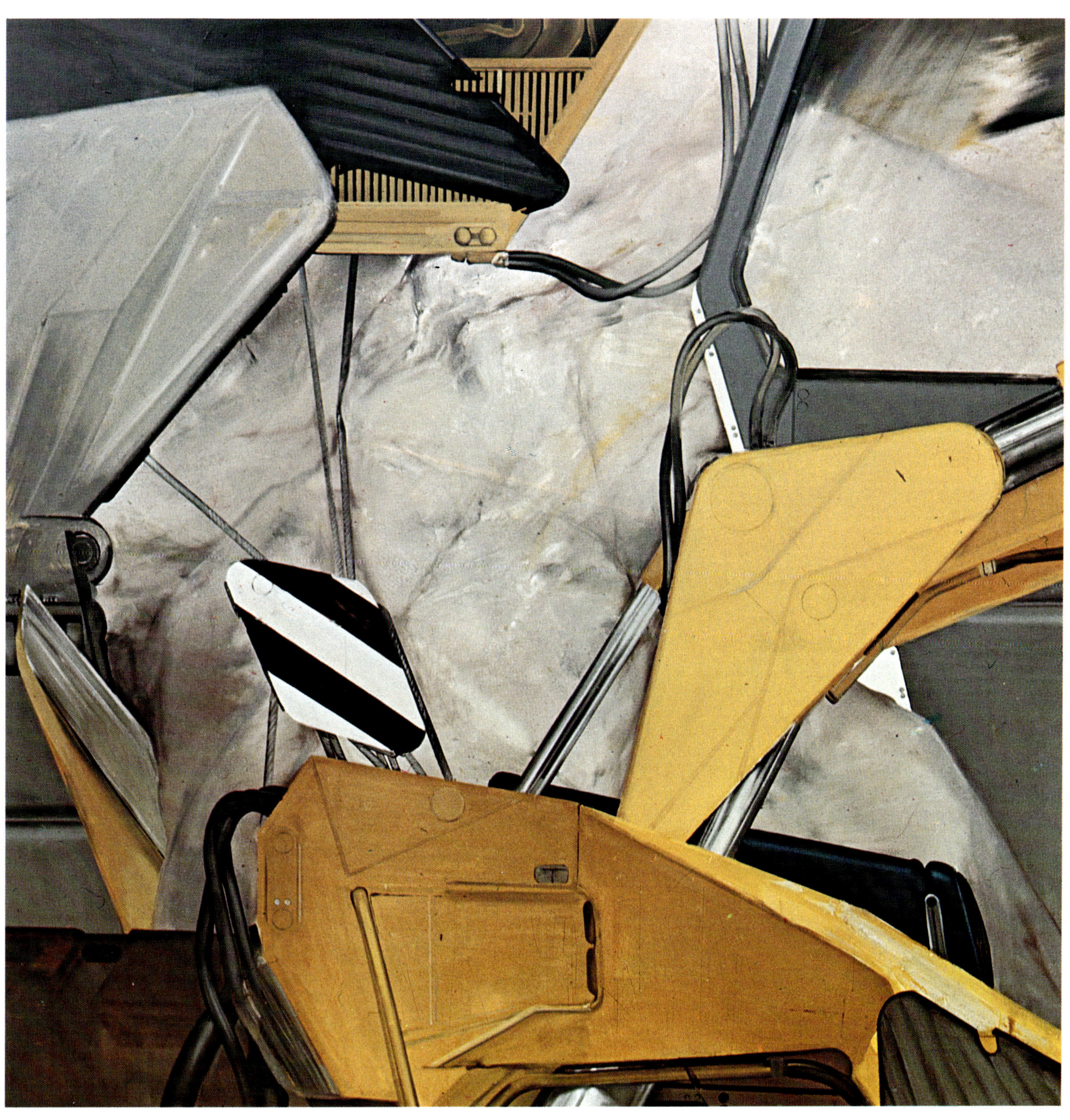

Observation 1974
oil on canvas 162 x 130 cm
huile sur toile

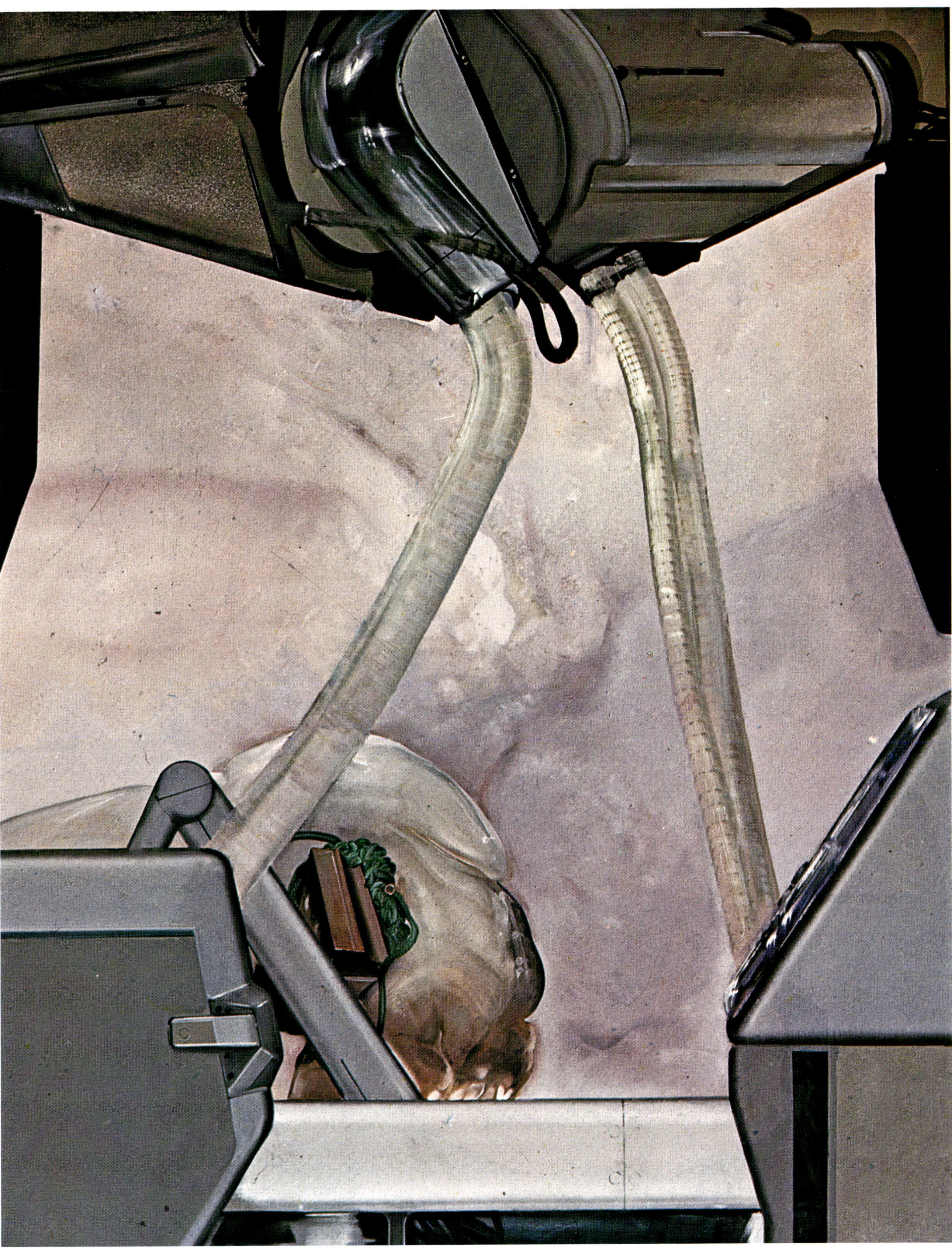

strange, almost blinding. This canvas scared many people, I don't know why. I've been attacked, often. Yes, really attacked, many times."

"The flesh, what colors is it?"

"There is some madder, a little blue and then some white. Most of the time, after the color has been applied, I make mixtures on the canvas to warm it up or cool it down. This person is wandering in a corridor, and something forms on him, proliferates, buds, surrounds him, something that is perhaps a second self, another self that is going to stifle him . . ."

The large paintings made from 1970 to 1978 are a culmination, because in them the simplest way has been found to express the connection between the obsessional world of the painter and the violence of the times. "It is always," writes Pierre Gaudibert, "the same dialogue between a blood-tinged and quasi-visceral mush and an aggressive rigidity." A rigidity that takes the form of a metallic environment: metal sheets, tubes, pistons, etc. One does not know whether they have finished grinding or emitting the "blood-tinged mush."

All this metal ordinarily forms an abstract place, all the more aggressive no doubt to the extent that ones is not sure to what known thing it refers, except when it takes the shape of medical machines: **Transfusion** (1972), **Distributor** (1973), **Observatory** (1974), or the anonymous compartment of **Interior**. Nevertheless, the titles from time to time provide greater precision: **Workyard** (1972), **Hoist** (1973), **Escalator** (1976-77). Two pictures clearly refer to military violence: **Target**, of which I have already spoken, and **Enemy Brothers** (1973), in which two different greens and a slight skewing of the symmetry are enough to suggest the principle of the morgue.

That painting is a visual thought and not visual illustration is clearly what makes for the strength of **Enemy Brothers**, a picture in which the impact of the image brings feeling and thought equally into play, just as they were when the painter was at work. If one looks at **Frontier** (1973) and **Fall** (1977-78), which are completely representative of this period, one notices first of all the opposition between the mass of meat and the metallic environment, along the lines of the characteristic contrast. But soon one notices that the impression that one has depends less on the situation underlying the

monde obsessionnel du peintre et la violence de l'époque. "C'est toujours," écrit Pierre Gaudibert, "le même dialogue d'une bouillie sanguinolente et quasi viscérale avec une rigidité agressive." Rigidité qui prend la forme d'un environnement métallique: plaques, tubes, pistons, etc. dont on ne sait s'ils achèvent de broyer ou d'éjecter la "bouillie sanguinolente."

Tout ce métal forme d'ordinaire un lieu abstrait, d'autant plus agressif sans doute qu'on ne saurait le rapporter à quelque chose de connu, sauf quand il prend la forme de machines médicales: **Transfusion** (1972), **Distributeur** (1973), **Observation** (1974) ou du compartiment anonyme de **Intérieur**. Toutefois, les titres apportent de temps en temps une précision: **Chantier** (1972), **Monte-charge** (1973), **Escalier mécanique** (1976-77). Deux tableaux renvoient nettement à la violence militaire: **Cible**, dont j'ai déjà parlé, et **Frères ennemis** (1973), où deux verts différents et un léger décalage dans la symétrie suffisent à suggérer la cause du charnier.

Que la peinture soit une pensée visuelle et non pas l'illustration visuelle d'une pensée est évidemment ce qui fait la force des **Frères ennemis**, tableau où le choc de l'image met également en jeu le sensible et le pensif tout comme ils furent en jeu dans le travail du peintre. Si l'on observe **Frontière** (1973) et **Chute** (1977-78), qui sont tout à fait représentatifs de cette période, on voit d'abord l'affrontement de la masse de viande et de l'environnement métallique, selon la contradiction caractéristique, mais on remarque bientôt que l'impression ressentie dépend moins de cette situation propre à faire image que de la présence de deux états de la peinture. Les parties métalliques sont traitées de manière très moderne par aplats, lignes et coulures de telle sorte que la couleur ne fait que couvrir des surfaces; par contre, l'amas viandeux est peint selon la tradition, je veux dire avec effets de matière, d'épaisseur, de lumière, qui donnent du volume et comme de la palpitation à la zone peinte.

L'intensité du tableau provient, bien sûr, de l'opposition de ces deux traitements picturaux, qui sont le foyer de son dynamisme visuel, et la cause d'un tremblé autrement plus suggestif que le rapport chair et métal. Mais tout ce qui est nécessité par la pensée doit se couvrir d'une apparence et celle-là est parfaitement adéquate—d'autant plus adéquate que l'effet de viande frappe le spectateur pour une

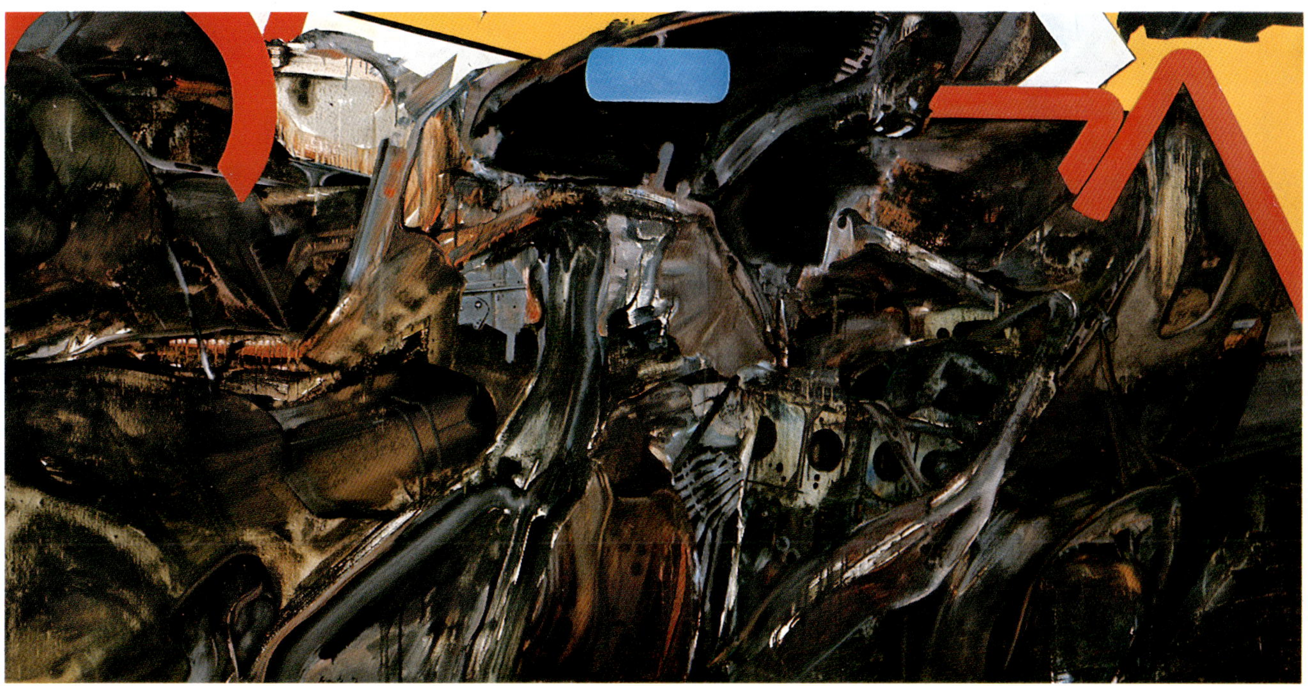

Large still life / *Grande nature morte*   1974
oil on canvas 110 x 220 cm
huile sur toile
Coll. Fondazione Pagani, Italia

image than on the presence of two states in the painting. The metallic parts are treated in a very modern way, with flat areas, lines, and drips ap plied so that the color just covers the surfaces; in contrast, the meaty heap is painted traditionally, I mean, with effects of materiality, thickness, and light giving volume and a sort of palpitation to the painted area.

The intensity of the picture comes, of course, from the opposition between these two kinds of pictorial treatment, which are the source of its visual dynamism, and the cause of a tremor that is even more suggestive, though in a different way, than the relationship between flesh and metal. But every element that is necessitated by thought must be clothed in appearance, and this appearance corresponds to it completely—all the more completely because the effect of meatiness strikes the viewer for another reason too. This effect has been obtained through means that have been used classically to create an impression of sensuality, but that here have been displaced to produce—instead of a happy, voluptuous surface—this disquieting thing, the harshness of which frightens vision and frightens the flesh, by representing the most horrible menace to them.

Anne Tronche, in her 1978 preface, pinpoints ex-

autre raison encore: obtenu avec les moyens qui, classiquement, procurent l'impression du charnel, son aspect se trouve dévoyé pour créer, au lieu d'une surface heureuse et sensuelle, cette chose inquiétante, dont la crudité fait peur à la vue et peur à la chair, en leur signifiant la plus horrible menace.

Anne Tronche, dans sa préface de 1978, situe exactement ce qu'a de décisif le perpétuel et réciproque renvoi de la figure à la pensée:

''Le fragment, le corps sans visage, les apparences amputées d'une de leurs parties jouent comme une sorte de faille, de blessure à l'intérieur du système figuratif. Faille, qui dénonce l'image dans son origine en inscrivant la vision du peintre avec une évidence qui ne permet pas au travail qui a produit le tableau de se faire oublier et donc, de disparaître. D'où l'existence d'un violent éclairage mental qui, amplifiant les termes de la composition, y fait naître des sens pluriels. Comme si le regard du peintre avait eu pour mission de jeter sur la réalité étriquée, cloisonnée et ordonnée un regard qui d'un même mouvement rassemble et disperse, affole et déforme . . . L'expression de Franta, qu'elle soit graphique ou picturale, nous offre une vision en nous invitant à tracer un chemin imaginaire jusqu'à elle. Cette vision construit des présences et énonce, et c'est là son mérite, que tout langage est un écart

actly what is decisive about the perpetual and reciprocal reverberation between shape and thought: "The fragment, the body without a face, the amputated appearance of one of their parts—all act as a kind of fault within, a wound at the interior of the figurative system. And this fault informs against the image at its very origin, by marking the painter's vision with a clarity that makes it impossible for the labor that produced the painting to be forgotten and to disappear. Out of this comes a violent mental illumination that, by highlighting the terms of the composition, creates multiple meanings within it. It is as if the mission of the painter's gaze had been to direct at a narrow, partitioned and orderly reality a look that in a single movement assembles and disperses, bewitches and deforms . . . Franta's way of expressing himself, in both his drawings and his paintings, presents us with a vision by inviting us to follow an imaginary path towards it. This vision constructs presences, and states—and therein lies its merit—that all language is a deviation from a fictive norm, or from imitative categories. Taking on his work as his destiny, Franta knows that each sign that he draws endlessly creates its own necessities, and that, being the result of exile, each means a distance between things, beings, and self, a gap in reality that painting seeks to fill."

Two 1974 paintings introduce, it seems to me, an odd confusion: even though they fall within the themes of the period, they introduce an off-track element, a digression. One, which is in the collection of the Museum of Modern Art in Dunkirk, is entitled **Face to Face**; the other is called **Link**. In the first, space is complex, but it is unclear whether it is made up of reflections or of compartments; at the left, a man—you can see his rounded back and shoulders and very massive neck—stretches his profile forward. But isn't the skin of his forehead, his nose, his mouth, his chin detaching itself like a mask from the living face? And isn't the rest of his body already carved up? On the right, a strange human silhouette, padded rather than fleshy, is holding from the end of its arm a whirlwind of colors that is reminiscent of a very made-up, sophisticated mask. On one side, there is meat being torn off; on the other, there is painting. Living matter meets painted matter, and the gaze confronts its fiction, as pain might confront itself in the

par rapport à une norme fictive, ou à des catégories imitatives. Assumant son oeuvre comme son destin, Franta sait que chaque signe tracé crée sans cesse ses propres nécessités, et qu'étant la conséquence d'un exil il signifie une distance entre les choses, les êtres, et soi, une lacune de la réalité que la peinture cherche à combler."

*Deux tableaux de l'année 1974 procurent, me semble-t-il, un trouble particulier: tout en s'inscrivant dans les thèmes de la période, ils y introduisent un porte-à-faux, une divagation. L'un, qui est conservé au musée d'art moderne de Dunkerque, s'intitule **Face à Face**; l'autre a pour titre **Lien**. Dans le premier, l'espace est complexe sans qu'on puisse décider s'il s'agit de reflets ou de compartiments; sur la gauche, un homme—dont on voit l'arrondi du dos et des épaules, la nuque et le cou très massifs—tend son profil; mais la peau du front, du nez, de la bouche, du menton ne se détache-t-elle pas comme un masque de la face à vif? Et le reste du corps n'est-il pas déjà dépecé? Sur la droite, une bizarre silhouette humaine, ouatée plutôt que charnelle, tient à bout de bras un tourbillon de couleurs, qui évoque un masque sophistiqué, très maquillé. D'un côté, c'est la viande qu'on arrache; de l'autre, c'est la peinture: la matière vivante rencontre la matière peinte, et le regard affronte sa fiction comme la douleur l'affronte dans le mot "douleur." Toute oeuvre est une question sans réponse: question à la vie, à la mort, à soi-même . . .*

- Pourquoi la peinture?

- Pour voir, dit le peintre.

*Alors que **Face à Face** interroge, **Lien**, avant tout, dérange. Un malaise. Et très profond. Deux bandes s'y croisent: elles sont couvertes de circuits d'ordinateurs, très colorés. A leur jonction, dans un losange, des tuyaux: il en jaillit une explosion organique qui projette des viscères dans l'espace aux quatre angles du croisement—qui les projette dans un espace lui-même très viscéral . . .*

Que dire quand voir fait taire?

*Peu à peu, vers la fin de cette période, le corps reprend forme, ou plus exactement la viande reprend forme corporelle, mais les membres qu'on aperçoit dans la masse viandeuse (**Escalier mécanique**, 1976-77), et qui paraissent sur le point de s'y fondre, accentuent l'horreur du magma. Une mutation est en cours, que prépare sans doute, depuis*

Attachment / *Lien*   1974
oil on canvas 130 x 196 cm
huile sur toile

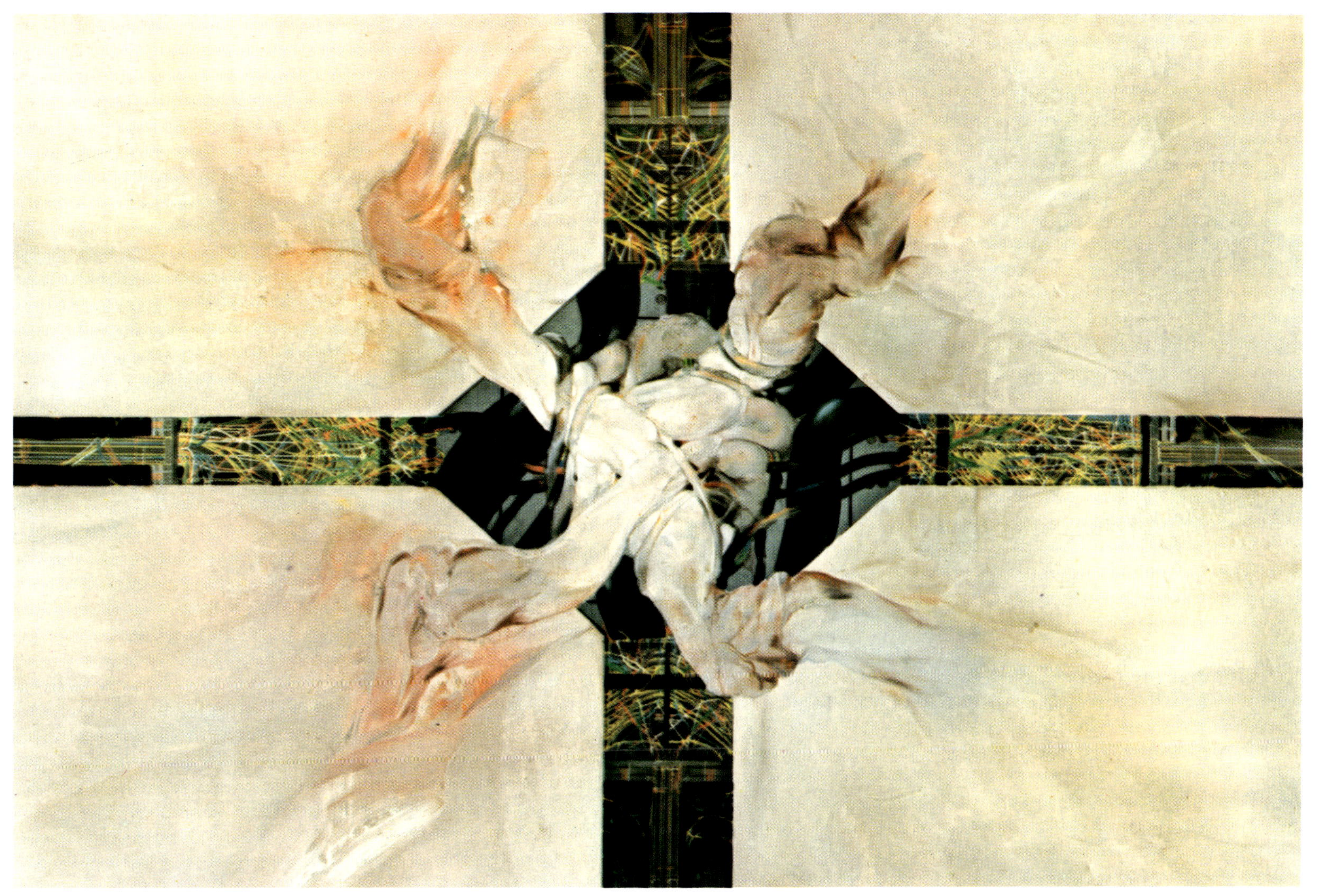

Escalator / *Escalier mécanique*   1977
oil on canvas 197 x 175 cm
huile sur toile
Coll. D. Guiliani, Vence

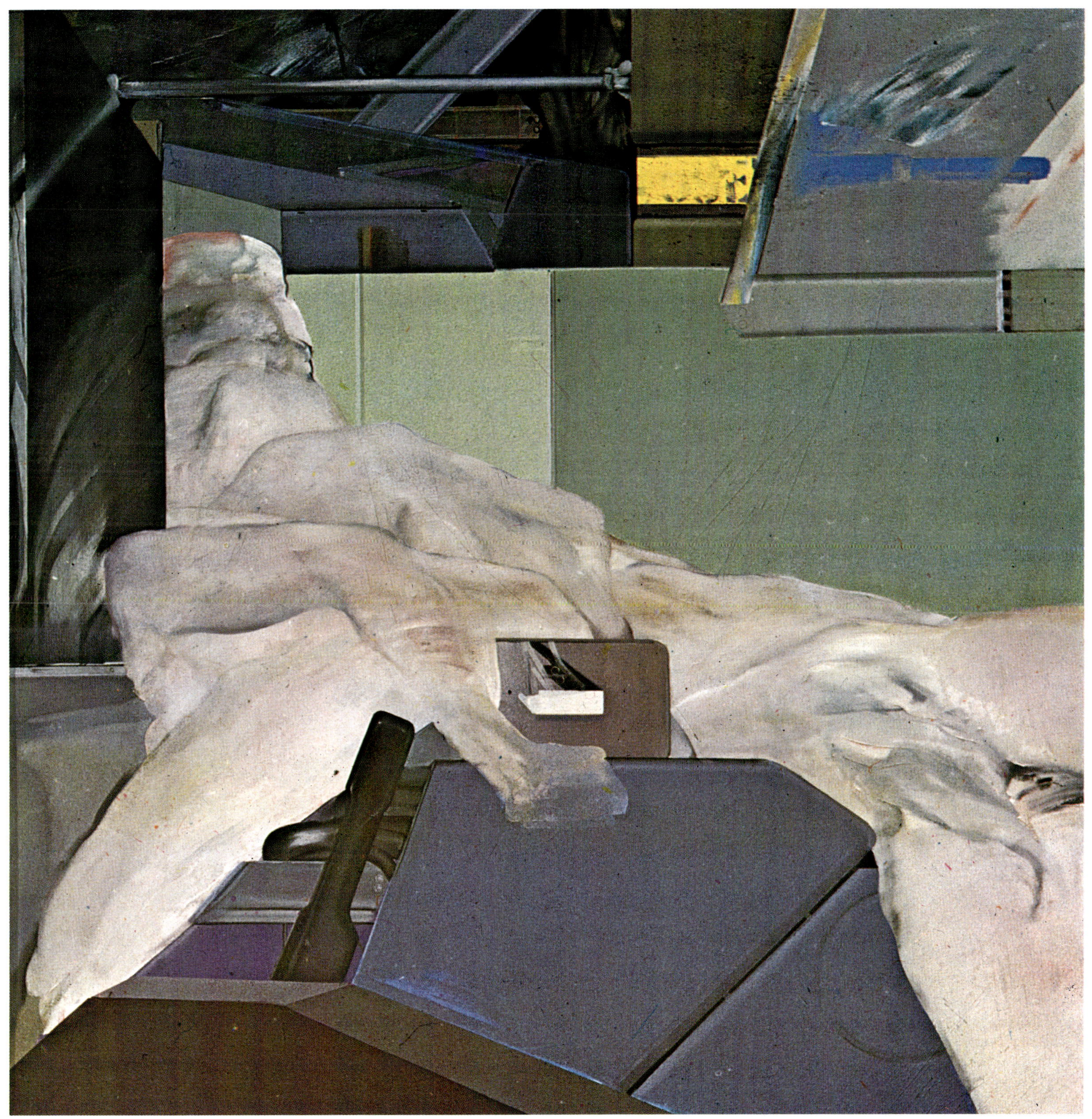

word "pain." Any work is a question without answer: a question addressed to life, to death, to oneself . . .

"Why painting?"

"To see," says the painter.

While **Face to Face** questions, **Link** above all disturbs. An uneasiness. A very deep one. Two stripes cross each other in this painting: they are covered with very brightly colored computer circuits. At their crossing point, in a diamond shape, are tubes: from that center, an organic explosion bursts outward, throwing viscera into space at the four angles of the crossing—throwing them into a space that is itself very visceral.

What is there to say when seeing makes you fall silent?

Little by little, toward the end of this period, the body takes shape again, or more exactly the meat once again takes on bodily form. But the limbs that one perceives within the meaty mass (**Escalator**, 1976-77), and that appear to be on the verge of melting into it, accentuate the horror of the magma. A mutation is underway, one that the use, since 1975, of the drawing and of washes has no doubt been preparing for. Before beginning with these, one more canvas needs to be considered, one that brings this period to an end by showing the violence of the beginning: this is **Birth** (1978).

Two open thighs, an explosion of flesh, of blood, of red air . . .

It is a plastic scream, and its breath jostles modesty—the modesty of good taste—violently out of the way, so one finds oneself confronted with an extreme image, an image that does not act like an image but like an eruption, in the physical and disgusting sense of the term. Something that is not tolerable outside of intimacy, or even outside of your conscience, jumps out at you, and does so with such impropriety that—yes, it just isn't behaving like an image.

(It is easy to defend yourself from Franta's painting as long as you see it only in reproductions; criticism can move right along then and object to the "effects," but when you are in front of the canvases, they hit you as a whole, cutting, daring act, for in them the painter has taken on the obligation to go as far as there is to go.)

"But still!" writes Jean-Luc Chalumeau, "the painter does give us the key to a possible escape: the

1975, la pratique du dessin et du lavis. Avant de les aborder, il faut encore considérer une toile, qui met fin à cette période en montrant la violence du commencement, et qui est **Naissance** (1978).

Deux cuisses ouvertes, une explosion de chair, du sang, de l'air rouge . . .

C'est un cri plastique, et son souffle bouscule à tel point la réserve—la réserve du bon goût—qu'on se trouve devant une image extrême: une image qui ne se comporte pas comme une image, mais comme une éruption, au sens physique et déplaisant du terme. Quelque chose qui n'est pas tolérable hors de l'intimité, ou même du for intérieur, vous saute aux yeux, et avec une telle inconvenance que—oui, cela ne se tient pas comme une image.

(On se défend facilement de la peinture de Franta tant qu'on ne la considère qu'à travers des reproductions; la critique alors peut aller bon train et reprocher les "effets," mais quand on est devant les toiles, celles-ci vous atteignent comme un acte entier, tranchant, risqué, car le peintre s'y est mis dans l'obligation d'aller jusqu'au bout.)

"Mais quoi!" écrit Jean-Luc Chalumeau, "le peintre donne tout de même une clef vers une issue possible: la force de son travail. Franta retrouve la vie par la joie de peindre . . . Ce n'est pas de sa faute si ce qui s'offre aujourd'hui au regard, et ce qui fait la vérité de son expérience d'homme, a l'odeur des charniers. En ce sens, Franta n'est pas responsable de ce que dit sa peinture. Mais c'est bien par un choix délibéré que, peintre, il a entrepris l'impressionnant travail qui consiste à tirer du chaos un langage autonome, perceptible non parce qu'il serait déchiffrable mais parce qu'il est capable de résonner sur l'homme et de contribuer à le changer . . ."

La première exposition de lavis a lieu à Cannes, en 1976. Auparavant, Franta avait dessiné au fusain et à l'encre de chine (avec un bambou); il a découvert le lavis en 1975.

- Le noir et blanc m'a toujours intéressé, mais pendant longtemps à cause de la ligne seulement, du linéaire. J'ai commencé par traiter de petites parties en lavis, puis j'ai installé une table, un tuyau, des seaux: il faut chasser l'encre très vite selon le gris que l'on veut obtenir.

Qu'apportait le lavis?

- Il enrichit la plasticité et, par la qualité des blancs, des gris, des noirs, il vaut la peinture. Et puis

Birth / *Naissance*   1978
oil on canvas 197 x 175 cm
huile sur toile

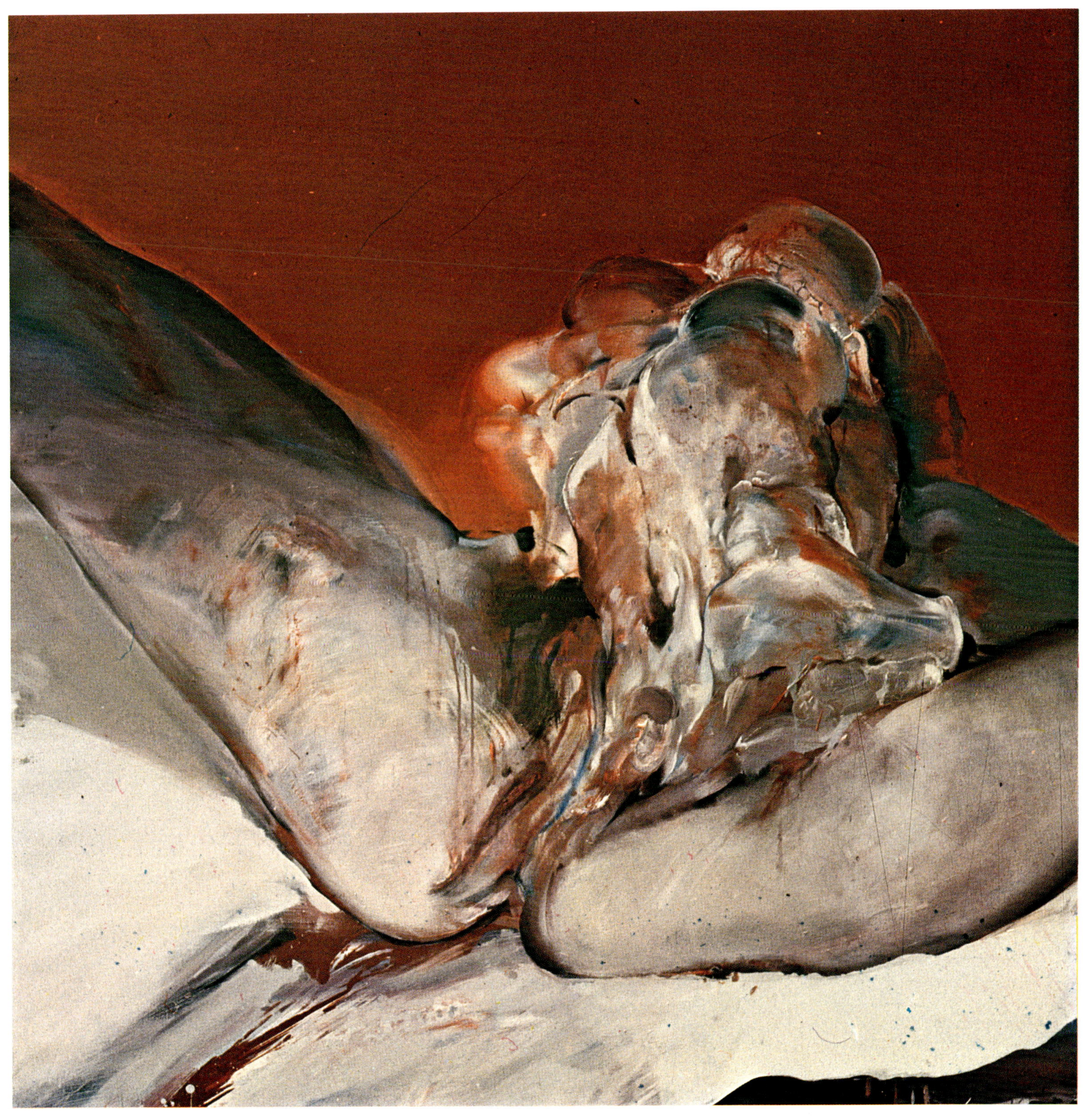

Fall / *Chute*   1976-77
oil on canvas 197 x 175 cm
huile sur toile
Coll. Fonds Régional pour l'Art Contemporain/Provence, Côte d'Azur

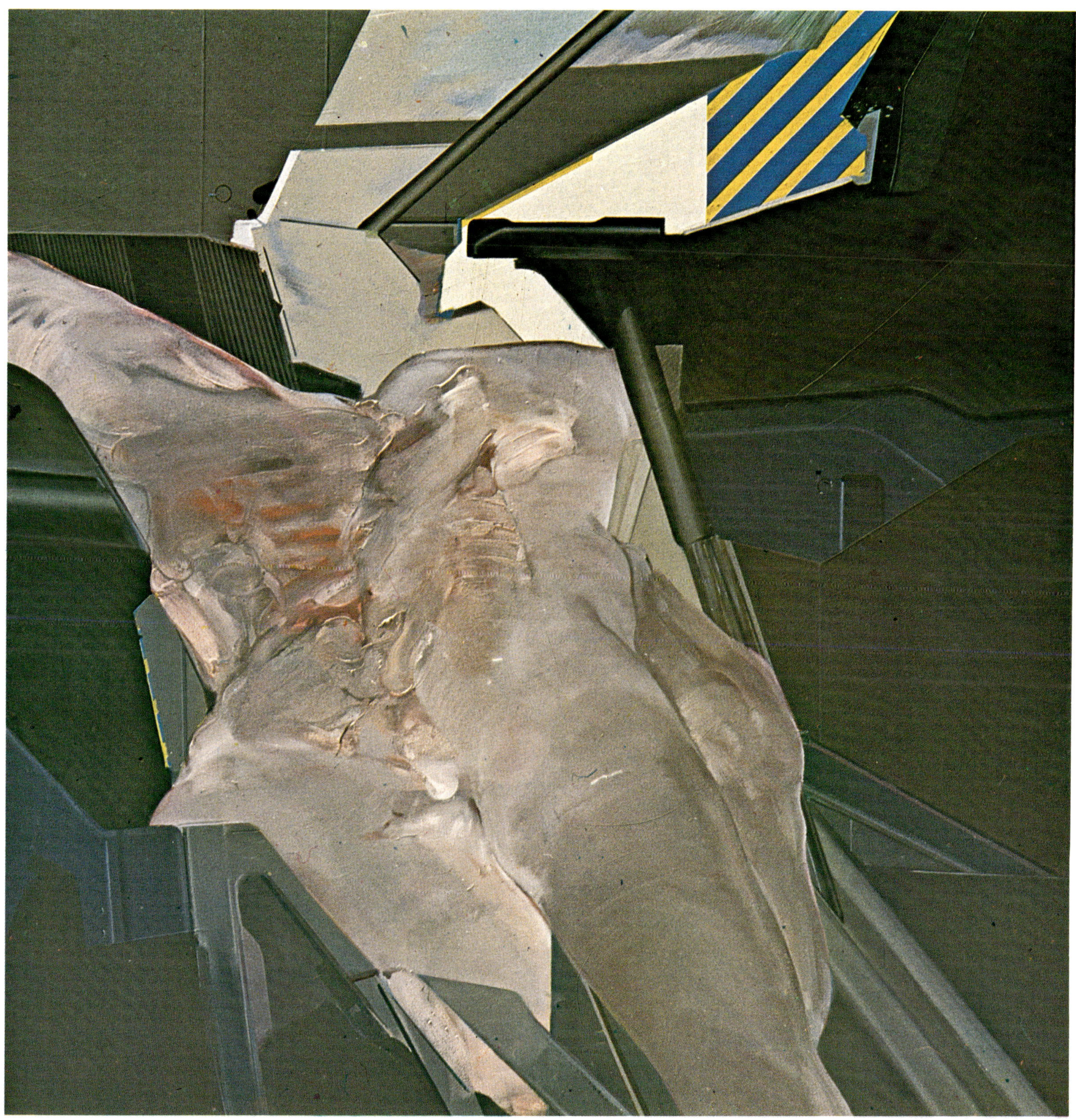

energy of his work . . . It is not his fault if what there is to be seen today, what makes up the truth of his experience as a man, smells of the morgue. In this sense, Franta is not responsible for what his painting says. But it is certainly through a deliberate choice that, as a painter, he has undertaken the impressive work of drawing from chaos an autonomous language, perceptible not because it can be deciphered but because it is capable of reverberating in man and of contributing to changing him . . .''

The first exhibit of wash-drawings took place in Cannes in 1976. Before that, Franta had drawn in charcoal and india ink (with a piece of bamboo); he discovered washes in 1975.

''Black-and-white has always interested me, but for a long time only because of the line, of linearity. I started by using washes for small parts, then I set up a table, a hose, and buckets. You have to wash off the ink very fast, depending on what shade of gray you want to end up with.''

What did washes give you?

''They enhance the plasticity and, because of the quality of the whites, the grays, and the blacks, they are as good as painting. And they fitted right in with the feeling tone and gave a rhythm. Sometimes they emphasize the dramatic aspect; sometimes they provide tenderness and gentleness . . .''

The 1975-76 wash-drawings are ''Traps''—that is their general, or generic, title. They represent stretched, squeezed, combined bodies, mutilated and headless bodies; one sees mostly thighs, heads and shoulders, backs, stomachs, and buttocks. There are large flat areas of black or gray, sharp angles, and straight and very clear lines, defining the spaces in which these headless and mutilated bodies appear, most often stretched out.

The impression is not the same as that given by the paintings, even though the evidence would seem to indicate that both sets of bodies are bodies that have been attacked. Some of them certainly look as if they were on display in a butcher's shop, but perceiving the curve of a hip or the rounding of a back humanizes the form, so that its presence becomes more obvious that its position. What disturbs us and raises questions is not so much the supposed attack or torture as the discordance which—the skewing of the composition makes us feel—has affected space. It is this, rather than some unbearable detail in the image, that works on our gaze.

Les lavis de 1975-76 sont des ''Pièges;'' tel est leur titre général—ou générique. Ils représentent des corps étirés, coincés, combinés; des corps tronqués et sans tête, où l'on voit surtout des cuisses, des bustes, des dos, des ventres, des fesses. Il y a de grands aplats noirs ou gris, des angles aigus, des lignes rigides et très nettes, pour délimiter l'espace où ces corps acéphales et tronqués paraissent le plus souvent en extension.

L'impression n'est pas la même que devant la peinture, bien qu'à l'évidence tous ces corps soient des corps attaqués. Certains sont bien comme à l'étal, mais le fait d'apercevoir la courbe d'une hanche, l'arrondi d'un dos humanise la forme au point de rendre la présence plus sensible que la position. Ce qui dérange et questionne, c'est moins l'attaque ou la torture supposée, que la discordance dont on sent l'espace affecté par le porte-à-faux de la composition, et c'est lui, non quelque détail insupportable de l'image, qui ''travaille'' la vue.

Là encore, l'effet n'est donc pas de l'image, ni purement rétinien; il remue la vision parce que l'oeuvre en remue l'espace comme elle-même en a été remuée dans ses lignes et ses plans, dans sa lumière et sans son encre, pour que tout cela devienne matière à la surface et se mêle au regard et y forme son sens.

L'image des lavis est d'ailleurs relativement énigmatique. Elle retient au premier abord par les postures du corps, lesquelles disent la contrainte tout en évoquant la tension du désir. L'élan du pinceau et la sûreté du geste donnent à chacun des lavis une sensualité à fleur de papier, donc très immédiate, avant qu'on ne perçoive contradictoirement, mais avec une violence par cela même renforcée, l'enfermement, la torture, la douleur. Alors le noir et blanc, malgré sa belle lumière, devient la matérialisation d'une limite où la vie et la mort ne sont séparées que par la plus tremblante des lisières.

Les lavis ont été fréquemment exposés, et sans doute ont-ils beaucoup contribué à faire circuler l'œuvre de Franta; ils en sont un élément essentiel, et régulièrement développé depuis dix ans, à côté de l'essai d'autres techniques: gouache, fusain, craies. La série des grands lavis sur le thème du

Grand couple   1978
oil on canvas 197 x 175 cm
huile sur toile
Coll. Fond Régional pour l'Art Contemporain, Alsace

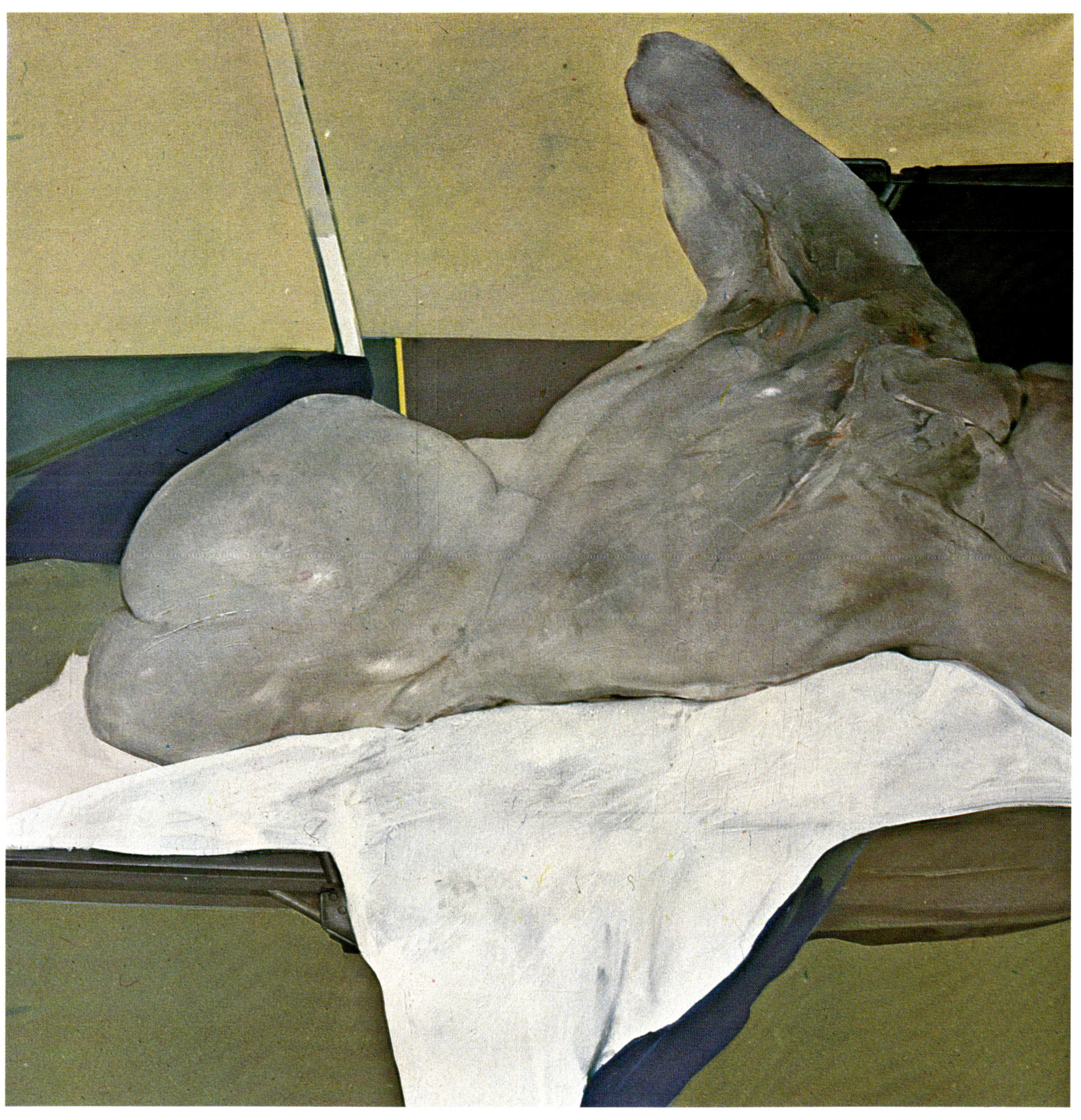

Here too then, the effect does not come from the image, it is not something purely retinal; it stirs up vision because the work stirs up the space within vision, just as the work itself has had its lines and its planes, its light and its ink, stirred up by this effect—so that all this has become matter at the surface of the work, and mixed together within vision, and formed its meaning there.

Moreover, the image in the wash-drawings is fairly enigmatic. At first it holds us through the bodily postures that it shows, which speak of restraint even as they evoke the tension of desire. The energy of the brushwork and the sureness of movement give to each of the wash-drawings a very immediate surface sensuality that you notice before you become aware—with a violence intensified by the contrast—of the confinement, the torture, and the pain. Then the black-and-white, despite its beautiful luminosity, becomes the materialization of a limit where life and death are separated by only the most shaky of borders.

The wash-drawings have often been exhibited, and have no doubt contributed a great deal to making Franta's work known. They are an essential element of it, and have been systematically developing for ten years, along with experimentation in other techniques—gouache, charcoal, and chalks. The series of large wash-drawings on the theme of the "Couple" does not completely interrupt the "Traps"; the sensuality, even though it is carried further, remains ambiguous, because the positions that express it could equally well be conveying menace, just as the expression of pleasure can remind one of suffering. In this case, the boundary lies in the look, with its alternations of coldness and passion. Perusal creates the work, then perusal finds itself trapped within it, and in its turn overthrown, conquered or raped.

The great plasticity of the wash-drawings has, of course, made their reception easier: it creates an ease in the gaze, an ease that excites the gaze whatever subject is represented. This is particularly true of the wash-drawings of the last two or three years; in them, the blacks, whites, and grays interweave the play of their reflections with an airy fluidity. Thus we find carried to its extreme what Vera Linhartova was already emphasizing in 1979: "Between the contrasted black and white, between the delicate halftones, in an endless cadence of

"Couple" n'interrompt pas complètement les "Pièges;" la sensualité, bien que plus concertée, y demeure ambiguë, car les postures qui la traduisent pourraient également dire la menace, tout comme l'expression du plaisir peut faire penser à la souffrance: cette fois la lisière est dans le regard et ses intermittences de froideur et de passion. La lecture fait l'oeuvre, puis elle s'y prend au piège et se trouve à son tour renversée, conquise ou violée.

La grande plasticité des lavis a, bien sûr, facilité leur réception: elle crée dans le regard une aisance qui l'exalte quel que soit le sujet de la figuration; cela est particulièrement vrai des lavis des deux ou trois dernières années, où les noirs, les blancs et les gris entrelacent leurs jeux de reflets avec une fluidité aérienne. Et voilà porté à son comble ce que Véra Linhartova soulignait dès 1979:

"Entre le noir et le blanc confrontés, entre les demi-teintes délicates, dans une cadence incessante de brisements et d'accalmies, s'établit l'image, suggestion d'un équilibre précaire, irrésolu. Alors, se refusant à jamais au leurre d'une solution factice, ces lavis sont chargés nécessairement de toutes les tensions intimes d'un monde qui, lui aussi, ne cesse de se contredire . . ."

Les "Couples," malgré l'ambiguïté qui les rapproche des "Pièges," sont apparemment le passage au milieu duquel l'oeuvre de Franta rencontre une nouvelle perception du corps. Ou tout au moins une nouvelle figure. Le corps n'est plus ce tas de matière humiliée, informe, anonyme et pour qui la relation se limite à subir manipulations et vexations: il a repris un aspect humain, il manifeste du désir, donc de l'autonomie.

La tête réapparaît ici et là, mais pas le visage. Un anonymat subsiste, qui, toutefois, n'est pas réducteur comme l'ancien puisqu'il n'interdit pas l'individualité. Les corps des "Couples" sont affrontés: on les dirait unis par leur tension et non par un partage. Nicole de Pontcharra remarque, en 1982, dans sa préface aux "Grands Lavis" qu'expose le musée de Grenoble: "Le corps est devenu le lieu unique où se rencontrent la charge émotionnelle, une violence tantôt nouée, tantôt éparse, un paroxysme. Ainsi Franta communique l'image du tremblement d'une tendresse, d'une douleur, d'un 'désir fou.' On a le sentiment que ce 'paroxysme,' parce qu'il ne se dépense pas dans l'abandon ni dans le plaisir, n'exprime que la vio-

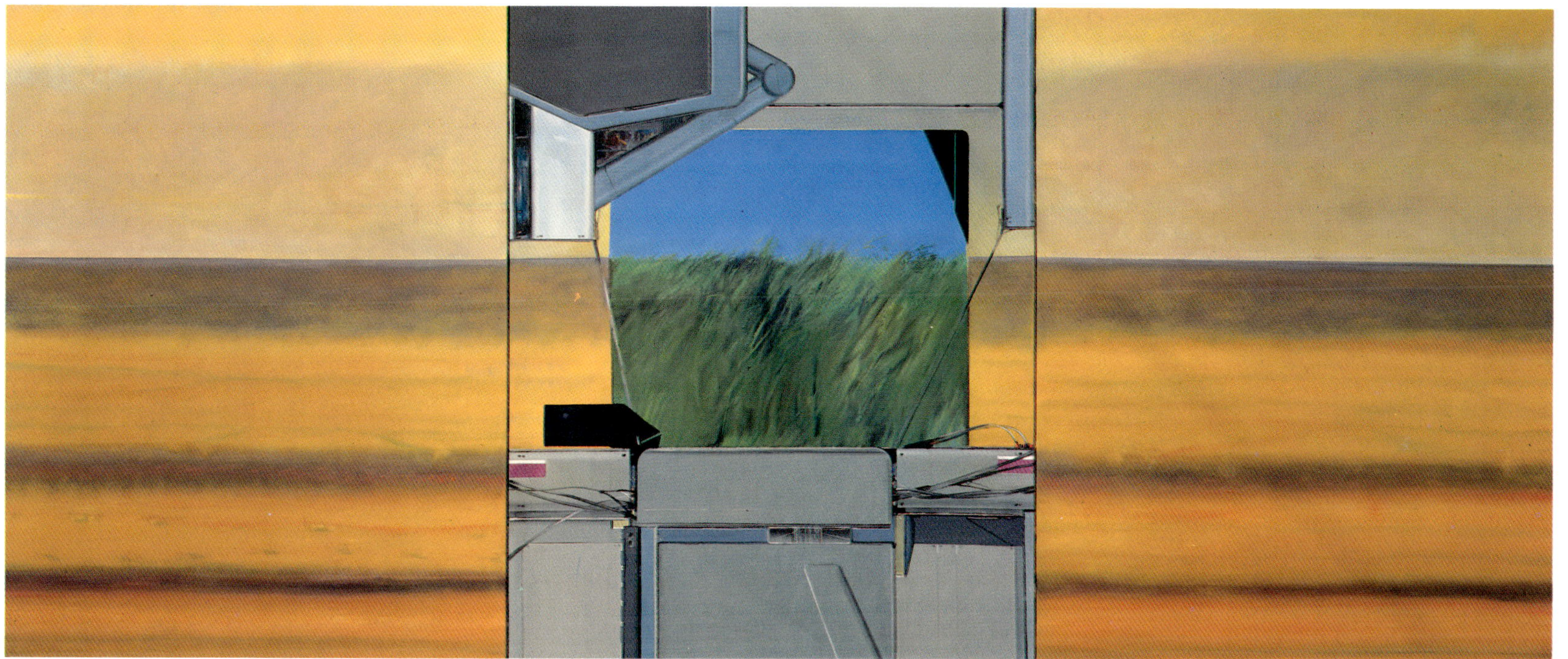

breaking waves and lulls, the image establishes it-self, the suggestion of a precarious, wavering balance. Then, refusing forever the lure of a facti-tious solution, these wash-drawings are necessarily charged with all the intimate tensions of a world that also never ceases to contradict itself."

The "Couples" series, despite the ambiguity that likens it to the "Traps," is apparently the transition during which Franta's work discovers a new percep-tion of the body. Or at least a new form. The body is no longer this heap of humiliated, shapeless, anonymous matter whose role is limited to being manipulated and plagued: it has once again taken on a human look, it manifests desire and, therefore, autonomy.

The head reappears here and there, but not the face. An anonymity remains, but it is not a reductive anonymity like the old one, since it does not prohibit individuality. The bodies in the "Couples" series are confronting each other; one could say that they are united by tension rather than by sharing. Nicole de Pontcharra remarks in 1982, in her pre-face to the "Big Wash-Drawings" at the Grenoble

lence de l'attente.''

- Tous les matins, dit Franta, la même question m'attend: peindre? Pourquoi? Pour qui? Et chaque jour, j'espère trouver la réponse dans la journée. Ainsi ce n'est pas le plaisir de peindre qui m'occupe, mais un débat solitaire devant la toile . . .

Deux grandes toiles, difficiles à situer dans l'oeuvre parce qu'elles ne remontent pas à si long-temps et parce qu'il paraît trop simple de ne leur assigner qu'un rôle de transition, interrogent la con-tinuité qui s'établit ici, par le récit. La viande, les corps, les pièges, la douleur, le désir s'inscrivent logiquement dans un parcours, mais ces deux toiles de désert? Sont-elles figures d'exil?

*L'une, **Oasis**, de 1979-80, représente une porte métallique dans la vitre de laquelle on voit de hautes herbes; cette porte occupe le tiers central de la toile; le reste, à droite et à gauche, est le plus aride des déserts. L'autre, **Raid** (1982), montre au premier plan la grosse épave d'un moteur; plus loin une route périt dans les sables, partout le désert et, sous l'horizon, une plaque métallique à larges ban-*

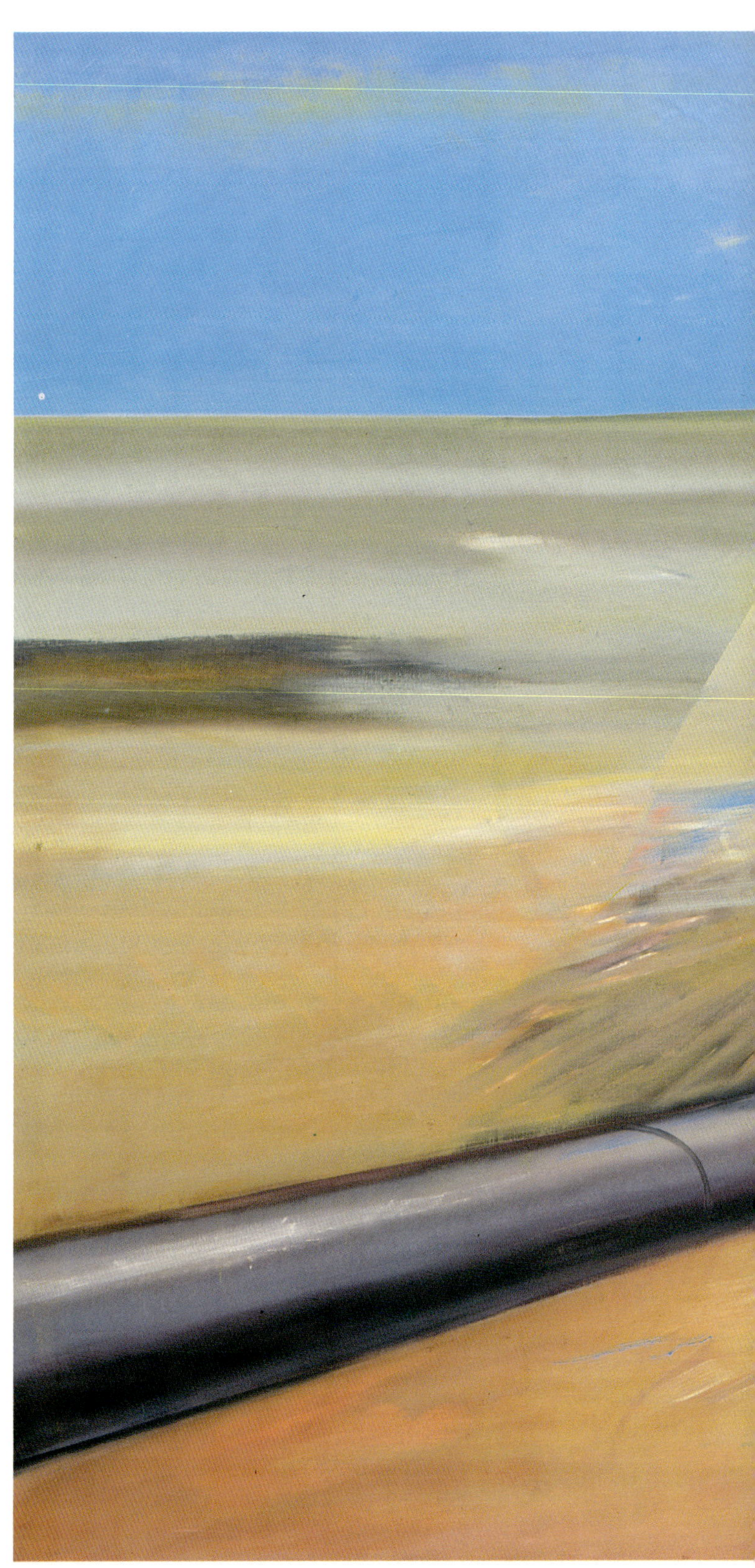

Raid   1982
oil on canvas 200 x 300 cm
huile sur toile
Coll. M. & N. Batmanglij, Washington, D.C.

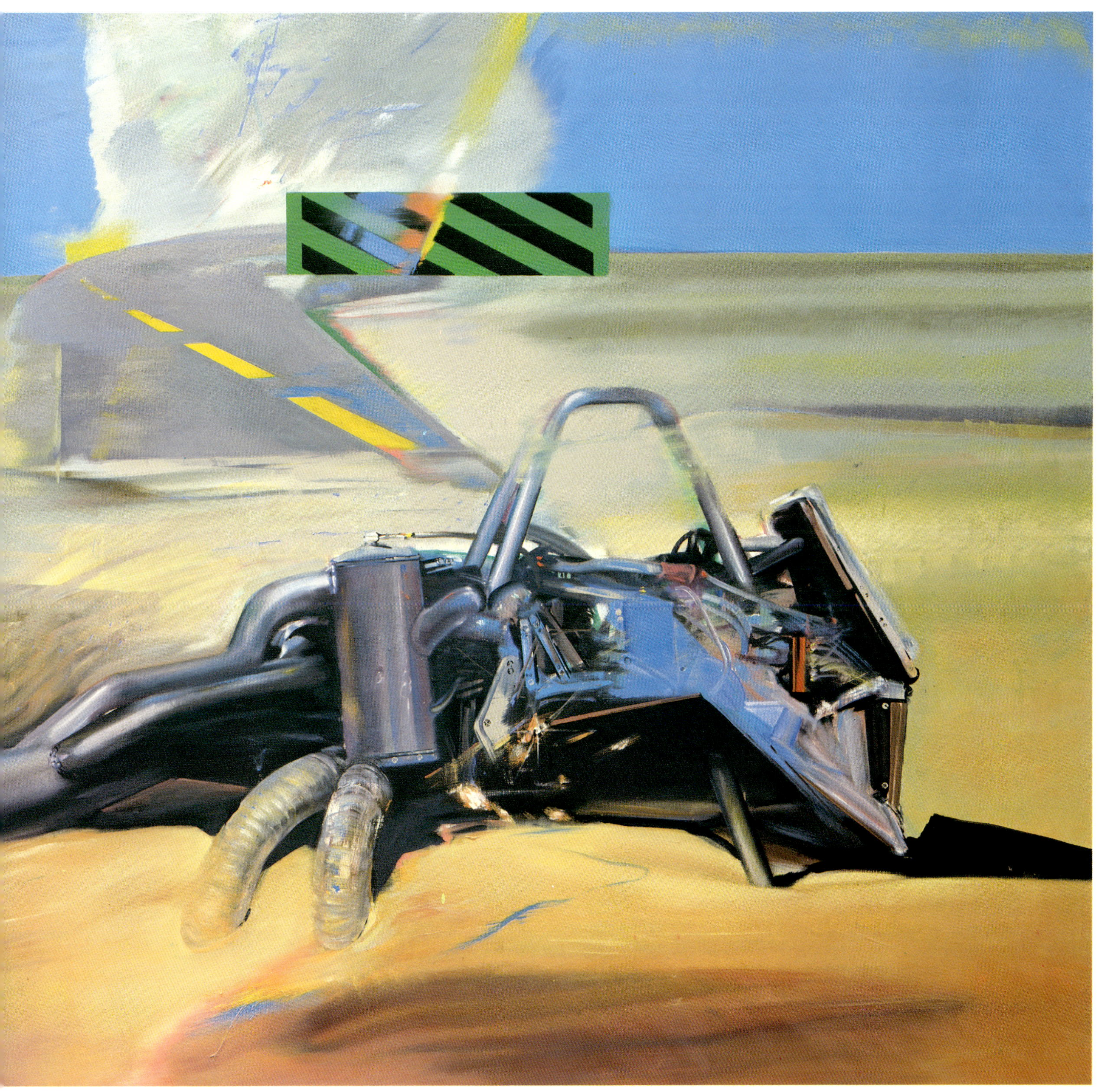

museum: "The body has become the only place where you find emotional energy, a sometimes clumped and sometimes sparse violence, a paroxysm. In this way Franta communicates the image of trembling tenderness, of pain, of 'mad desire.' One has the feeling that this 'paroxysm,' because it does not burn itself out in surrender or in pleasure, expresses simply the violence of the wait."

"Every morning," says Franta, "the same question is waiting for me: paint? why? for whom? And every day, I hope to find the answer as the day goes on. So it isn't the pleasure of painting that involves me, but a solitary debate in front of the canvas . . ."

Two large canvases—difficult to place within the work because they do not go back so far and because it seems too easy to simply assign them a transitional role—lay the continuity that we have been establishing here open to question. The meat, the bodies, the traps, pain, desire—all have a logical place along a route—but what about these two desert canvases? Are they representations of exile?

One of them, **Oasis**, made in 1979-80, shows a metal door through the window of which you see tall grass. This door takes up the central third of the canvas; the remainder of it, to the right and to the left, is the most arid of deserts. The other painting, **Raid** (1982), shows in the foreground a large wrecked motor; further away a road loses itself in the sands. All around there is desert and, at the horizon, a flat piece of metal with broad stripes, the remains of some kind of signal.

The painter has spoken of a journey to the Sahara—yes, of course! But these canvases are neither souvenirs nor stories: they are nothing but space and light . . . In *Oasis*, there are three spaces: the door, the grass, the land, the desert. You would expect one to create a partition; one to create a mirage; and the other to furnish a distance beyond the reach of eyesight. Instead they blend together into a simultaneity that unites them. And in this way, the most abstract of Franta's canvases turns out to be the most full of feeling, because it reveals to the gaze that by looking at itself within what it sees, it removes boundaries and enters identity. In *Raid*, the wreck in the foreground is analogous to the heaps of meat, but this time it is the morgue of the metallic; and the surrounding space, instead of being constricted, opens onto the infinite . . . The entire work is a mental country, and therefore a

des, vestige de quelque signalisation.

*Le peintre a parlé d'un voyage au Sahara—oui, bien sûr! Mais ces toiles ne sont ni des souvenirs, ni des anecdotes: elles ne sont qu'espace et lumière . . . Dans **Oasis**, il y a trois espaces: la porte, les herbes, le désert: l'un devrait cloisonner; l'autre faire mirage; le troisième fournir un à perte-de-vue; ils se fondent au contraire dans une simultanéité, qui les unifie. Et la plus abstraite des toiles de Franta se trouve ainsi la plus sensible parce qu'elle révèle au regard qu'en se regardant à l'intérieur de ce qu'il voit, il lève la limite et entre dans l'identité. Dans **Raid**, l'épave du premier plan est analogue aux amas de viande, mais cette fois c'est le charnier du métallique, et l'espace alentour, au lieu d'être contraint, donne sur l'infini . . . Toute oeuvre est un pays mental, donc un pays sans frontières, où chaque visiteur peut apporter ses paysages. L'auteur y a déjà croisé les siens avec ceux du monde et avec ceux de son temps. Les mots "croiser" et "croisement" sont pratiques: ils permettent de nommer un alliage dont les divers composants échappent, car leur fonte est invisible et leur dosage sans cesse recommencé par le regard. Nous parlons de ce qui voit et de ce qui parle avec des mots qui ne savent pas plus entrer dans la parole et le regard que l'ancienne médecine ne savait pénétrer à l'intérieur du corps. Il ne reste au langage qu'à être semblable à ce geste d'air dans lequel le regard se retourne en lui-même et devient ce qu'il voit.*

*On dirait que, pareillement, la peinture de Franta se retourne en elle-même, et voici d'autres couleurs qui baignent les figures d'une lumière pénétrante. Les corps y sont libres comme l'air, et ils ne s'affrontent plus. Les titres affirment: **Zénith**, **Eden**, **Tropique** . . .*

Que se passe-t-il?

La peinture est de la représentation, et elle ne l'est pas. Quand la vue y entre dans la vue, elle est cette langue immédiate qui change le regard en ce qu'elle est au lieu d'en faire le constat de ce qu'elle dit—d'ailleurs elle ne dit rien que ce qu'on lui fait dire à l'instant où sortant du regard on tente de le traduire.

L'écriture est comme la conscience: elle est coupée, elle voit de loin; la peinture est comme le corps qui, dans sa relation, est entier et ne sépare pas. La peinture est faite de figures, et ces figures sont à la fois forme et couleur; elle est faite aussi

Zenith 1984
oil on canvas 195 x 130 cm
huile sur toile
Coll. M. & N. Batmanglij, Washington, D.C.

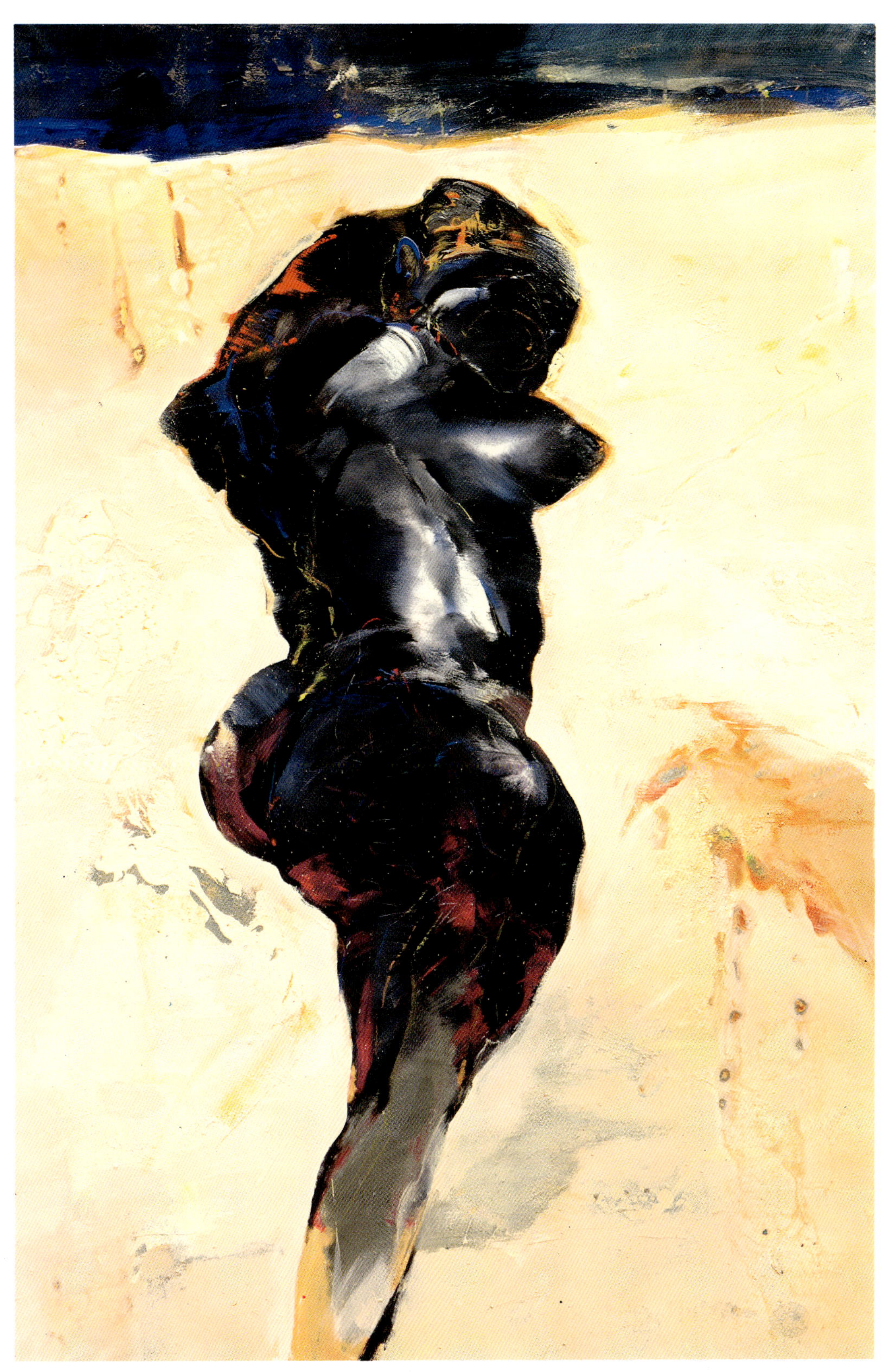

Tropic / *Tropique*   1985
acrylic on canvas 130 x 97 cm
acrylique sur toile
Coll. Y. Chadima, New York City

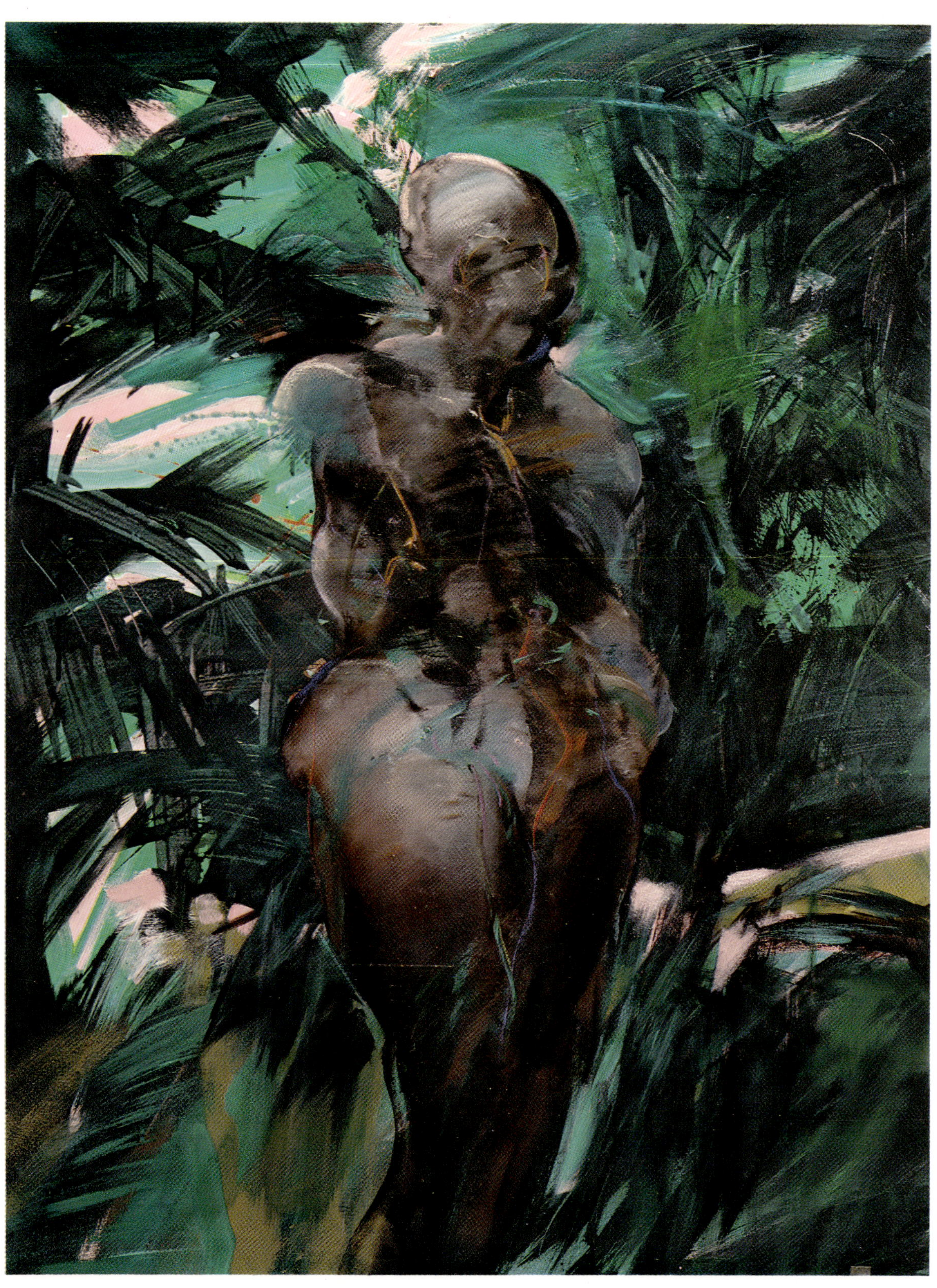

country without borders, into which each visitor can bring his own landscapes. The artist has already crossed his own with those of the world and those of his time. The words "cross" and "crossing" are handy: they allow us to name an alloy without knowing its various components, because their smelting is invisible and their proportioning constantly begun again with our gaze. We are speaking of what sees and of what speaks with words that no more know how to enter into speech or into vision than ancient medicine knew how to penetrate to the interior of the body. All that is left to language is to be similar to this gesture of air with which the gaze returns to within itself and becomes what it is looking at.

One could say that Franta's painting is similarly returning to within itself, and now other colors are bathing the figures there in a penetrating light. The bodies are as free as air, they no longer confront each other. The titles are affirmative: **Zenith**, **Eden**, **Tropic** . . .

What is happening?

Painting is and is not representation. When sight examines sight there, it becomes that immediate language that makes the gaze change into what the painting is rather than be a statement of what the painting says—besides, the painting does not say anything, except what one makes it say at the moment when one has just emerged from looking and is trying to translate what the look was.

Writing is like consciousness: it is intermittent and sees from far away; painting is like the body which, in its relations, is whole and does not separate. Painting is made of shapes, and these shapes are both form and color; it is also made of space, and that is color and light. It is unity that Franta is painting now, after the war of meat and metal.

The mutation was sudden. Franta attributes it to an encounter: his encounter with black Africa. In any case, Africa enters into his painting, with its women and its men, its dark earth and its spacing. **Eden** is not only a title.

"I saw," said Franta, "bodies in a space, truly within it, that is to say that they were inside it, united with it. Of course there is the word 'communion,' but what more does it say? A communion that you feel and you see. I tried to find that bright darkness again, those blacks with holes of sunlight. The light eats bodies, and the bodies eat the shadow. The

d'un espace, qui est à la fois couleur et lumière. C'est l'unité que peint à présent Franta, après la guerre de la viande et du métal.

La mutation a été brusque. Franta l'attribue à une rencontre: celle de l'Afrique noire. En tous cas, l'Afrique entre dans sa peinture, avec ses femmes et ses hommes, sa terre brune et son espacement: **Eden** *n'est pas qu'un titre.*

- J'ai vu, dit Franta, des corps dans un espace, vraiment dedans, c'est-à-dire qu'ils étaient en lui, unis avec lui. Il y a bien le mot "communion," mais que dit-il encore? Une communion qu'on sent et qu'on voit. J'ai essayé de retrouver cette obscurité claire, ces noirs avec des trous de soleil. La lumière mange les corps, et les corps mangent l'ombre. La lumière est sur les corps comme la végétation est sur l'espace. Mais ce qui est sur est aussi dedans. Un geste, une posture, c'est comme une branche, une feuille. Les gens sont là, assis dans la poussière, ils parlent pendant des heures, non, ils échangent, ils ont le temps. Ils sont dans le temps comme leur corps est dans l'espace . . .

Devant nous, un grand tableau: c'est de l'espace et c'est un bouquet de corps. Il y a du noir, du blanc, du bleu, du rouge; il y a de l'air et de l'élan. Les corps sont moins une forme qu'un mouvement qui prend forme, et qui se propage. Un mouvement immobilisé sur la toile, et pourtant mobile dès que le regard y touche. Oh! me dis-je, quelle belle illusion, mais je vois bien que cette illusion est un effet de réel. Un effet par lequel la réalité se regarde dans la peinture et pousse la main du peintre dans sa vue. Ce n'est plus de l'illusion, c'est le toucher de l'émotion, et il joue entre les couleurs comme la lumière joue entre les feuilles.

- Parfois, mais je n'ose le dire, parfois le sens est identique à la sensualité . . .

La forme crée par opposition l'espace en y inscrivant sa limite, mais l'espace pénètre la forme par le jeu des ombres et de la lumière, et il l'illimite. On voit cet échange dans **Eden***: il passe par un toubillon de bleu, de violet, de rouge sur le dos des personnages. Rien n'est clos.*

Les corps eux-mêmes ne sont pas clos.

Dans les anciens tableaux, la viande était un amas sans intériorité; ici, les corps disent une intériorité sans frontière. La surface ne sépare pas un intérieur d'un extérieur: elle est l'intérieur qui se donne à voir, révélant qu'il est le même espace.

Brown earth / *Terres brunes*   1984
oil on paper coated canvas 148 x 148 cm
huile sur papier entoilé

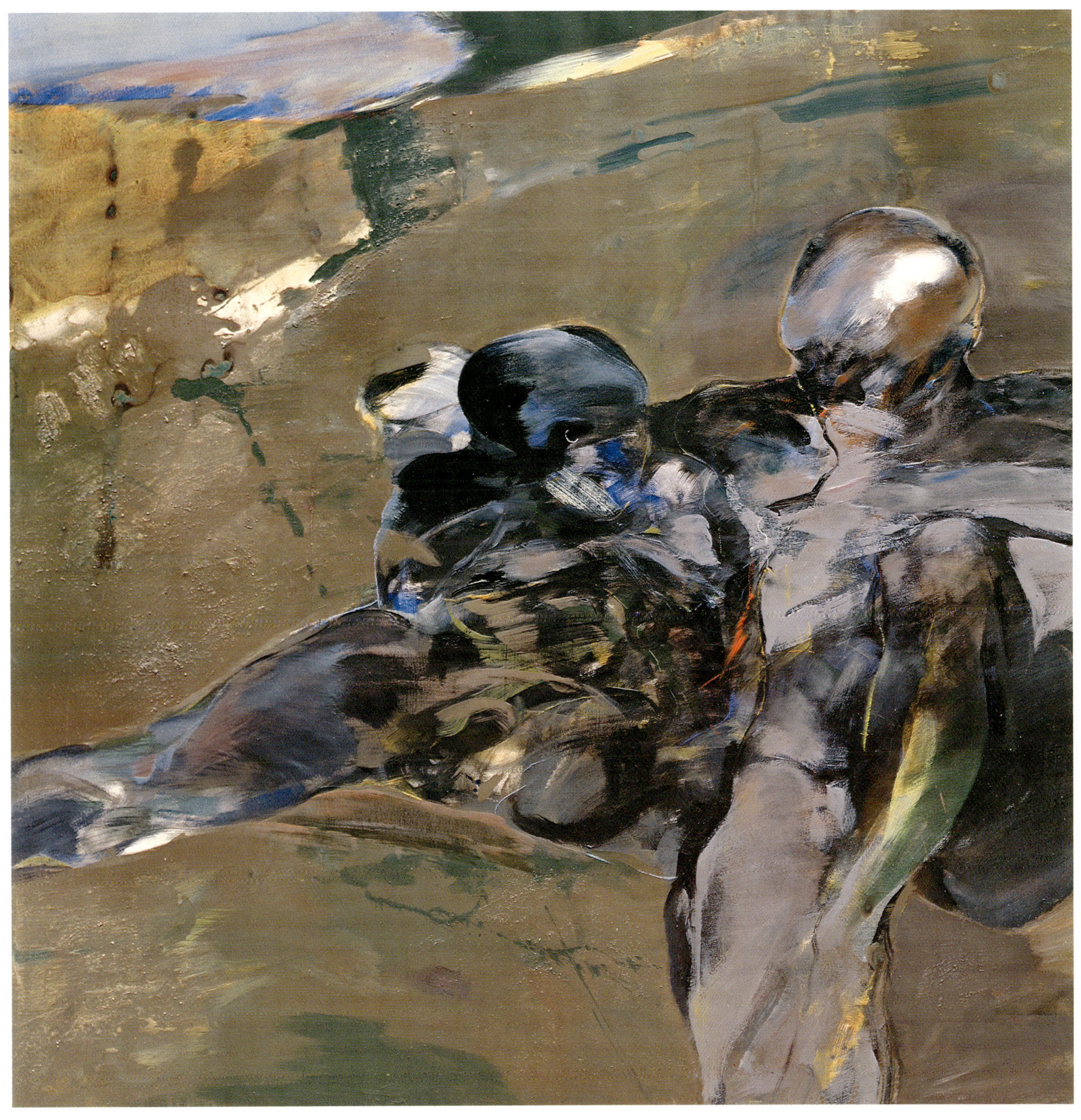

Masaï   1985
oil on canvas 195 x 130 cm
huile sur toile

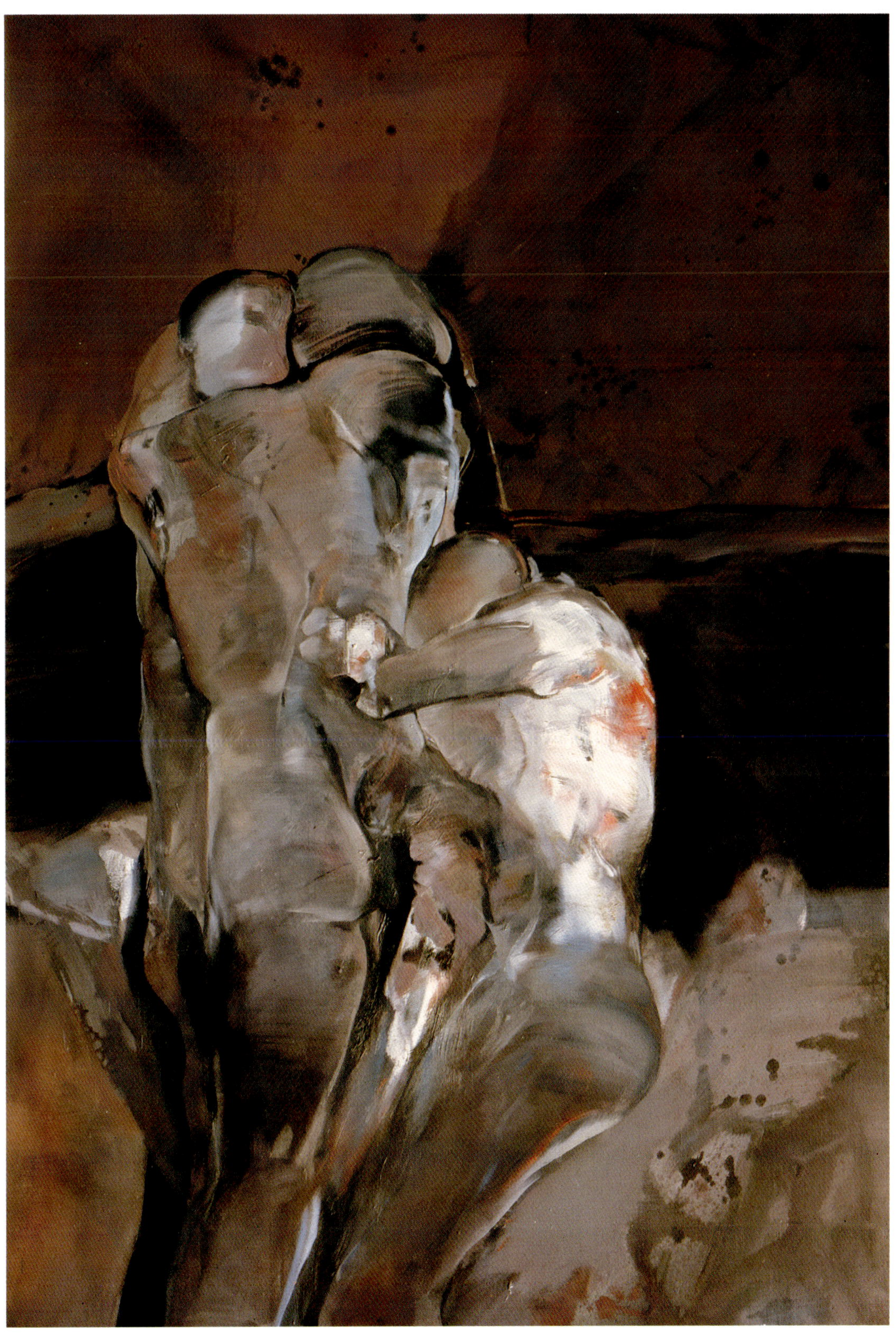

Convergence   1986
oil on canvas 200 x 260 cm
huile sur toile

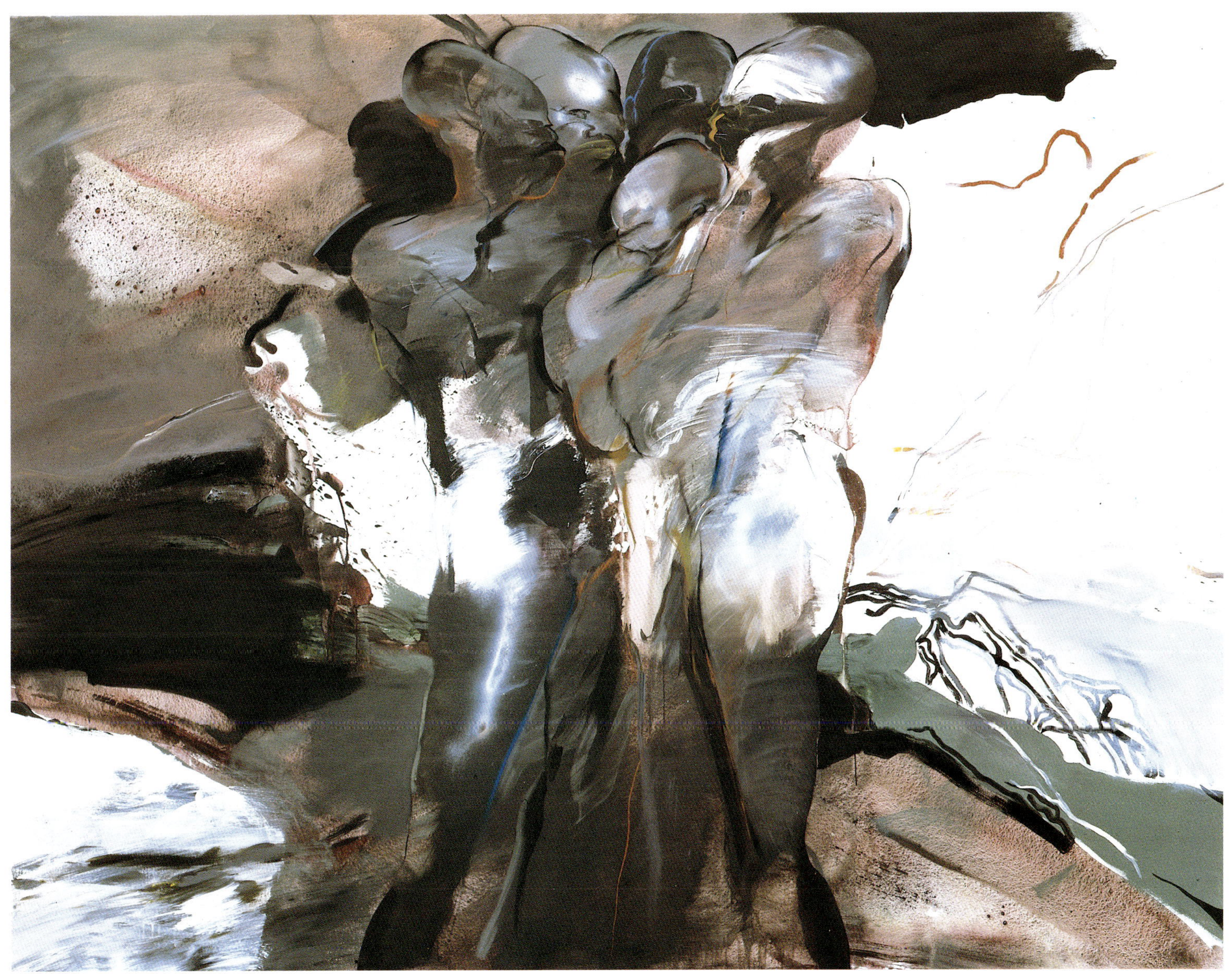

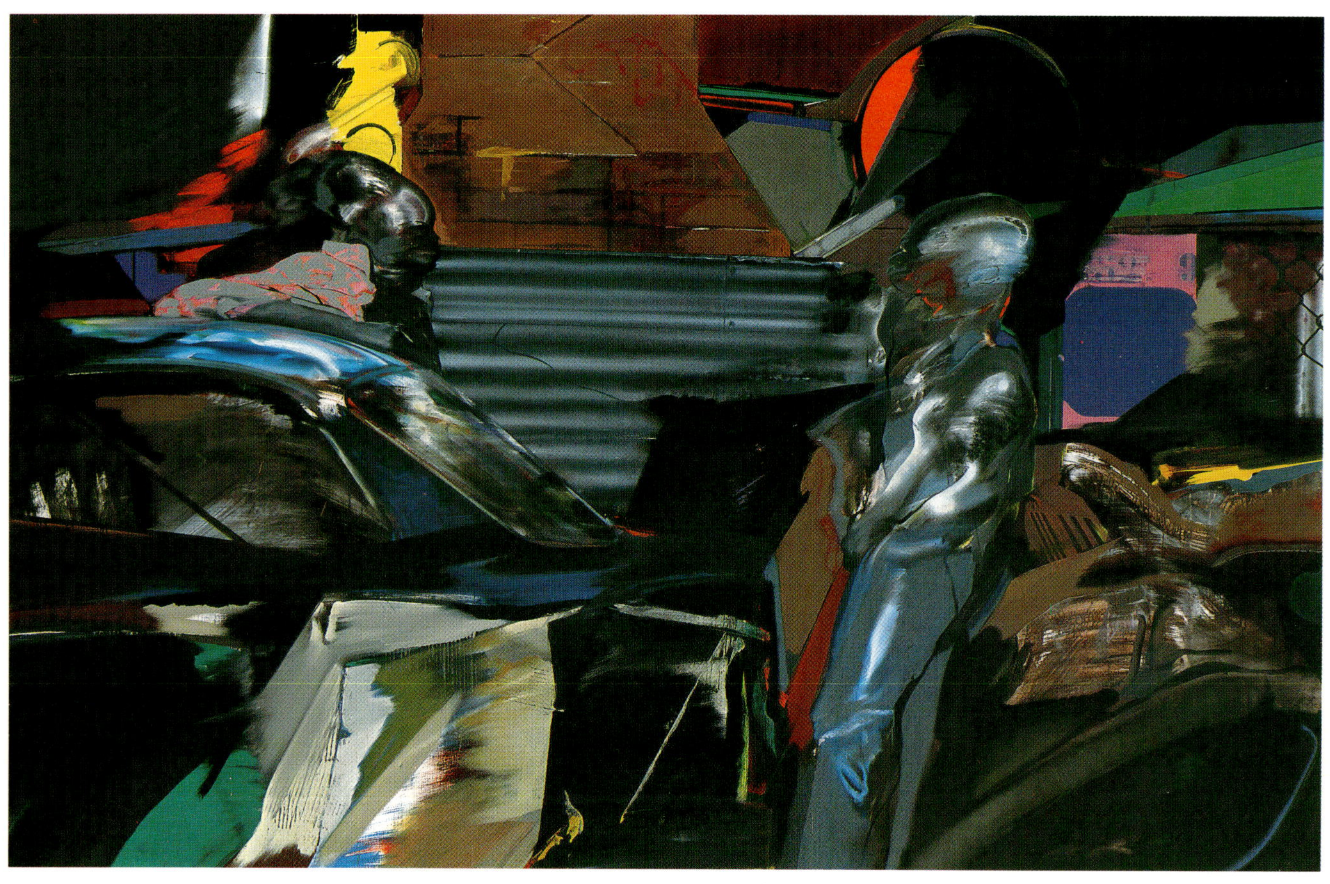

Mother / *Mère*   1985
oil on canvas 160 x 132 cm
huile sur toile

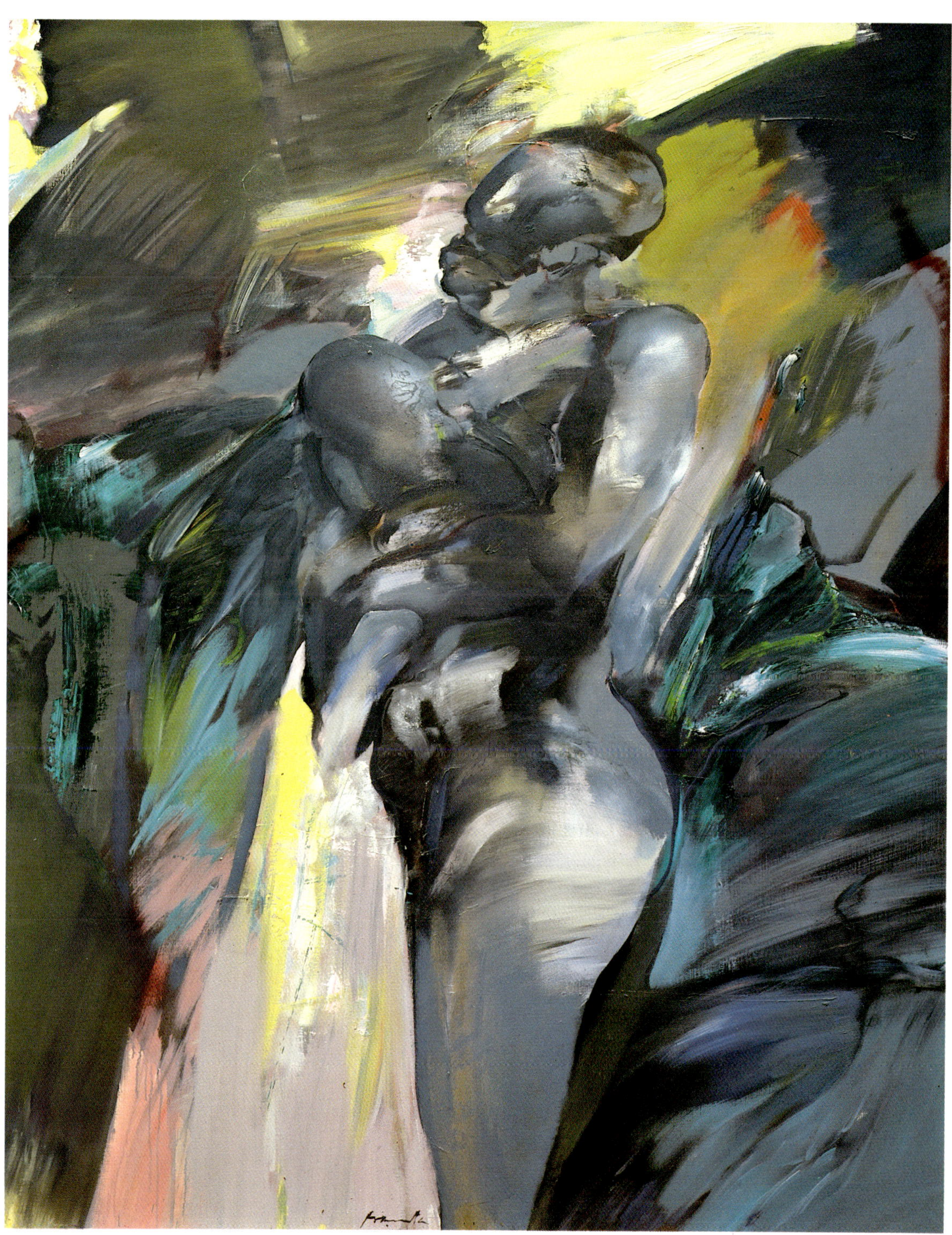

light is on the bodies as vegetation is on the space. But what is sure is also in there. A gesture, a way of holding oneself, like a branch, like a leaf. People are there, sitting in the dust, they speak for hours, no, they barter, they have time. They are within time just as their bodies are within space . . .''

In front of us, a large picture: it is space and it is a bouquet of bodies. There is black, white, blue, red; there is air and there is energy. The bodies are not so much shapes, as movements taking on a shape that propagates itself. A movement immobilized on the canvas, and yet mobile as soon as the gaze touches it. Oh! I say to myself, what a beautiful illusion, but I see clearly that this illusion is an effect of what is real—an effect by which reality looks at itself in the painting and pushes the hand of the painter from within his sight. It is no longer illusion, it is the touch of emotion, and it plays between the colors as light plays between leaves.

"Sometimes, but I don't dare say so, sometimes sense is identical to sensuality."

Form by contrast creates space by inscribing its limits within space, but space penetrates form through the play of shadows and light, making form limitless. One sees this exchange in **Eden**: it is happening through a whirlwind of blue, violet, and red on the backs of the people. Nothing is shut off.

The bodies themselves are not shut off.

In the old paintings, the meat was a heap without inwardness; here, the bodies tell of an inwardness without limit. The surface does not separate an interior from an exterior: the surface is the interior offering itself to sight, revealing that it is the same space.

The bodies are borne by the air the way swimmers' bodies are borne by water: each movement detaches them from weightiness, makes them lighter.

Movement, too, is the meaning. The viewer experiences this suddenly in his eyes.

What is the pleasure of seeing? It is the intermixing of sight with what it sees.

Sight is coming back. It is seeking.

There is no part of the surface of this **Eden** that is not painted like an eddy, a trembling, a vibration. Its colors show an excitement in the air, and the sense of distance in this excitement makes the passion more apparent—and within it, the old violence, completely recycled, it seems to me, has

Les corps se tiennent dans l'air comme se tiennent dans l'eau les corps des nageurs: chaque mouvement les arrache à la pesanteur, les allège.

Le mouvement, lui aussi, est le sens. Le spectateur l'éprouve soudain dans ses yeux.

Qu'est-ce que le plaisir de voir? C'est la vue allée avec ce qu'elle voit . . .

La vue revient. Elle cherche.

*Dans cet **Eden**, pas une partie de la surface qui ne soit peinte comme un remous, un tremblé, une vibration. C'est dans les couleurs une fièvre d'air, où le recul fait apercevoir la passion et, en elle, la vieille violence, mais si je puis dire complètement recyclée en arrachement, en soulèvement heureux.*

L'Afrique—cette Afrique dont l'évocation agite le peintre et lui donne visiblement le désir de quitter la conversation pour la sentir au bout de ses pinceaux—pratique une étrange ouverture dans l'atelier, où sont toujours les pièges, les tortures et la viande informe. Mais quelle ouverture? On aimerait se souvenir de l'avenir et que, du commencement à la fin, le temps soit clair sous le regard. Non pour savoir; seulement pour être dans le temps comme sont dans l'espace tous ces nageurs d'air. Mais il n'y a que des éclaircies, et chacun de ces tableaux en est une justement, qui emporte l'oeil, et puis qui le rend à lui même étonné.

Il est facile d'envisager le passé depuis son après, qui le réduit à un parcours; il est difficile de s'en tenir au présent d'une oeuvre, qui, elle-même, ne s'y tient pas.

Marc Le Bot écrit que ''la peinture de Franta affecte la sensibilité de façon équivoque, comme font aussi les choses des corps charnels. Cette peinture a la force d'une présence corporelle. L'équivoque tient à ceci qu'on est tantôt du côté des désirs, tantôt du côté des douleurs. Ou, sans doute, on est sur les deux versants à la fois. Les contraires vont ici ensemble, comme ils vont dans les rapports passionnels qu'on a avec le corps d'autrui . . .''

*Dans l'atelier, où sont toujours les ''pièges,'' est aussi l'**Eden**, et Franta, lui, est dans son présent, c'est-à-dire dans la continuité de son travail: cette continuité qui résoud la contradiction en la vivant.*

Autrefois, au nom de la collectivité, Franta a failli sacrifier la peinture—la sienne.

Ensuite, trahi par le collectif, sinon par la collectivité, il s'est rendu à la peinture, et il a peint les déchets de la collectivisation machinale, con-

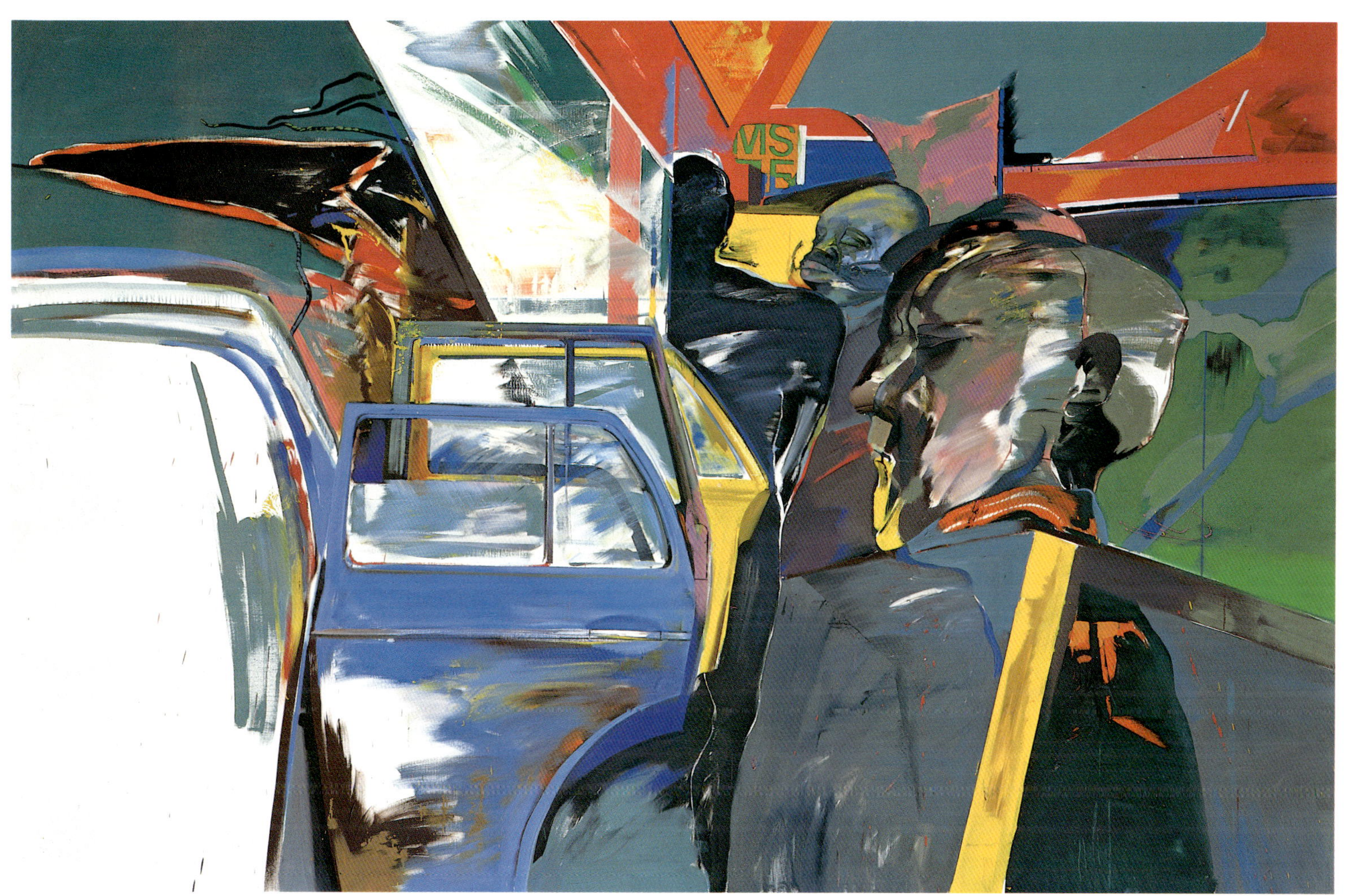

Yellow Cab   1986
oil on canvas 200 x 260 cm
huile sur toile

Lightning / *Eclair*   1985
oil on canvas 130 x 97 cm
huile sur toile

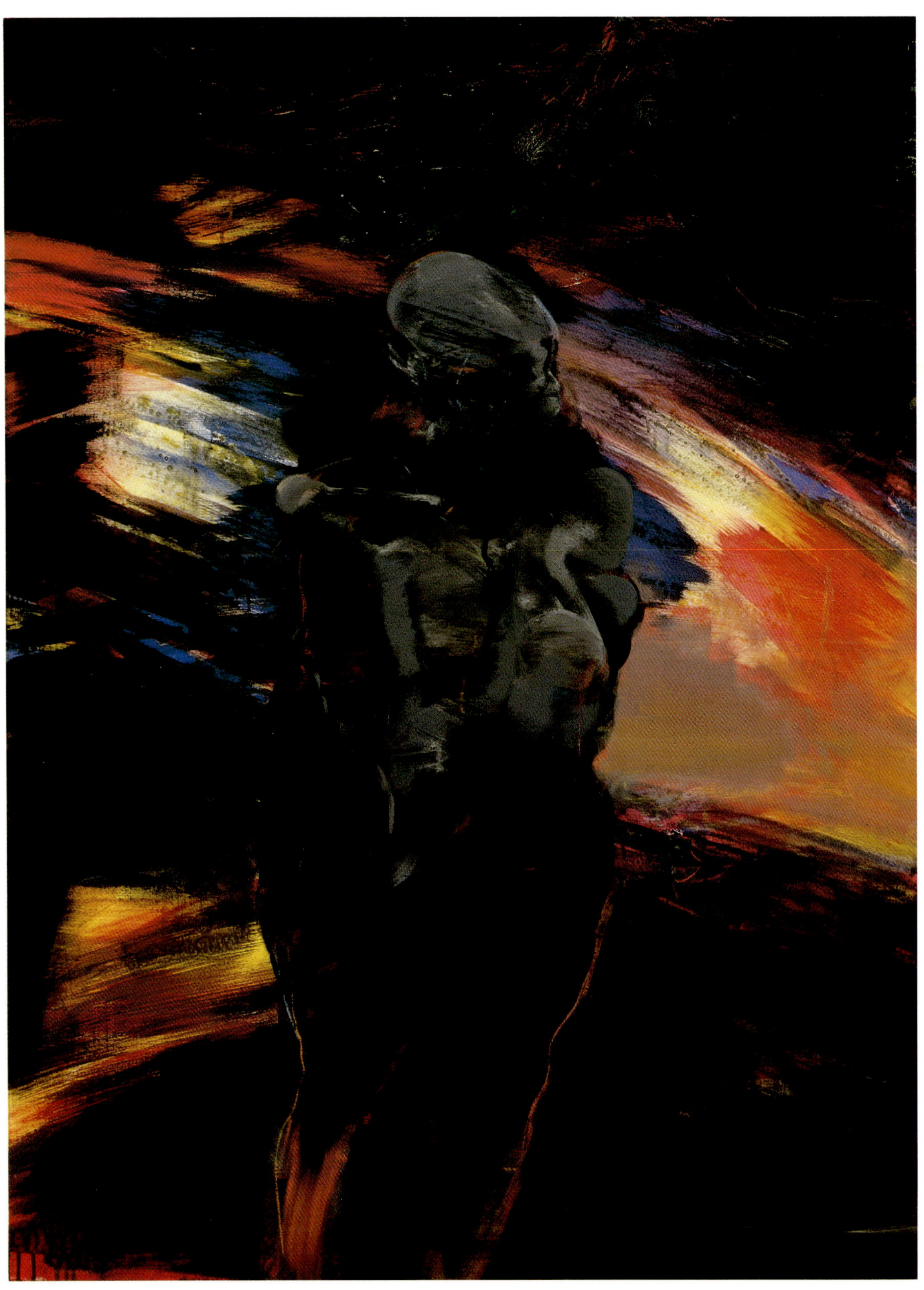

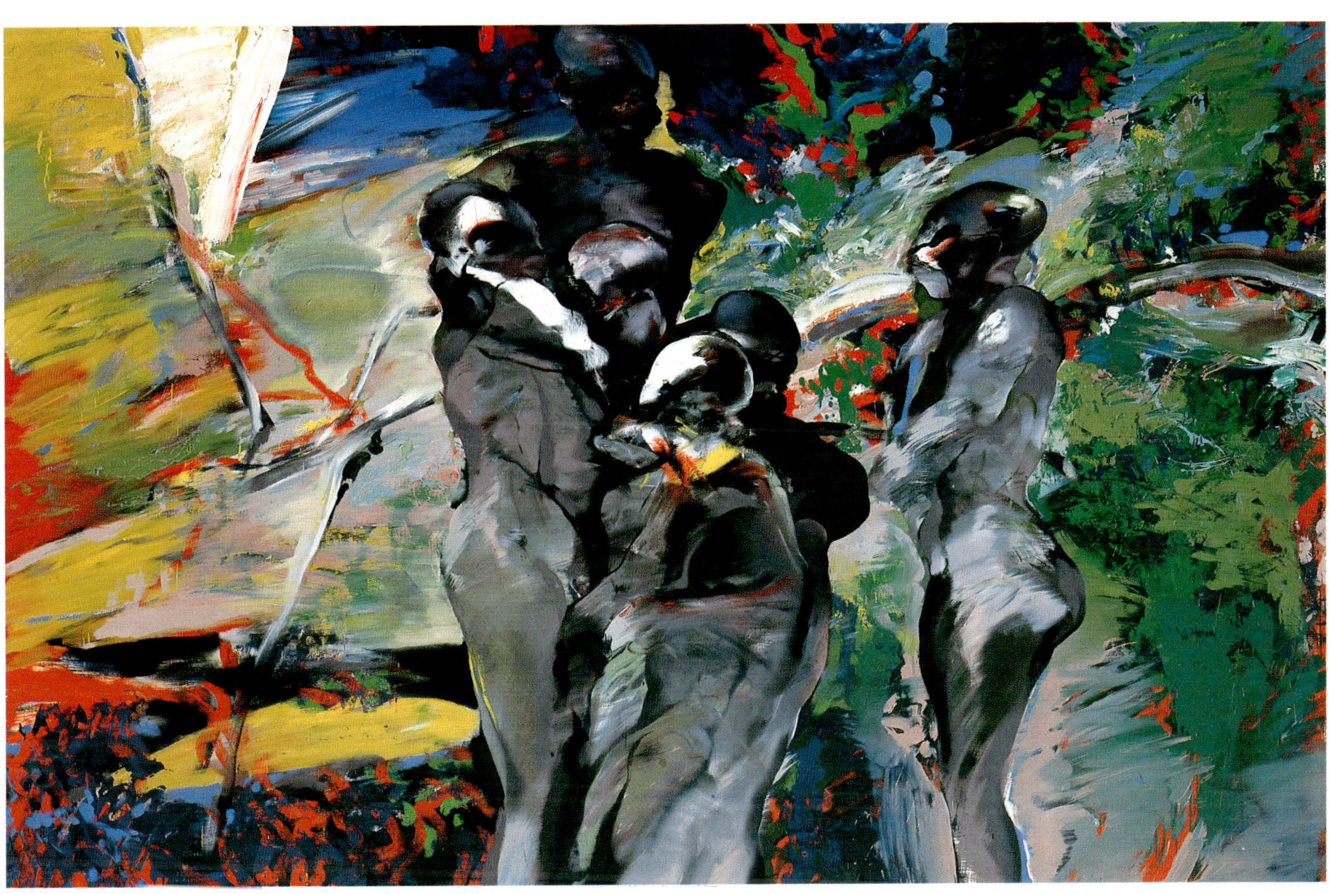

Crossing / *Traverse*   1985
oil on canvas 190 x 300 cm
huile sur toile
Coll. J. Alvarez de Toledo, Paris

Trail / *La Piste* 1985
oil on canvas 160 x 150 cm
huile sur toile

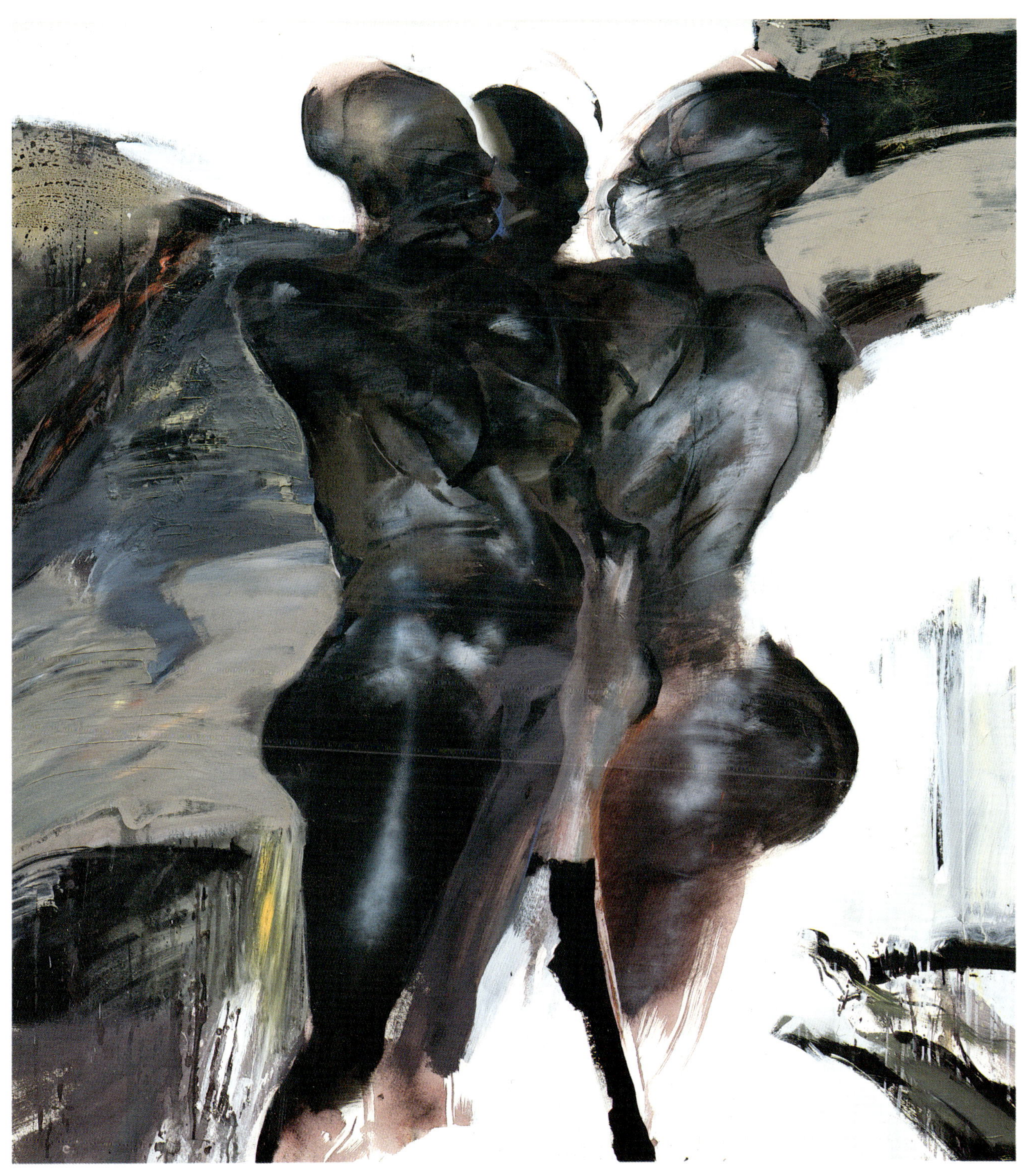

Plant-woman / *Femme-plante* 1986
acrylic on canvas 192 x 130 cm
acrylique sur toile

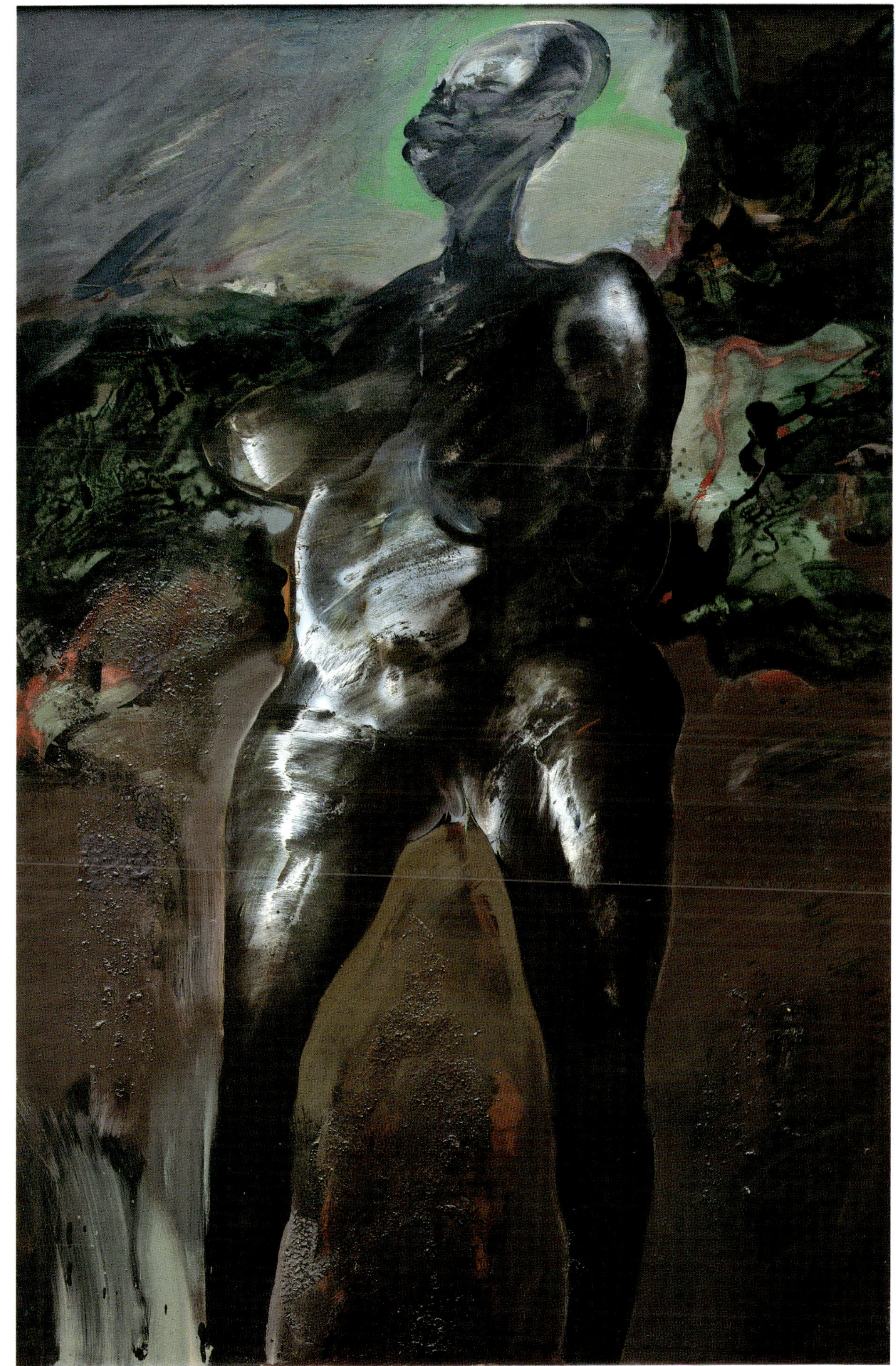

Meeting / *Rassemblement*   1985
oil on canvas 160 x 160 cm
huile sur toile
Coll. Gal. 204 Düsseldorf

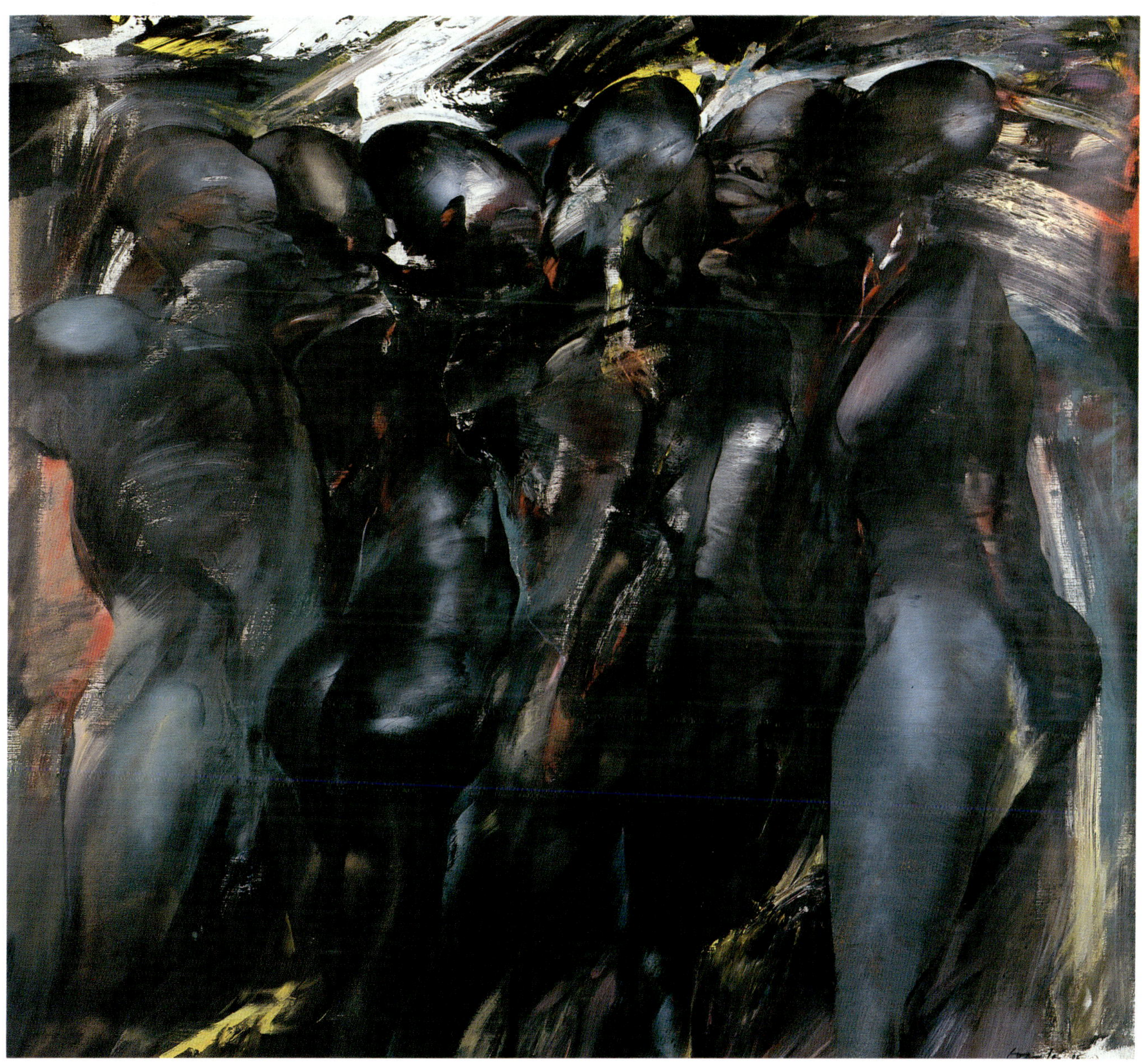

turned into a detaching, a happy uplifting.

Africa—that Africa whose evocation excites the painter and gives him the obvious desire to leave the conversation in order to experience it again at the tip of his brushes—has brought about a strange opening up in the studio, where the traps, the tortures, and the formless meat remain. But what kind of opening up? One wishes one could remember the future; one wishes that time, from beginning to end, would remain clear in one's gaze. Not in order to know; only to be within time the way all these air-swimmers are within space. But there are only clear moments, and each of these paintings is precisely one of these, carrying the eyes away and then returning them to themselves, amazed.

It is easy to view the past from the vantage point of what followed it, which reduces it to a route; it is difficult to remain in the present of a work that does not itself remain there.

Marc Le Bot writes that "the painting of Franta affects the feelings in an equivocal way, just as things pertaining to sensual bodies do. This painting has the energy of a bodily presence. The equivocalness comes from the fact that one finds oneself alternately on the side of the desires, and on the side of the pains. Or rather, no doubt, one is on both sides at once. Opposites come together here, just as they do in passionate relations with another person's body . . ."

In the studio, where the "Traps" still are, there is also **Eden**, and Franta, who is in his present, that is to say in the continuity of his work: this continuity that resolves contradiction by living it.

Once, in the name of the collectivity, Franta almost sacrificed painting—his painting.

Then, betrayed by the collective, if not by the collectivity, he gave himself back to painting, and painted the wastes of a mechanical, forced, and limited collectivization—wastes that were lost time.

Today, having seen in Africa the happy collectivity of bodies and of elements, Franta is painting the body regained.

Nothing is so simple.

In the end, everything is simplicity.

traignante et bornée—déchets qui étaient du temps perdu.

Aujourd'hui, ayant vu en Afrique la collectivité heureuse des corps et des éléments, Franta peint le corps retrouvé.

Rien n'est aussi simple.

Tout à la fin est simplicité . . .

Bernard Noël
Mauregny en Haye, France 1986

Eden   1985
oil on canvas 160 x 160 cm
huile sur toile
Coll. Solomon R. Guggenheim Museum, New York

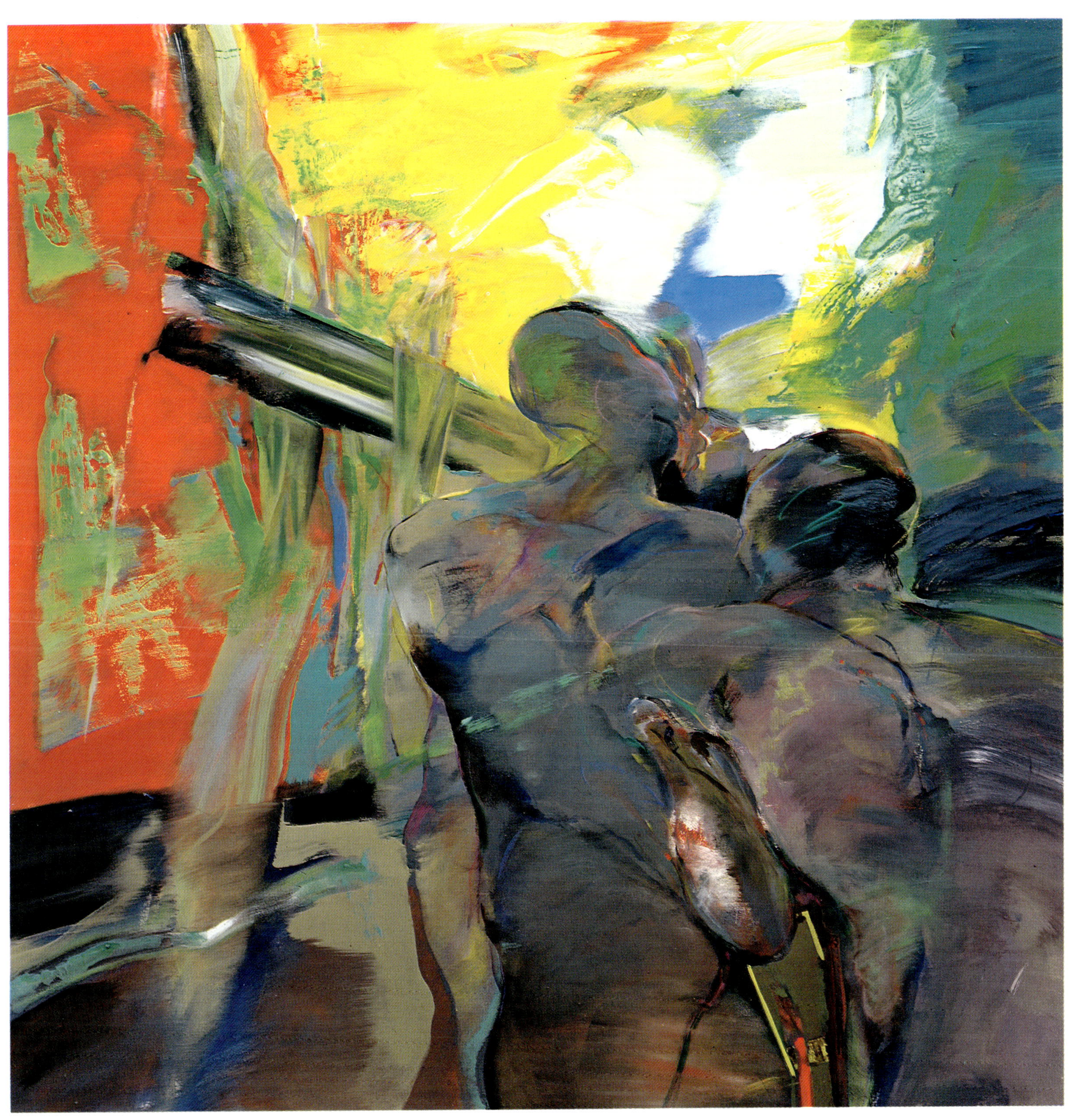

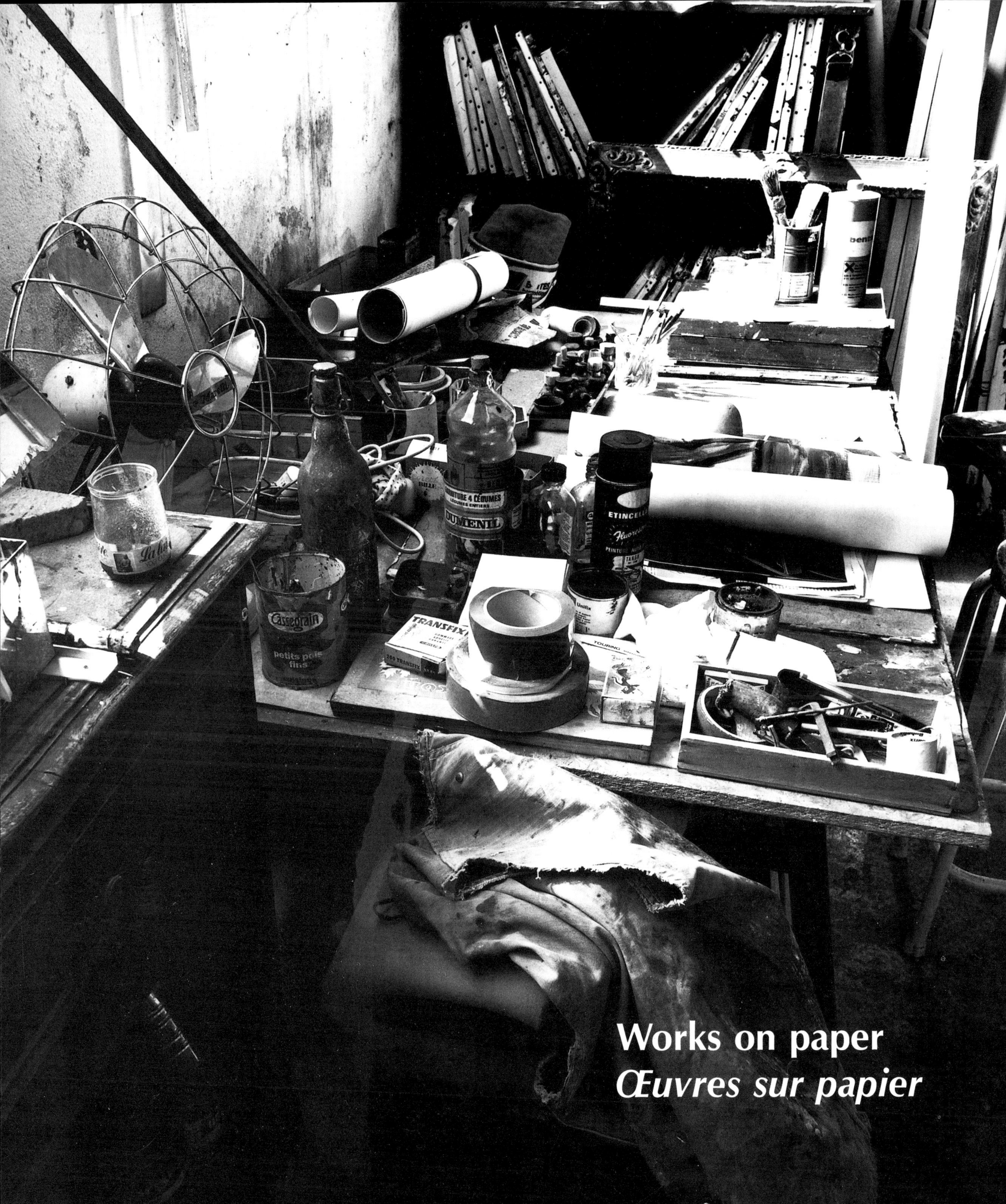
Works on paper
Œuvres sur papier

Vice / *Etau*   1977
indian ink 50 x 60 cm
encre de Chine
Coll. R. Butheau, Lyon

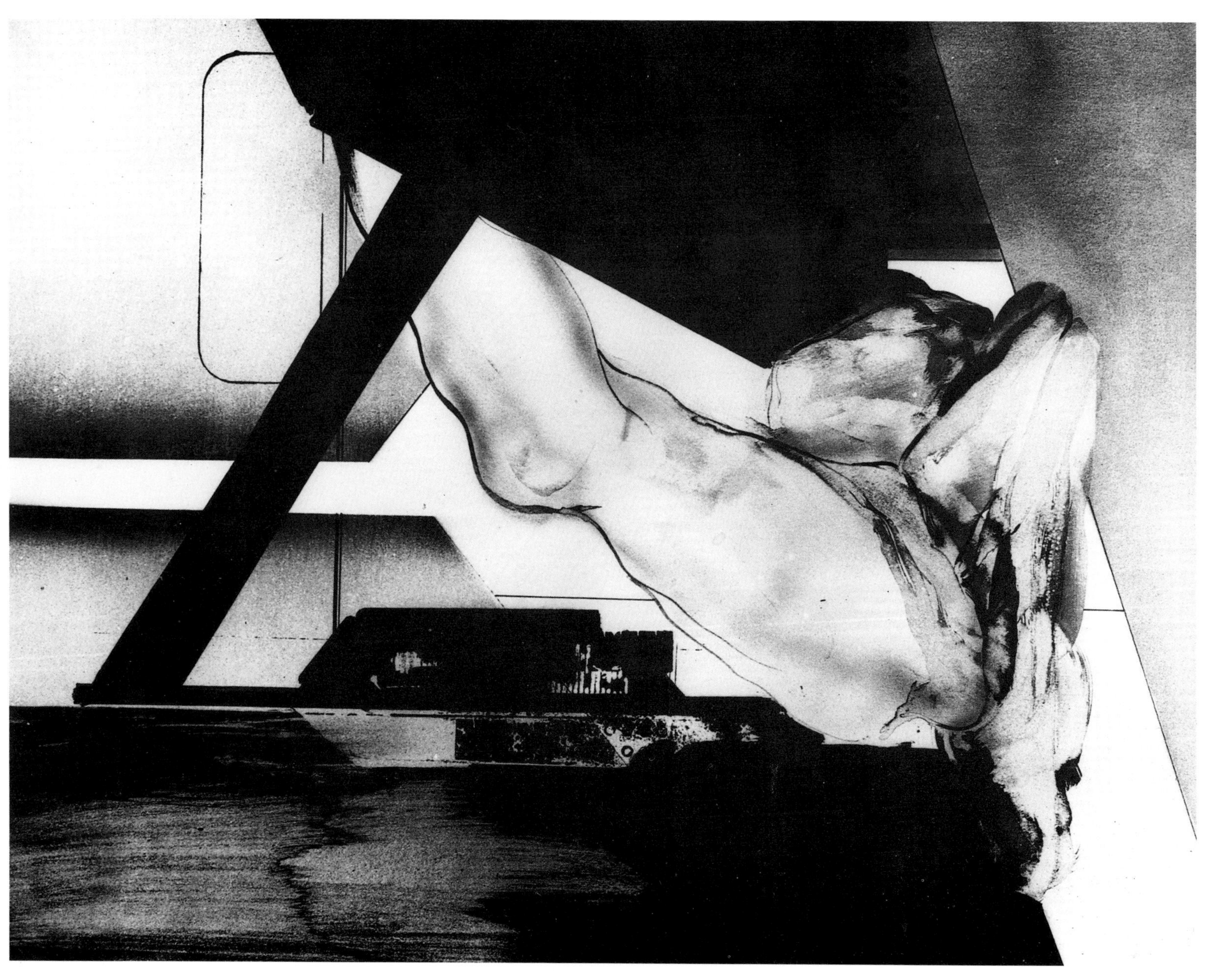

Closed combat / *Champ clos*   1977
indian ink 60 x 50 cm
encre de Chine
Coll. Musée d'Art Moderne, Prague

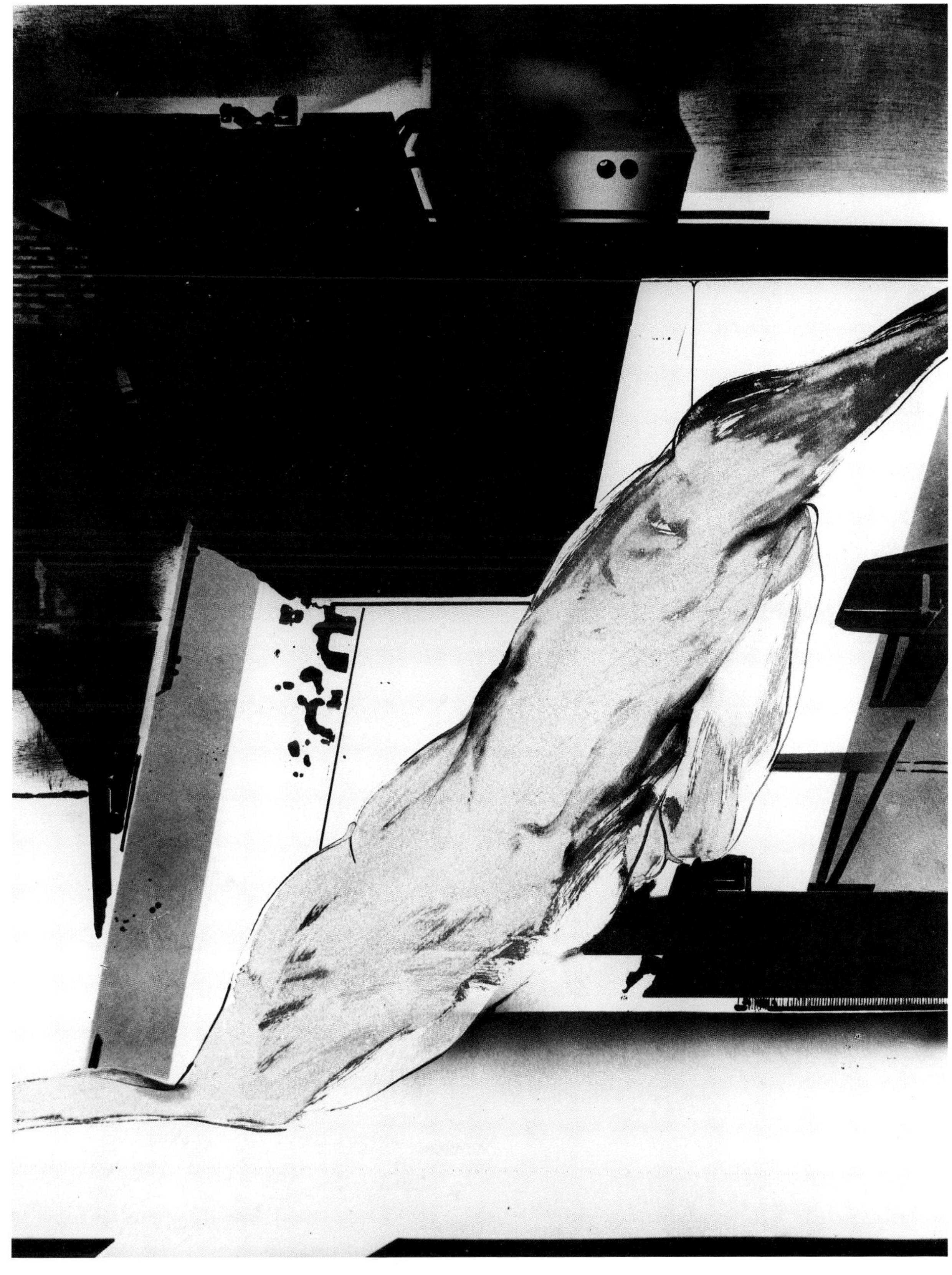

Railing / *Garde Fou*   1977
indian ink 60 x 50 cm
encre de Chine
Coll. Musée d'Art Moderne, Prague

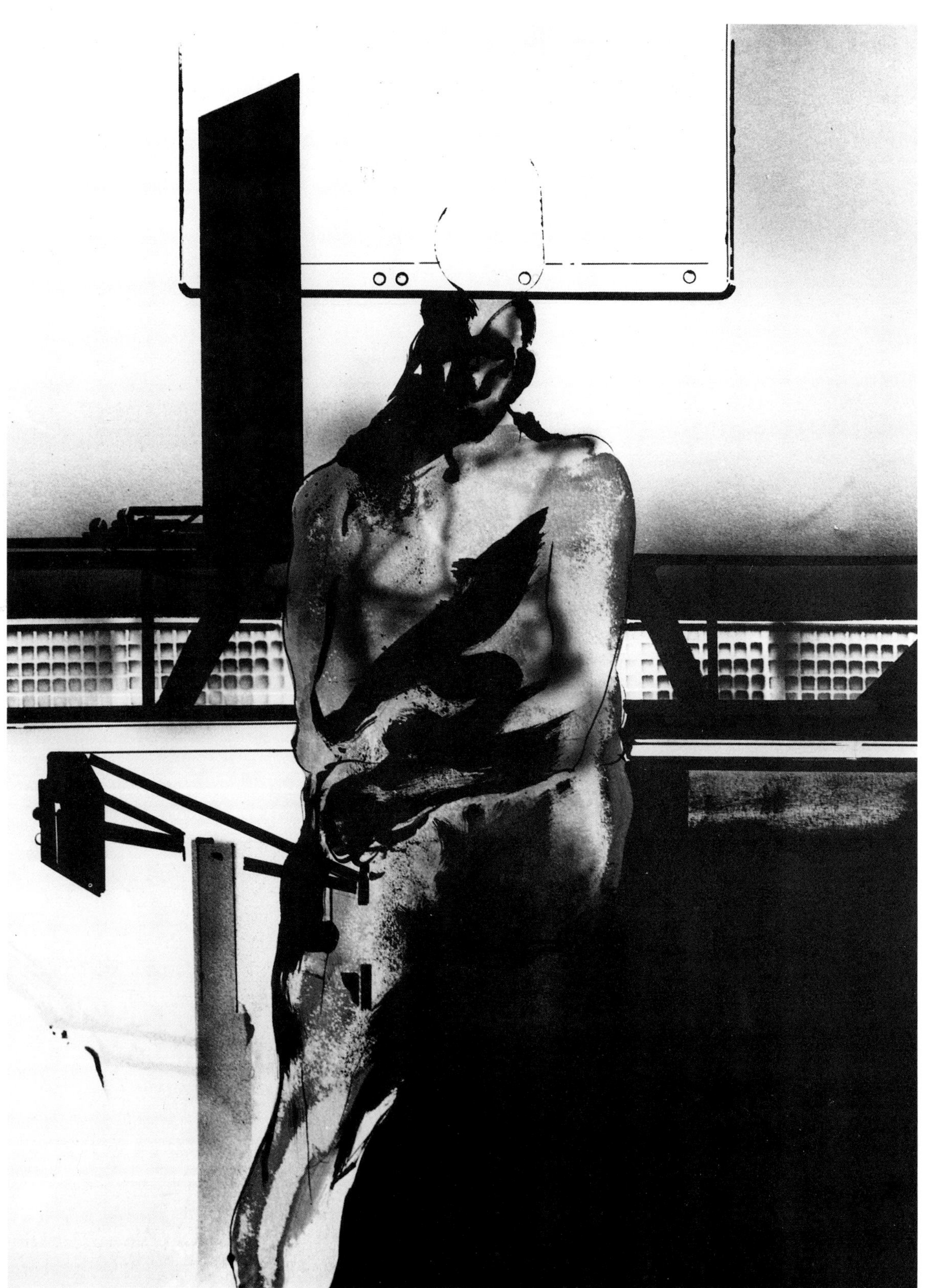

Frontier / *Frontière*   1976
indian ink 50 x 60 cm
encre de Chine
Coll. A. Menguy, Antibes

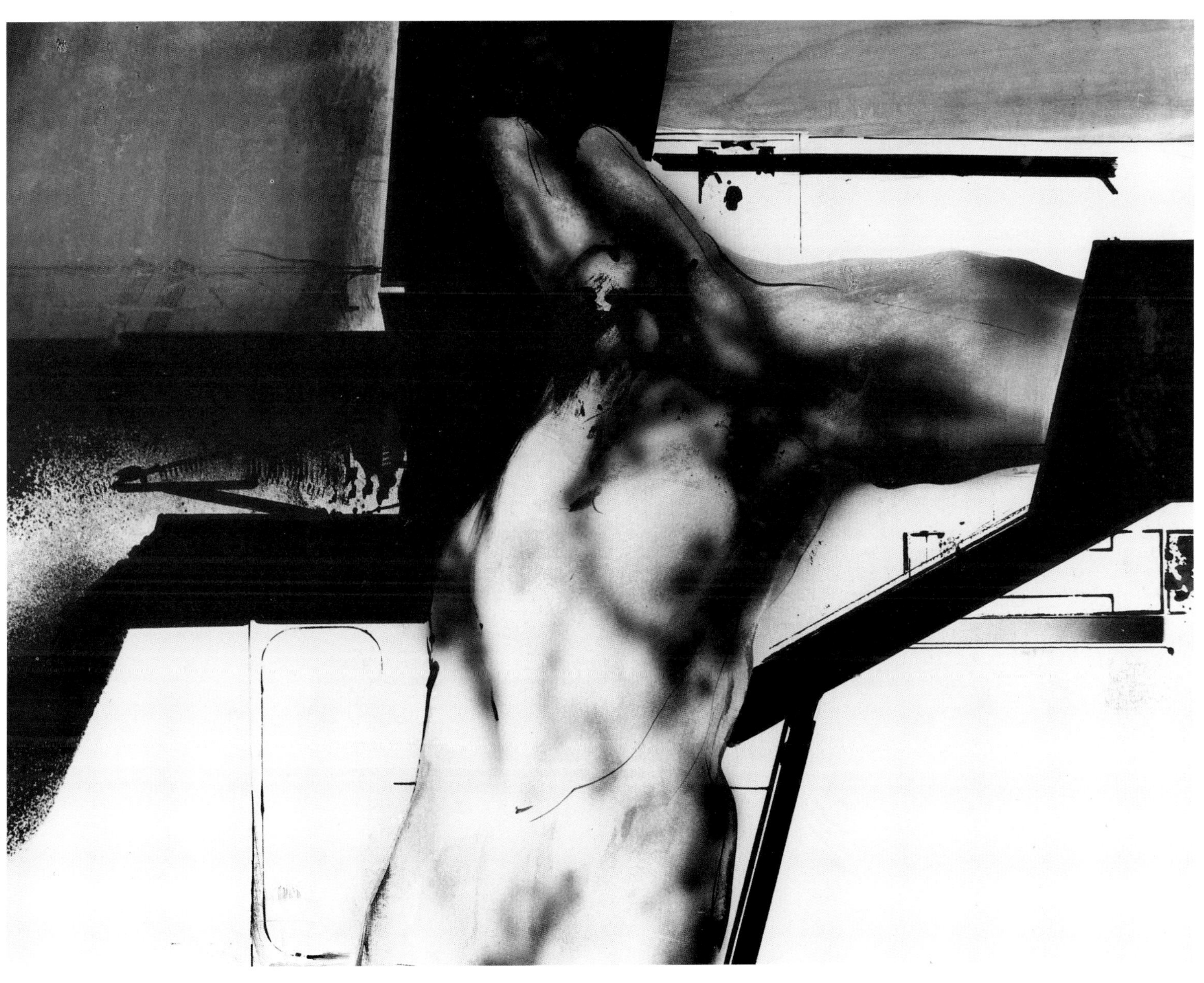

Anvil / *Enclume*   1978
indian ink 50 x 60 cm
encre de Chine

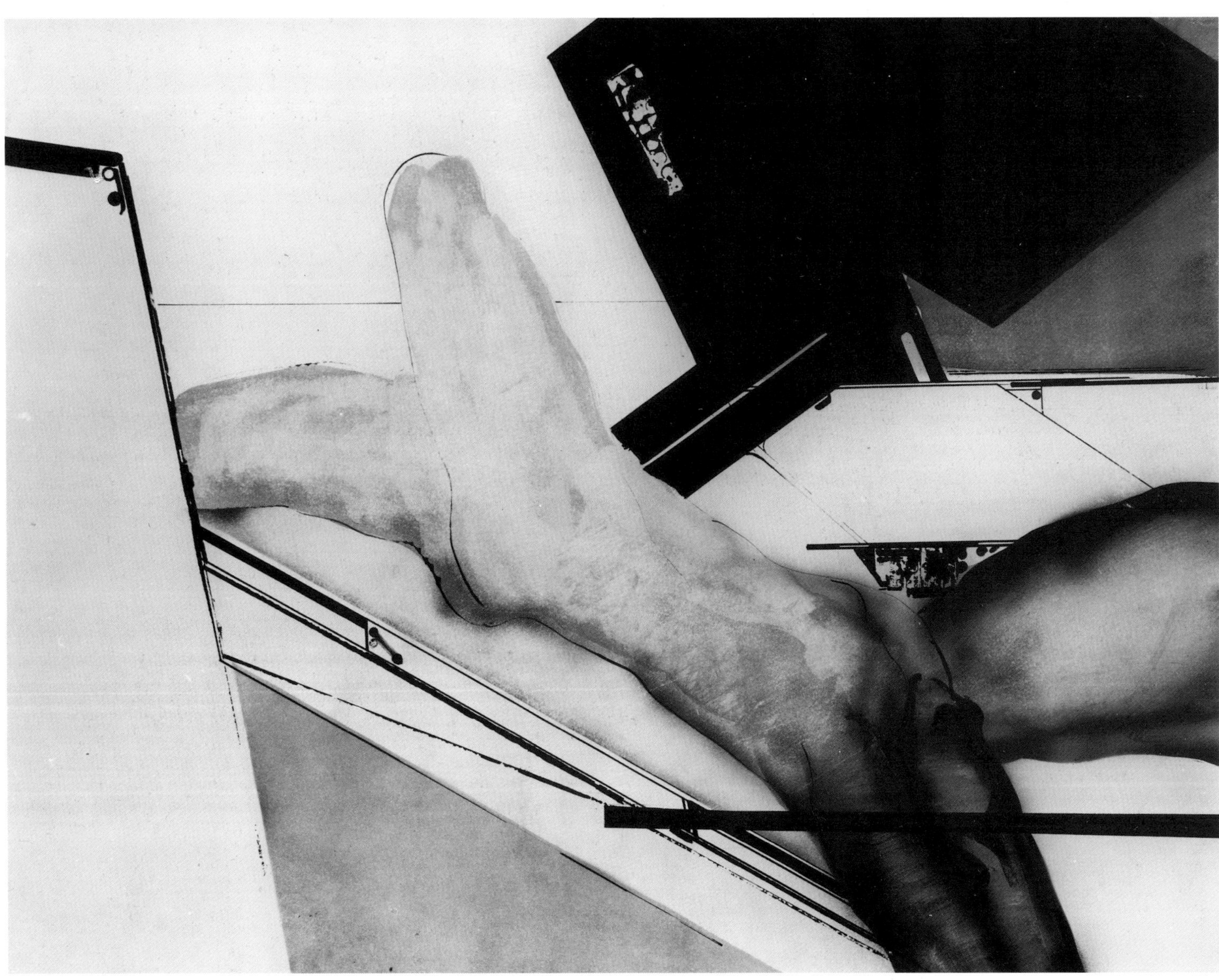

Enclosure / *Enclos*   1978
indian ink 60 x 50 cm
encre de Chine

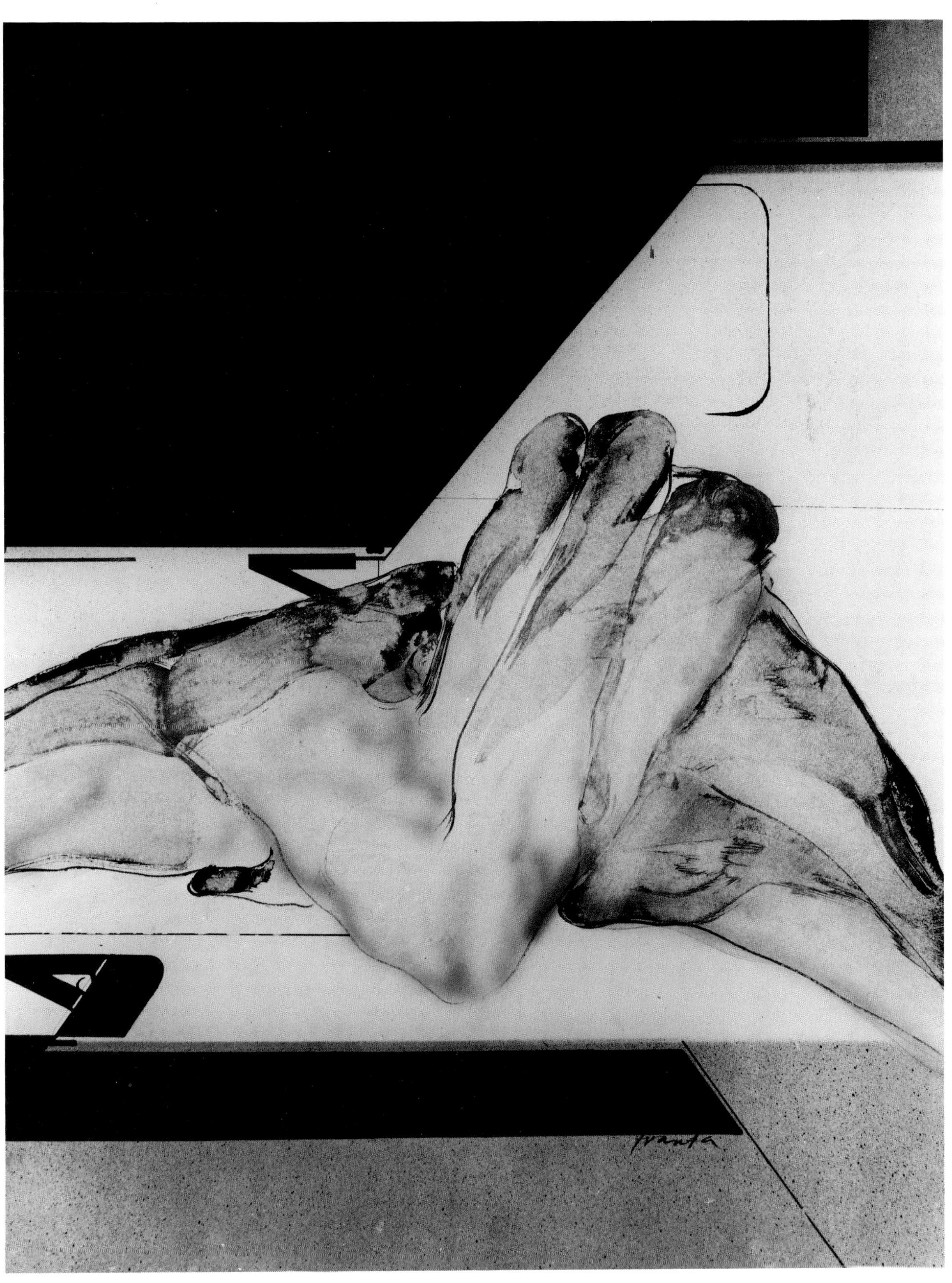

Escape / *Evasion*   1976
indian ink 60 x 50 cm
encre de Chine
Coll. Musée des Beaux Arts, Lyon

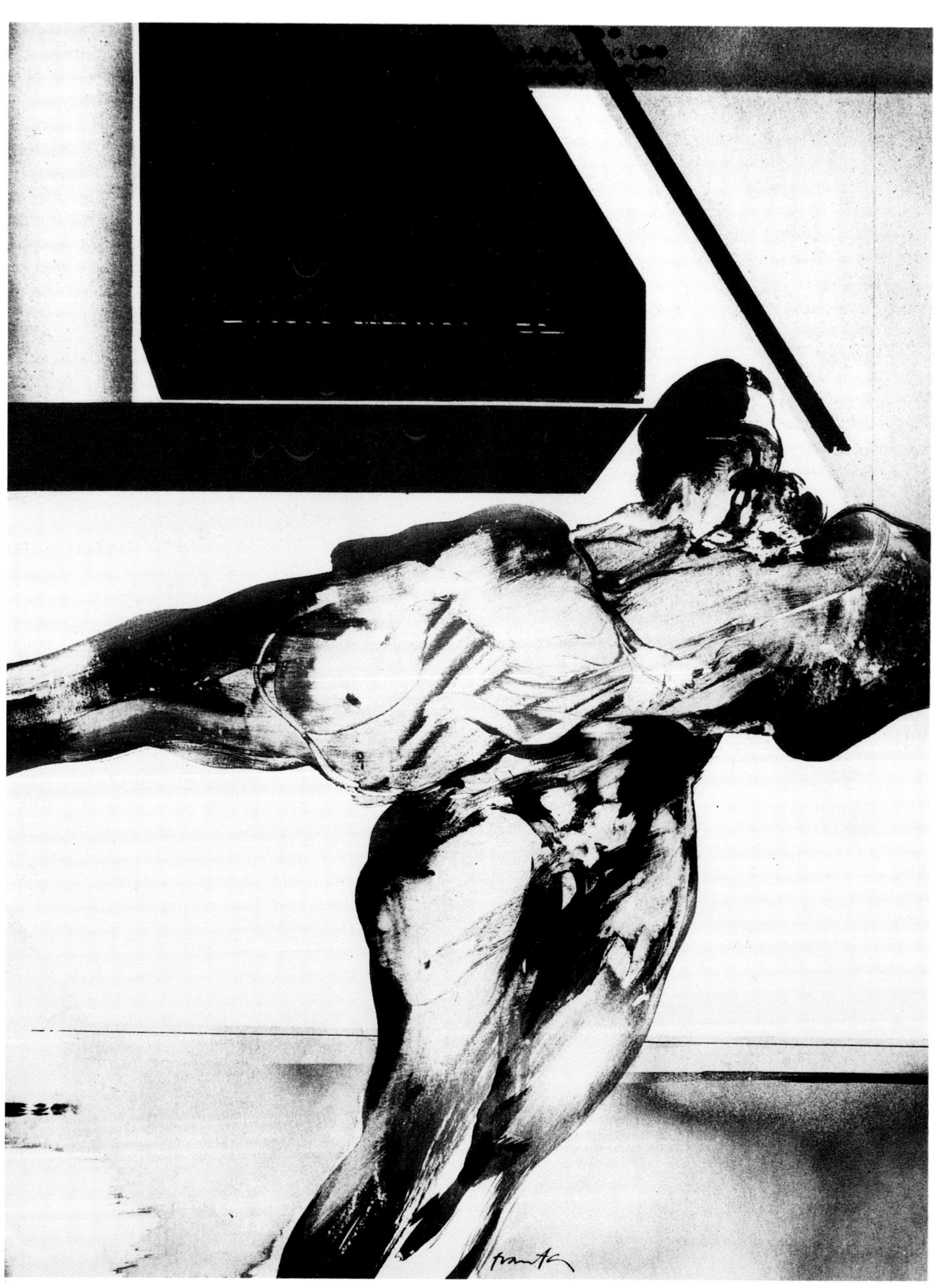

Couple   1978
indian ink 50 x 60 cm
encre de Chine
Coll. privée, Paris

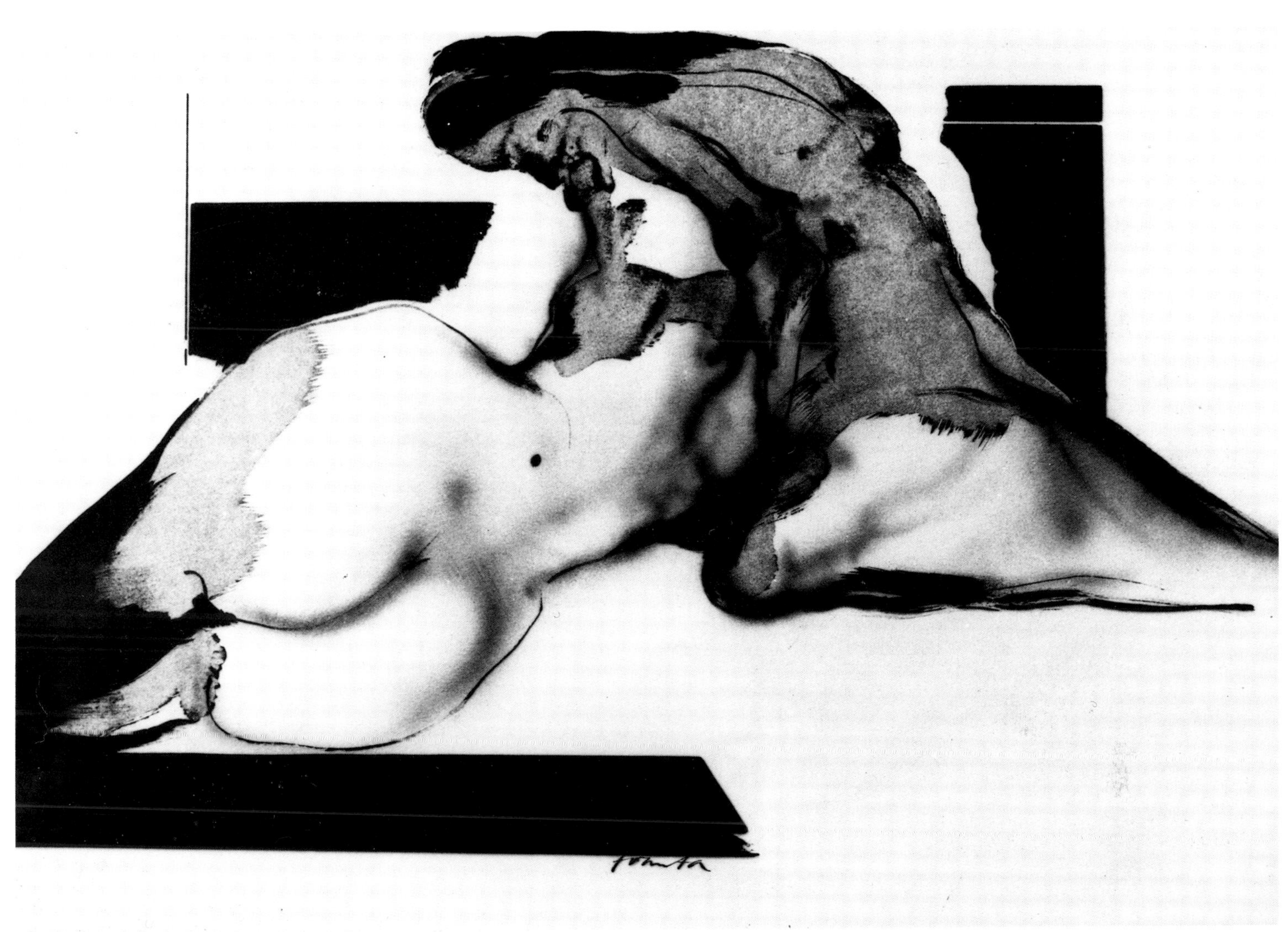

Mutation 1977
indian ink 70 x 90 cm
encre de Chine
Coll. privée, France

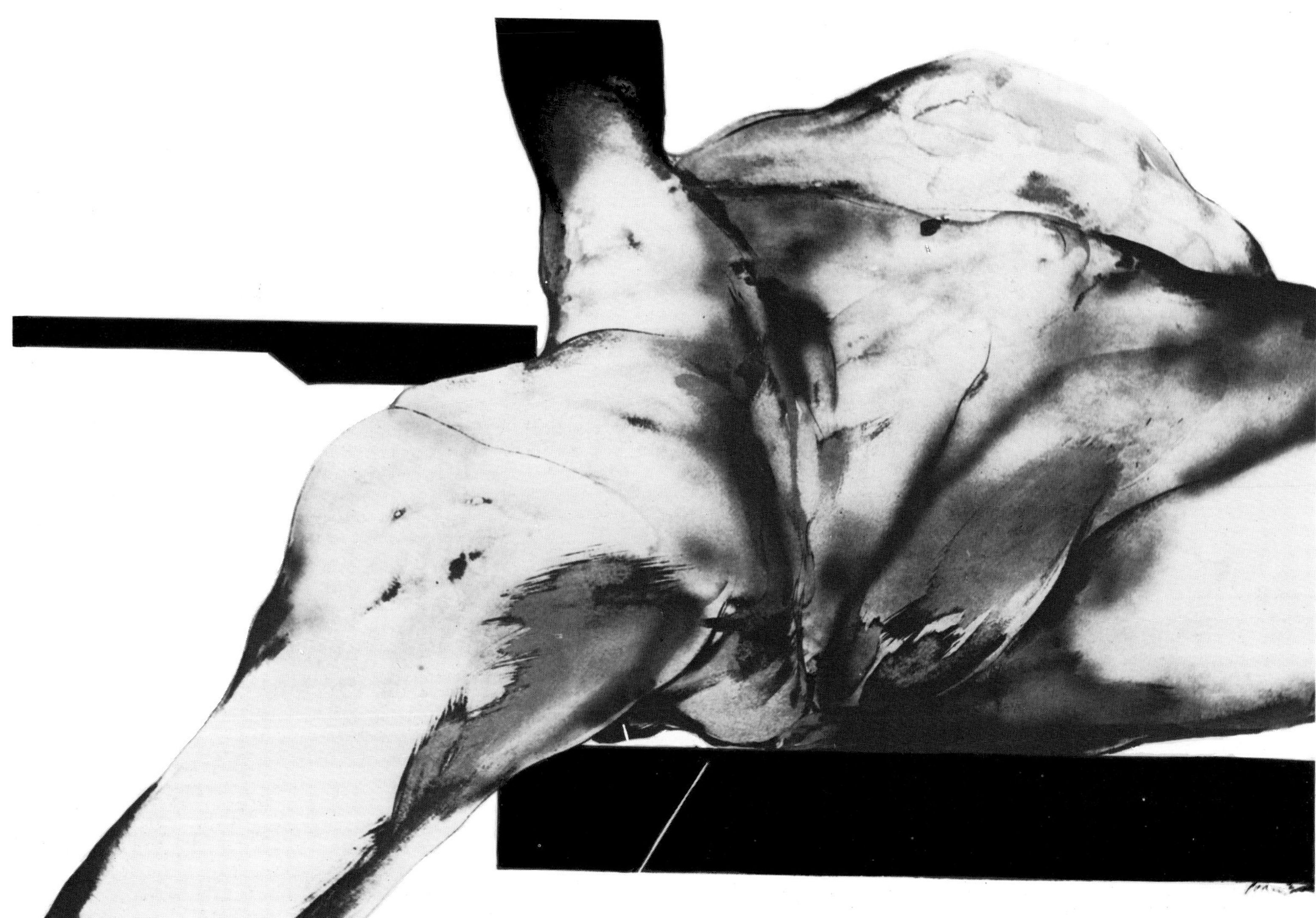

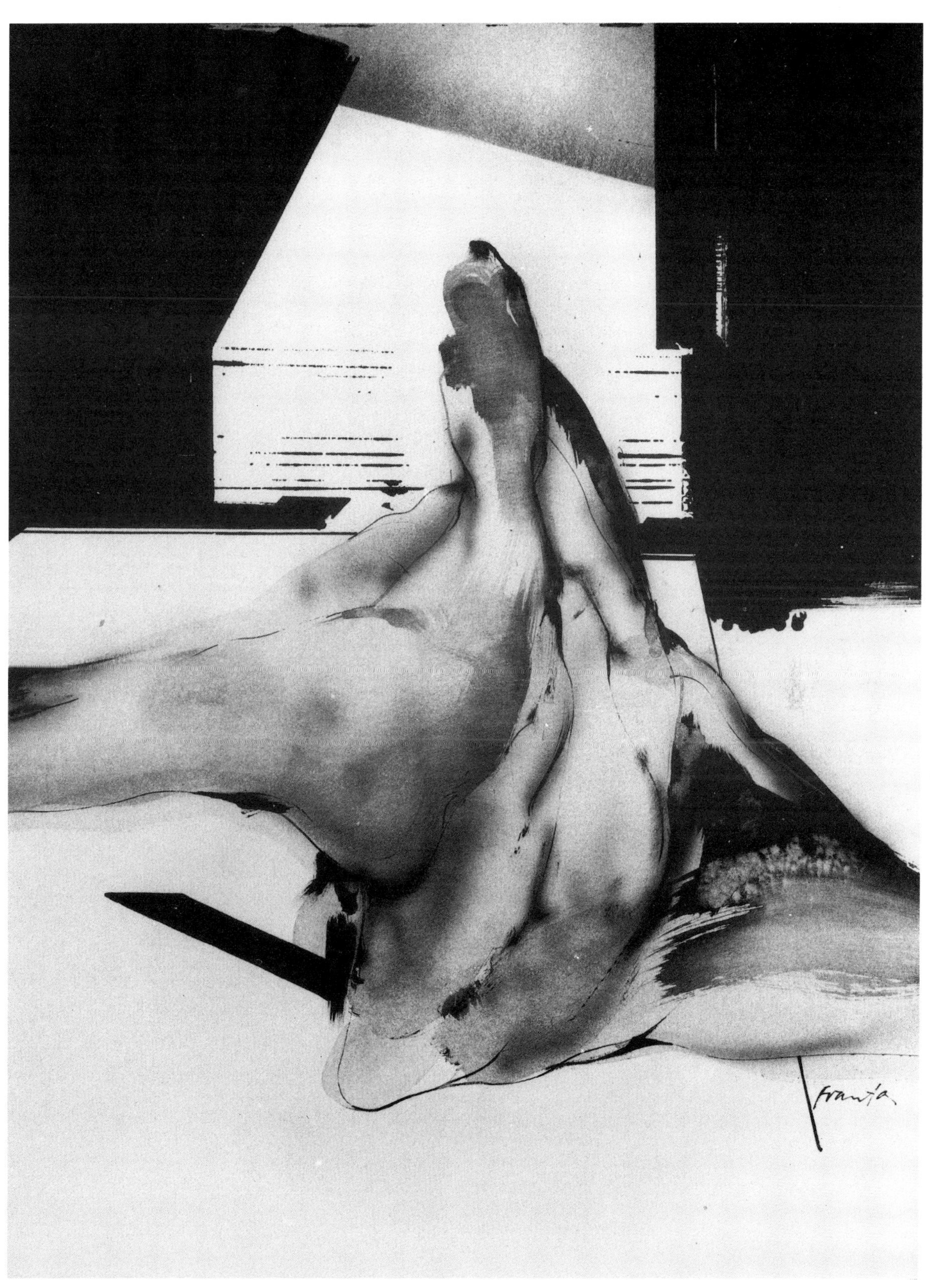

Trap / *Piège*   1977
indian ink 60 x 50 cm
encre de Chine
Coll. J. Machu, France

Couple 1978
indian ink 70 x 90 cm
encre de Chine
Coll. Musée d'Art Moderne, Grenoble

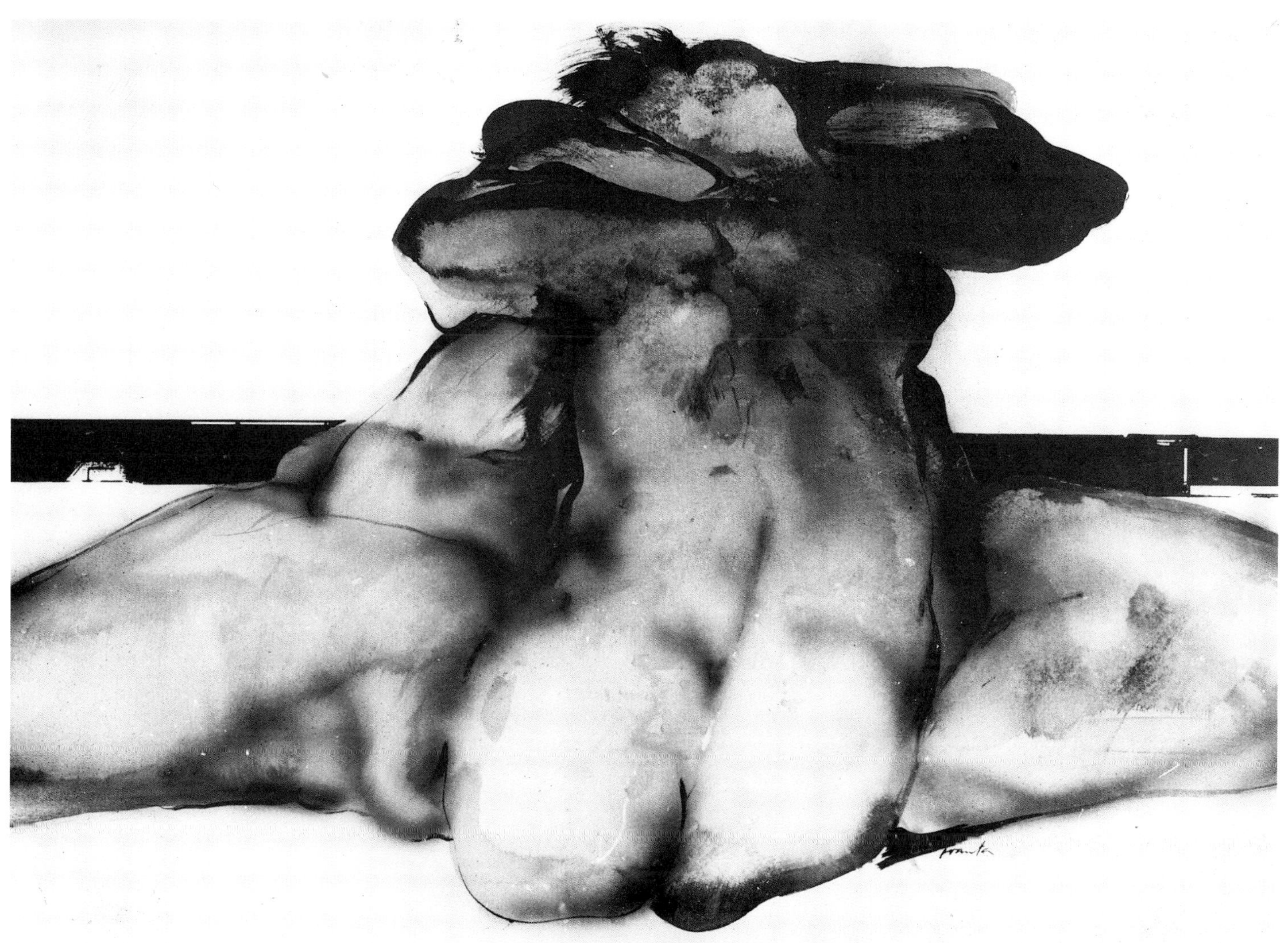

Refuge 1977
indian ink 60 x 50 cm
encre de Chine
Coll. privée, Paris

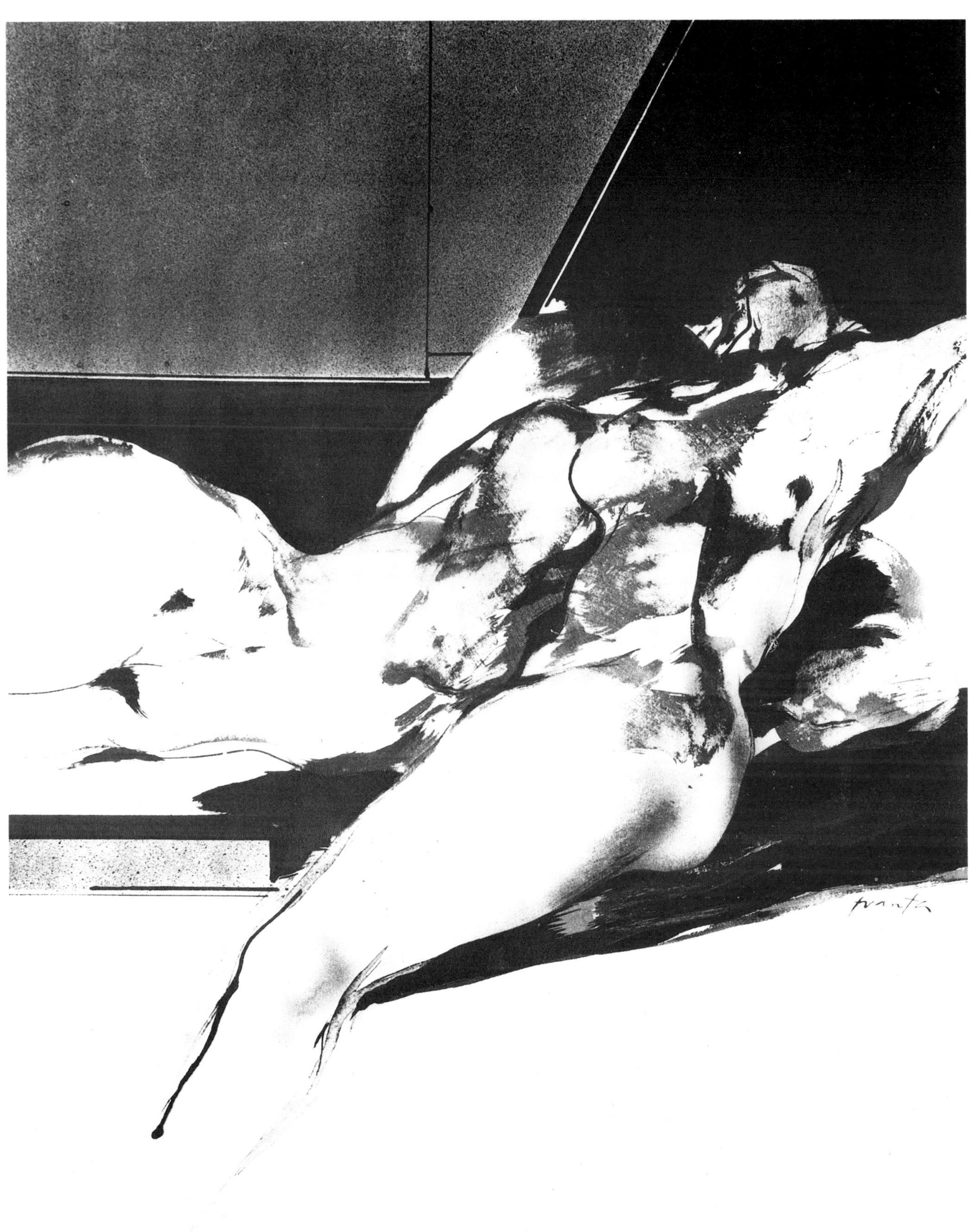

Together / *Être deux*   1981
indian ink 162 x 130
encre de Chine
Coll. Musée d'Art Moderne, Besançon

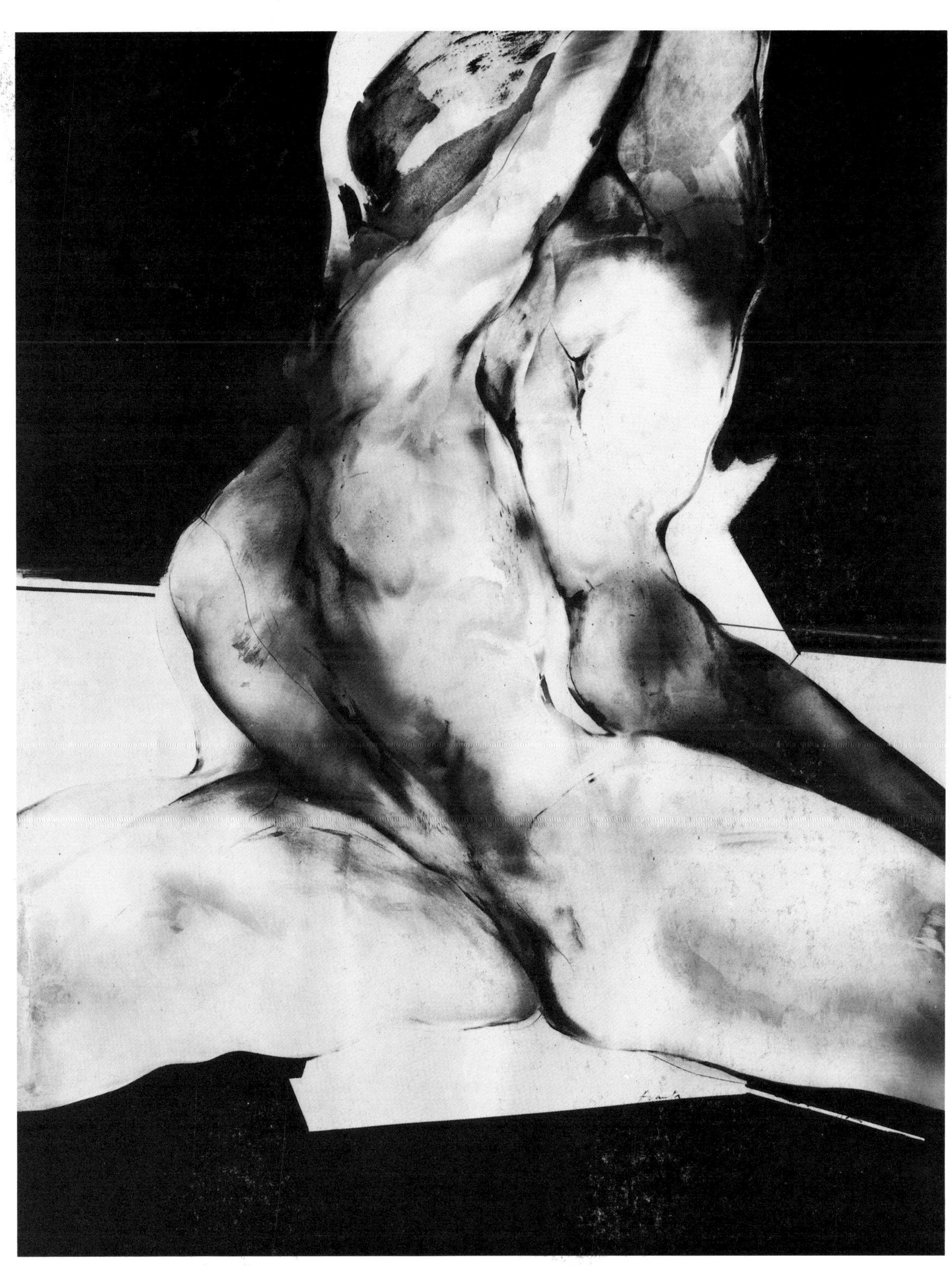

Trap II / *Piège II*   1977
indian ink 60 x 50 cm
encre de Chine
Coll. Musée de Moravie, Brno

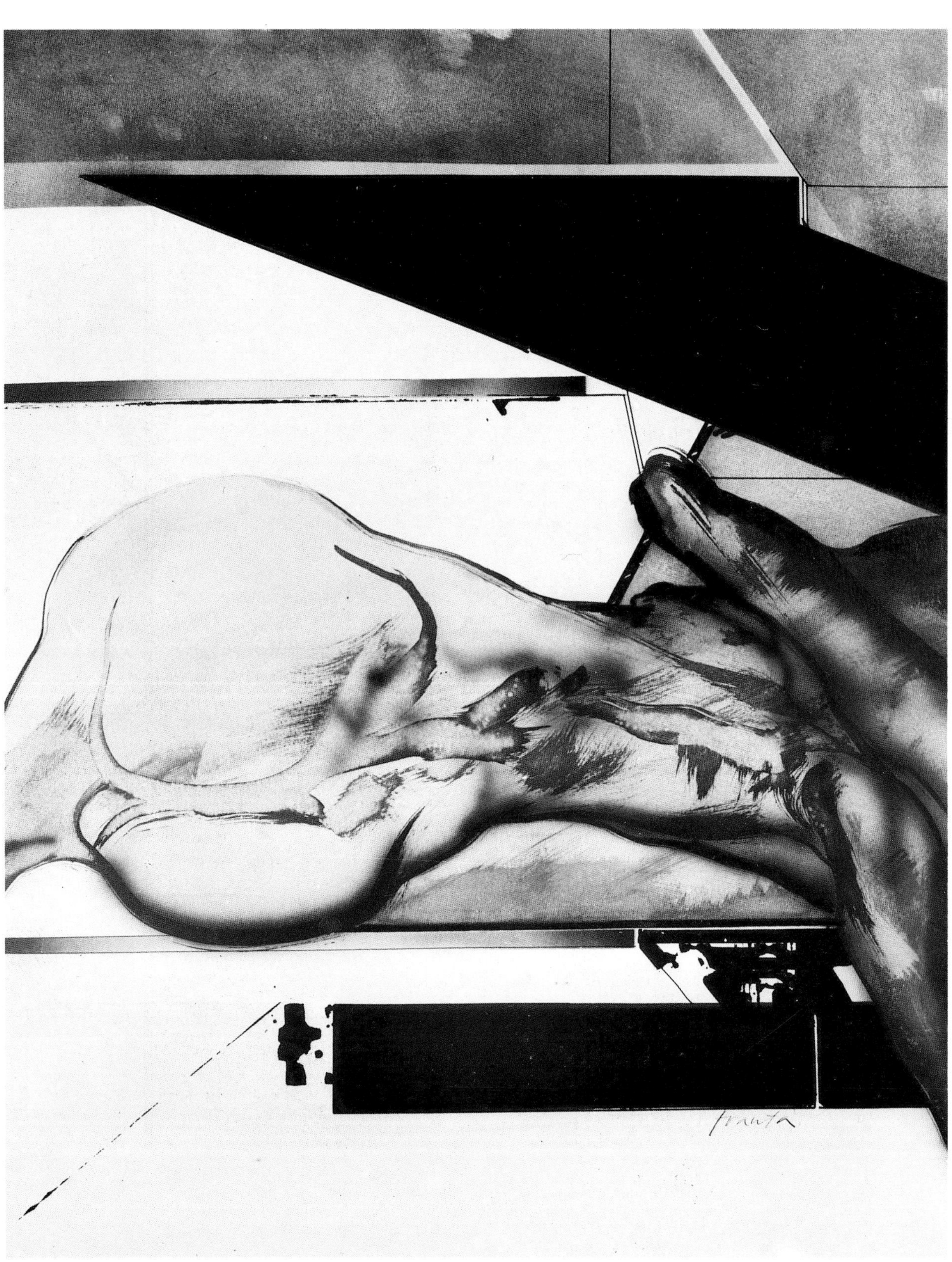

Tension 1978
indian ink 60 x 50 cm
encre de Chine
Coll. privée, Paris

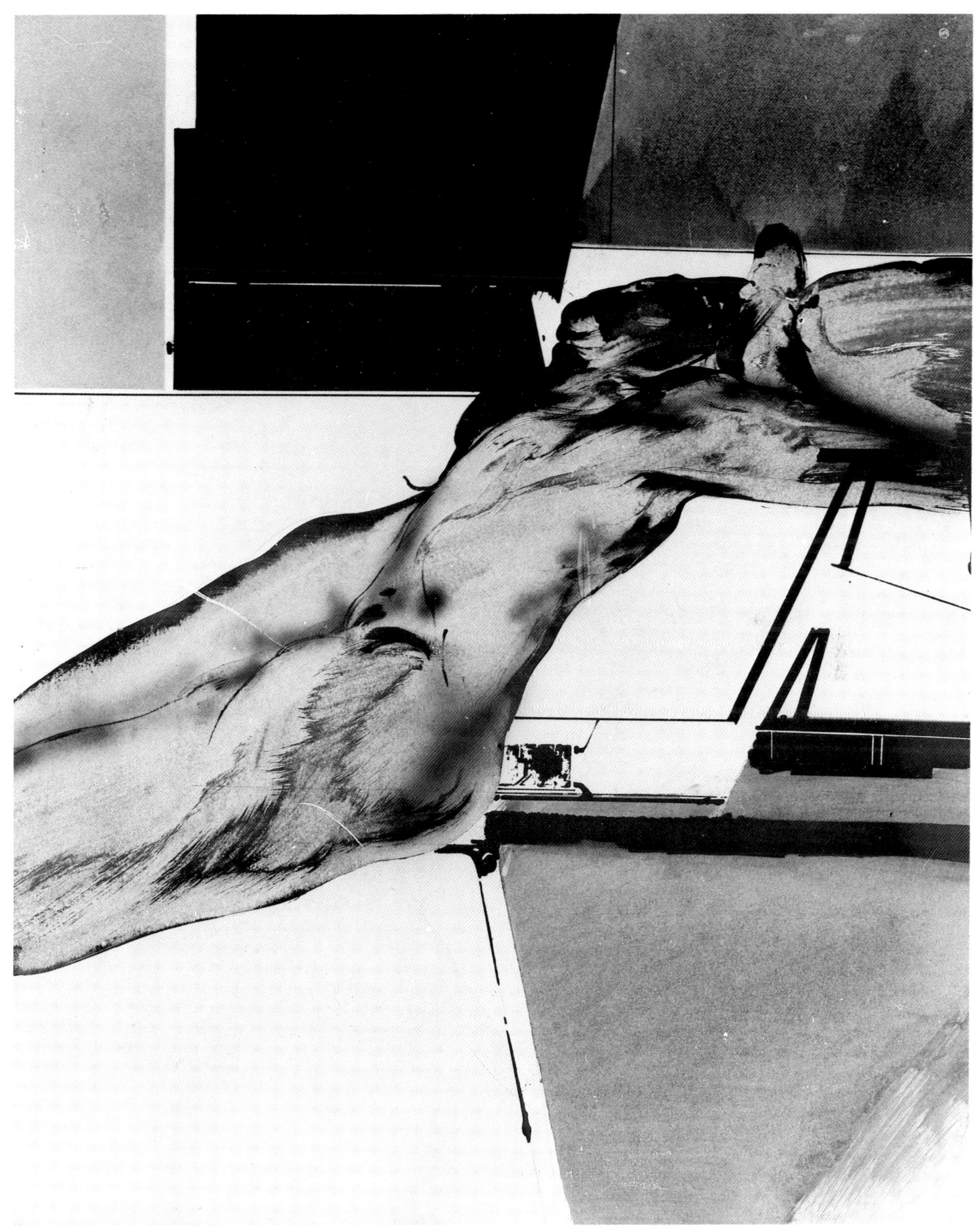

Wait / *Attente*   1982-83
indian ink 130 x 162 cm
encre de Chine
Coll. P. Ruzek, New York

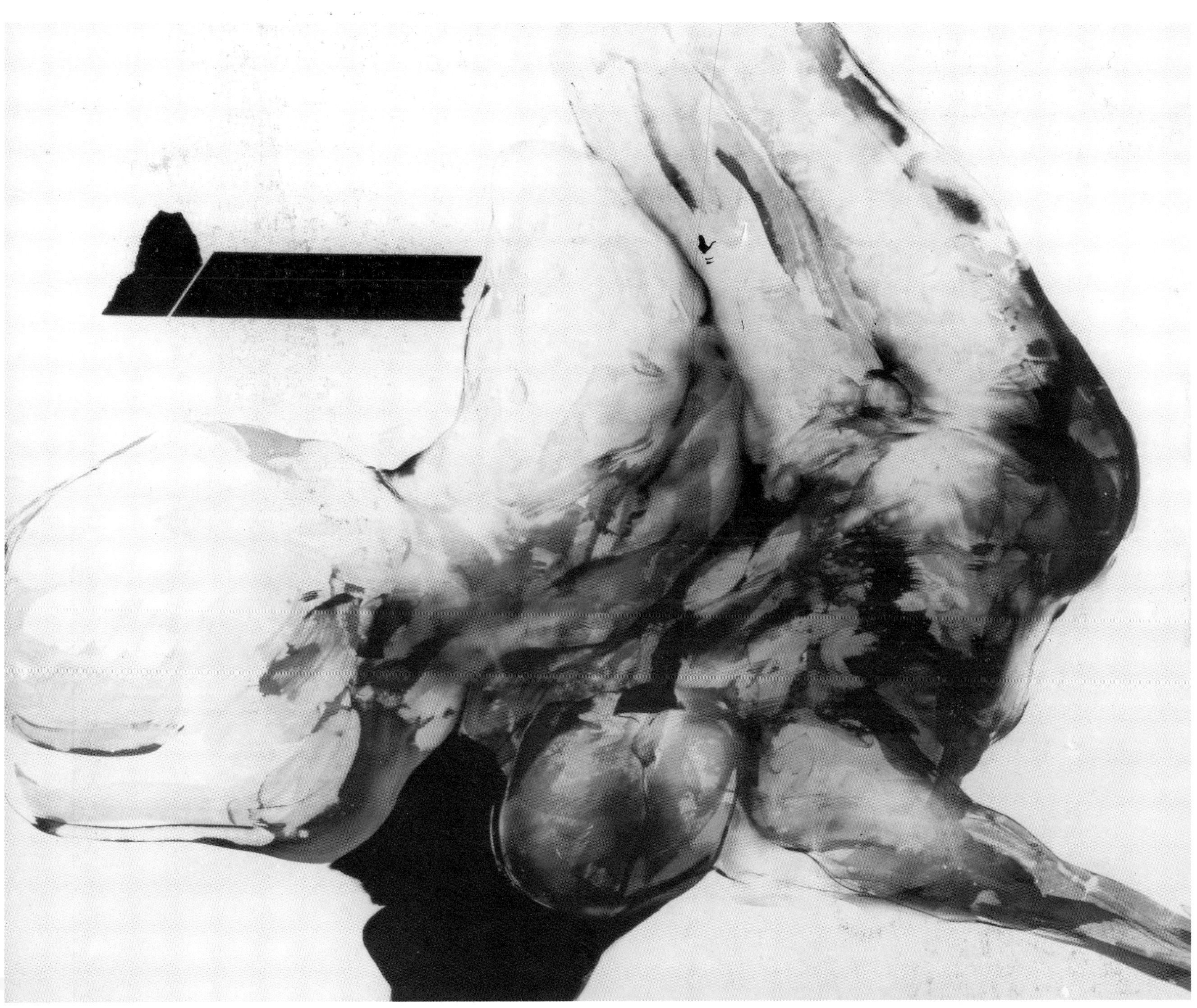

Partition / **Entre-deux**   1982
indian ink 130 x 162 cm
encre de Chine
Coll. Fond Nationaux de l'Etat, Paris

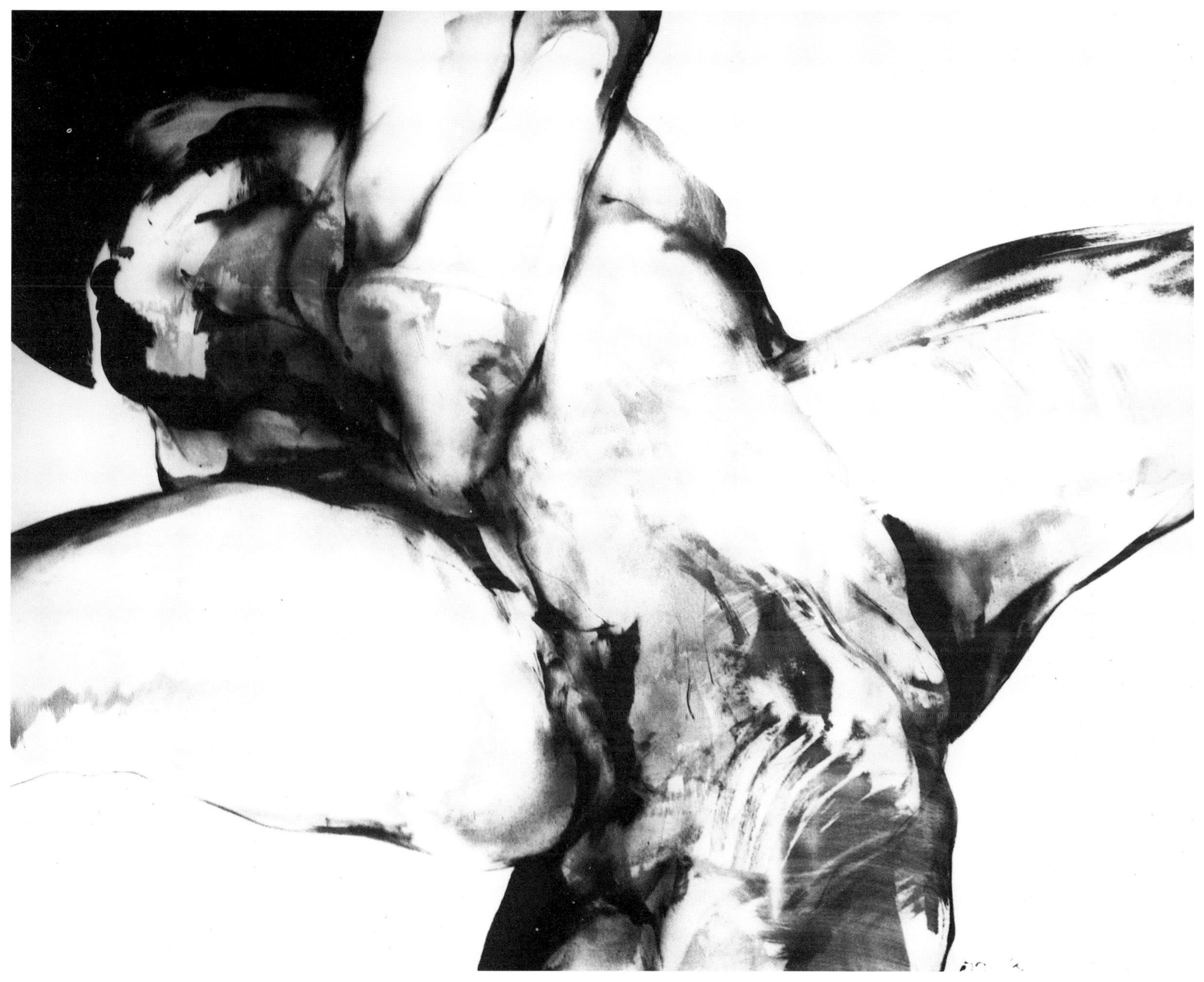

Embrace / *Etreinte*   1982
indian ink 130 x 162 cm
encre de Chine
Coll. privée, Paris

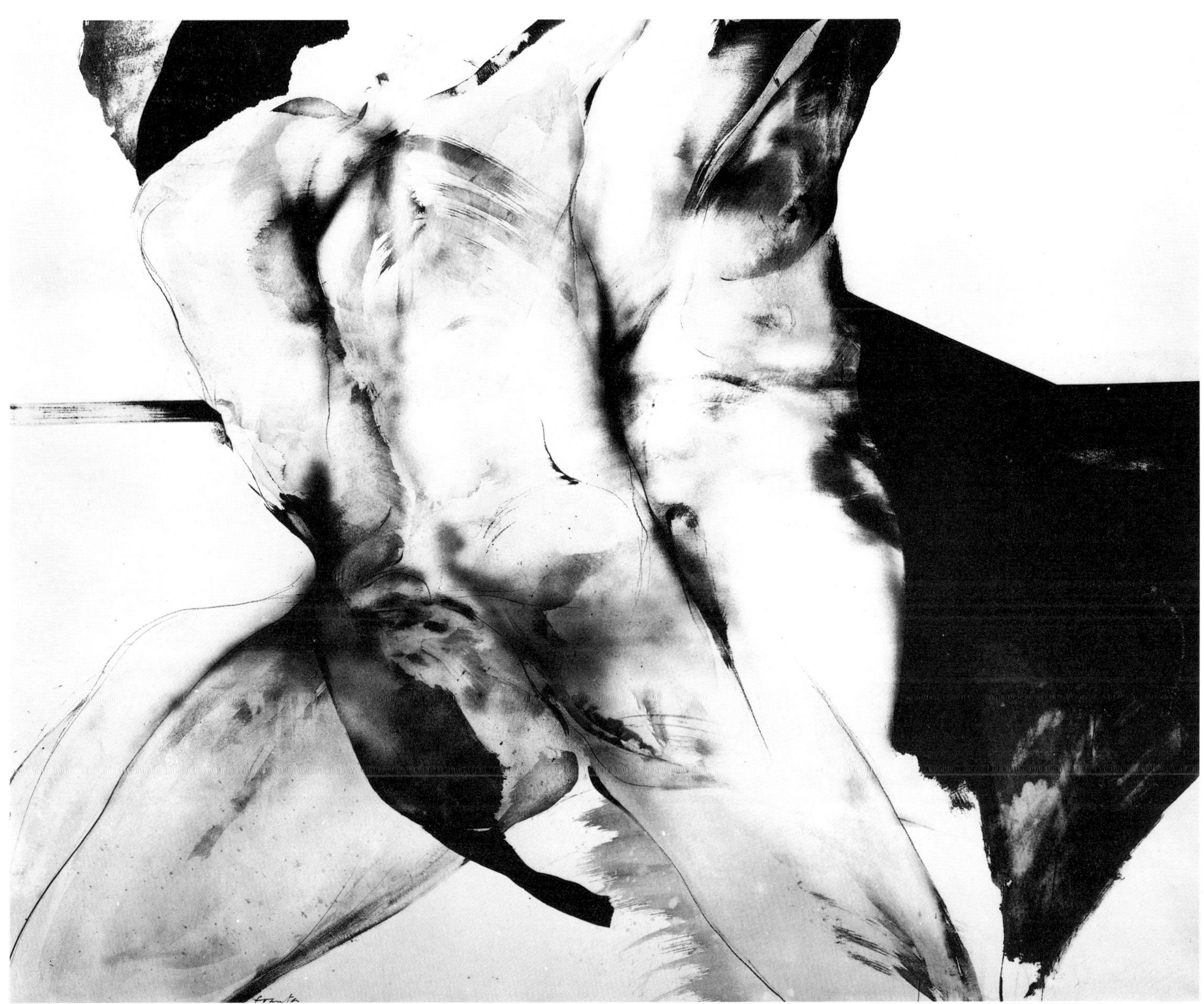

Awakening / *Eveil*   1982
indian ink 162 x 130 cm
encre de Chine
Coll. Musée d'Art Moderne, Dunkerque

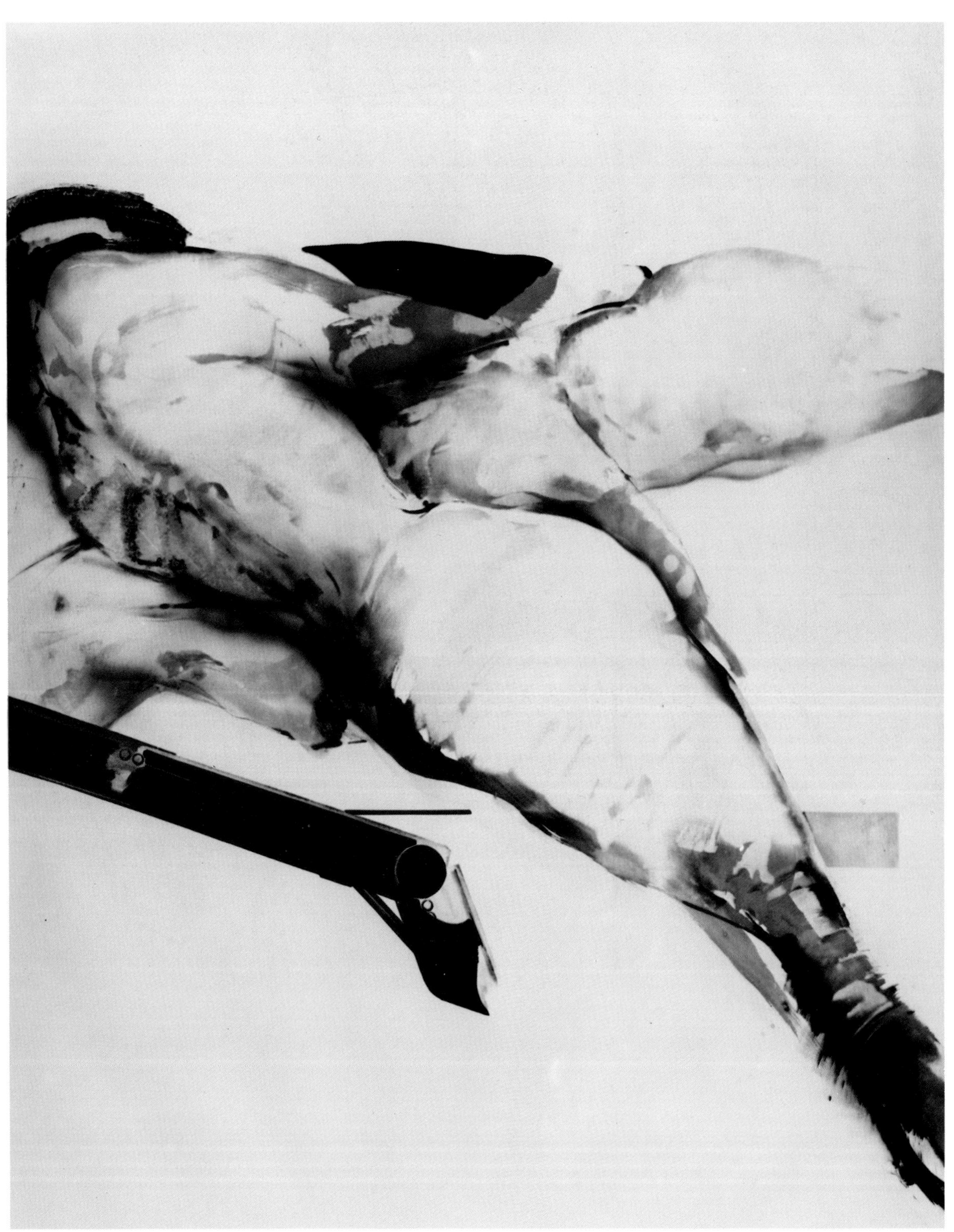

Shackle / *Entrave*   1981
indian ink 130 x 162 cm
encre de Chine
Coll. Musée d'Art Moderne, Dunkerque

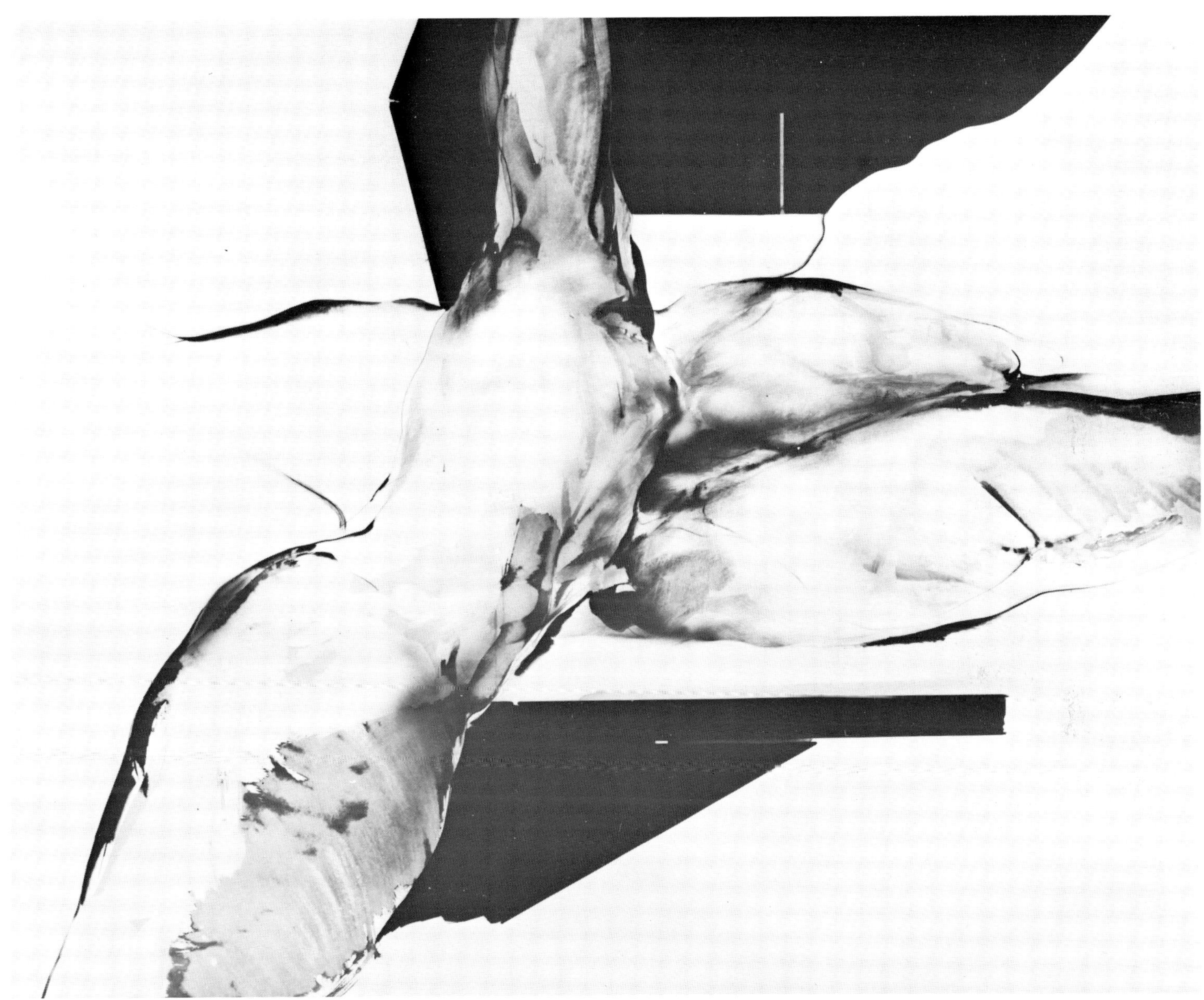

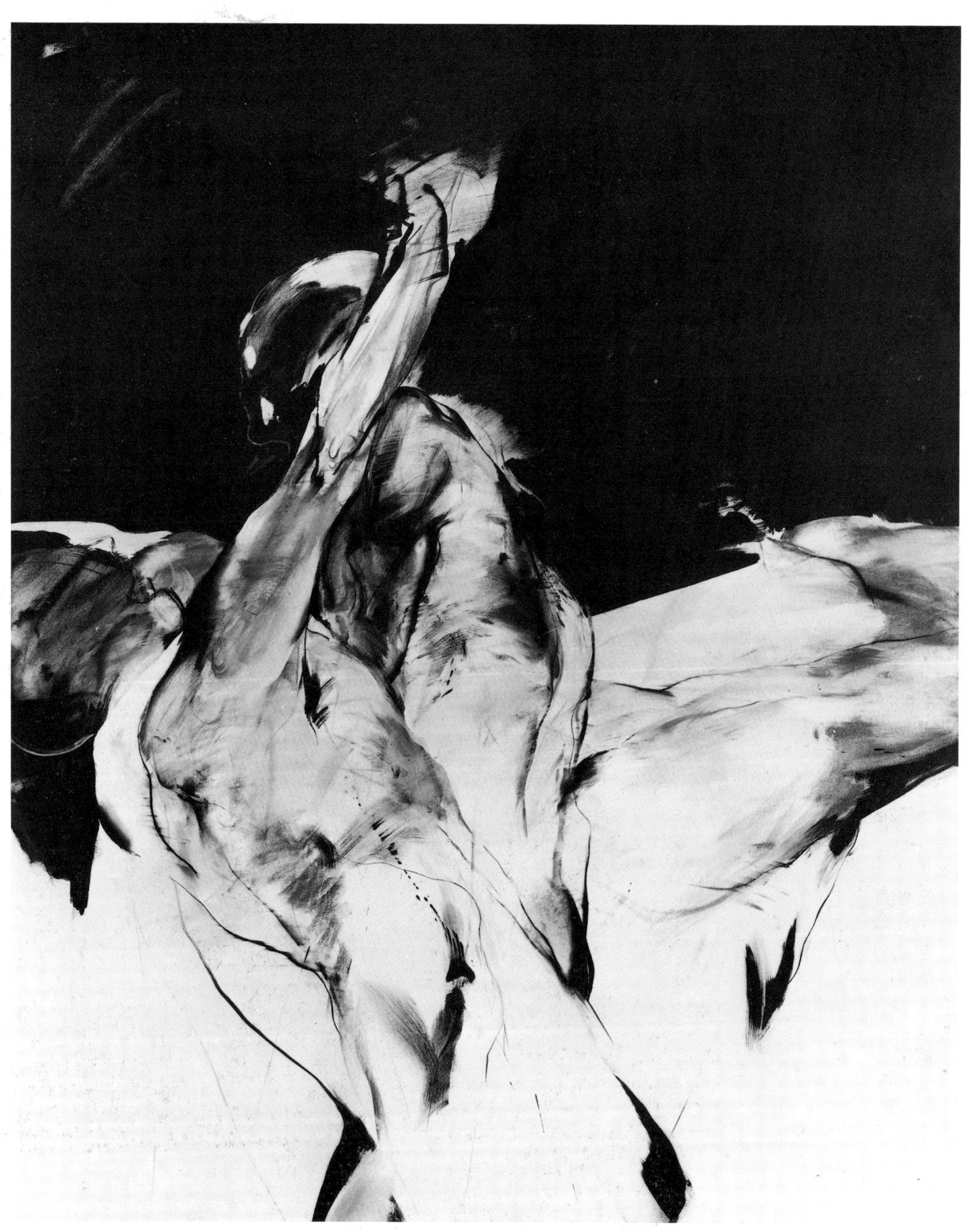

Combat   1984
gouache and charcoal 162 x 130 cm
gouache et fusain
Coll. B. Schmidt, Düsseldorf

Couple 1982-83
gouache and charcoal 130 x 162 cm
gouache et fuasin
Coll. M. & N. Batmanglij, Washington, D.C.

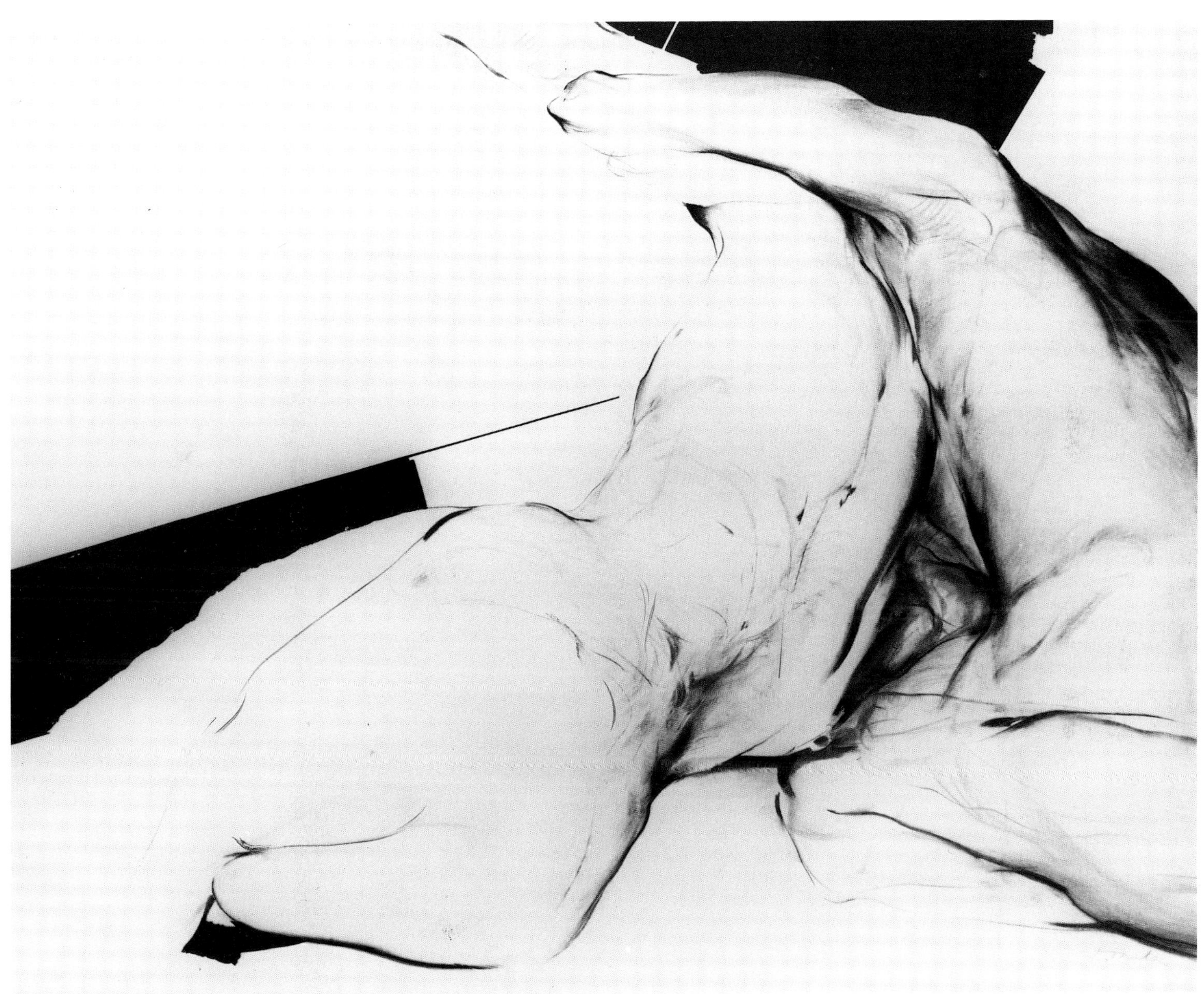

Gorée 1982
indian ink 162 x 130 cm
encre de Chine
Coll. M. Coche, Paris

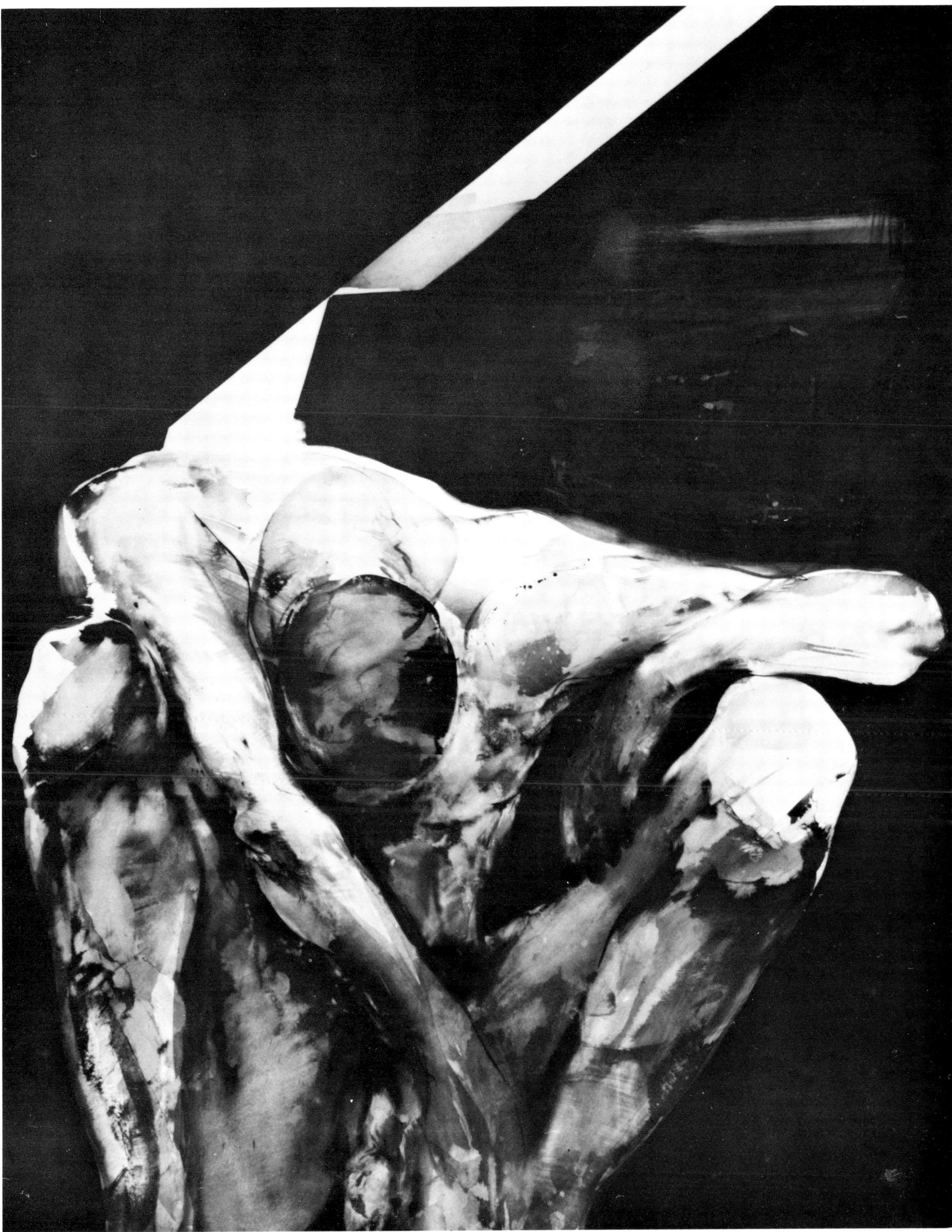

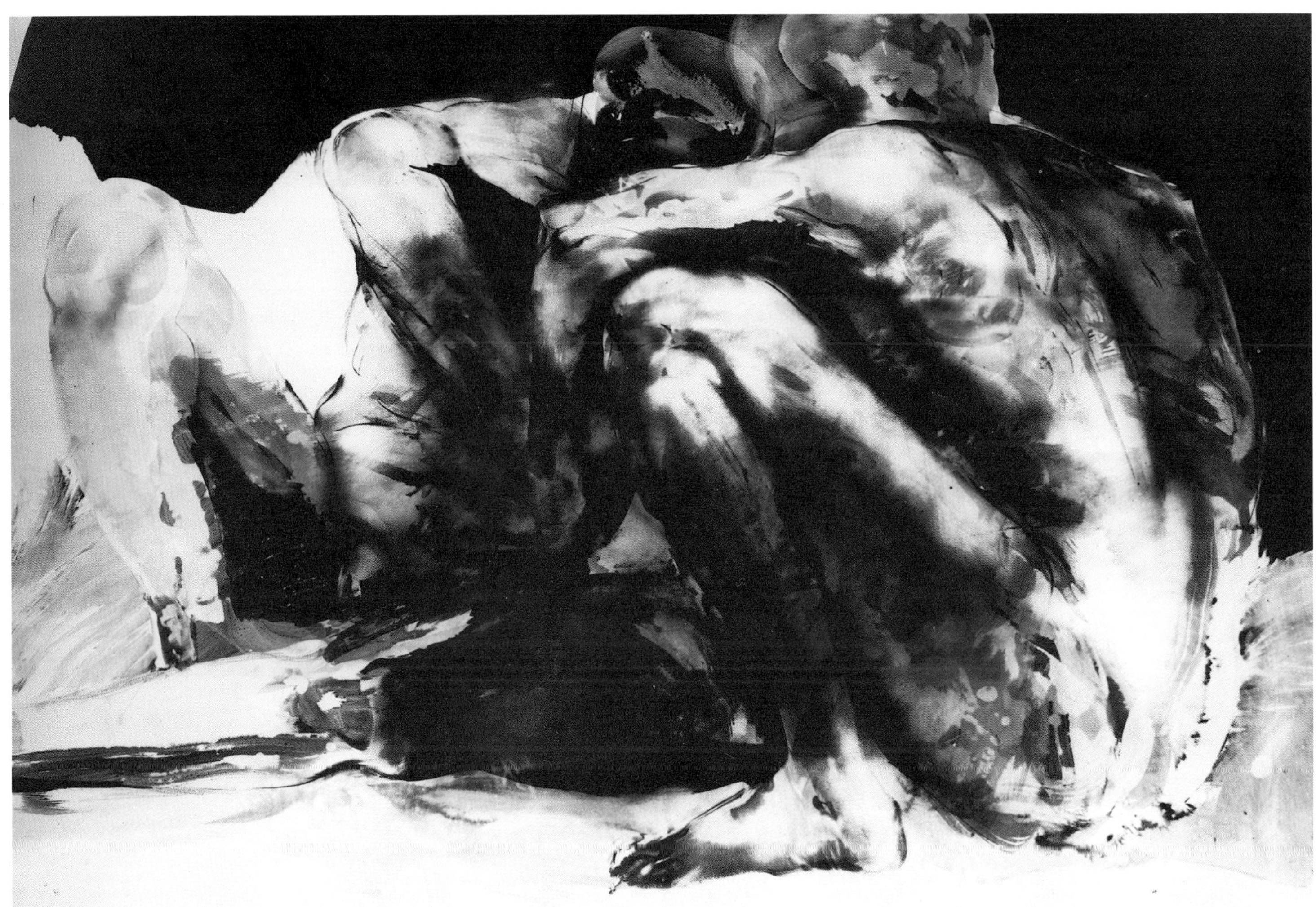

Le Marabout   1982
indian ink 130 x 195 cm
encre de Chine
Coll. R. Foissac, France

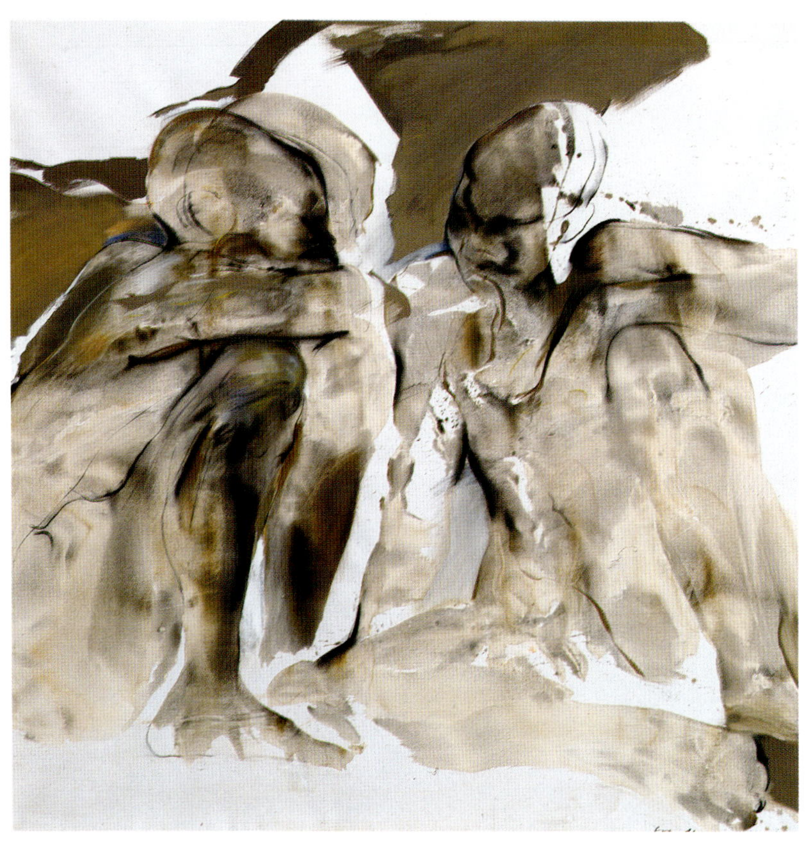

The color of sand / *Couleur sable*   1985
gouache 130 x 130 cm

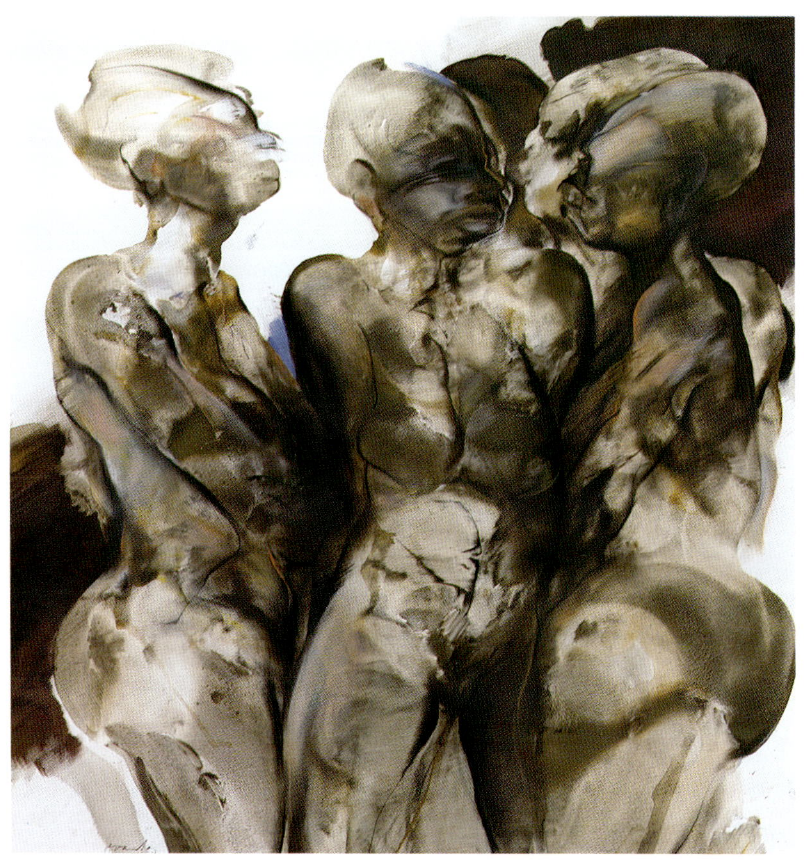

Group in brown / *Groupe brun*   1985
gouache 130 x 130 cm

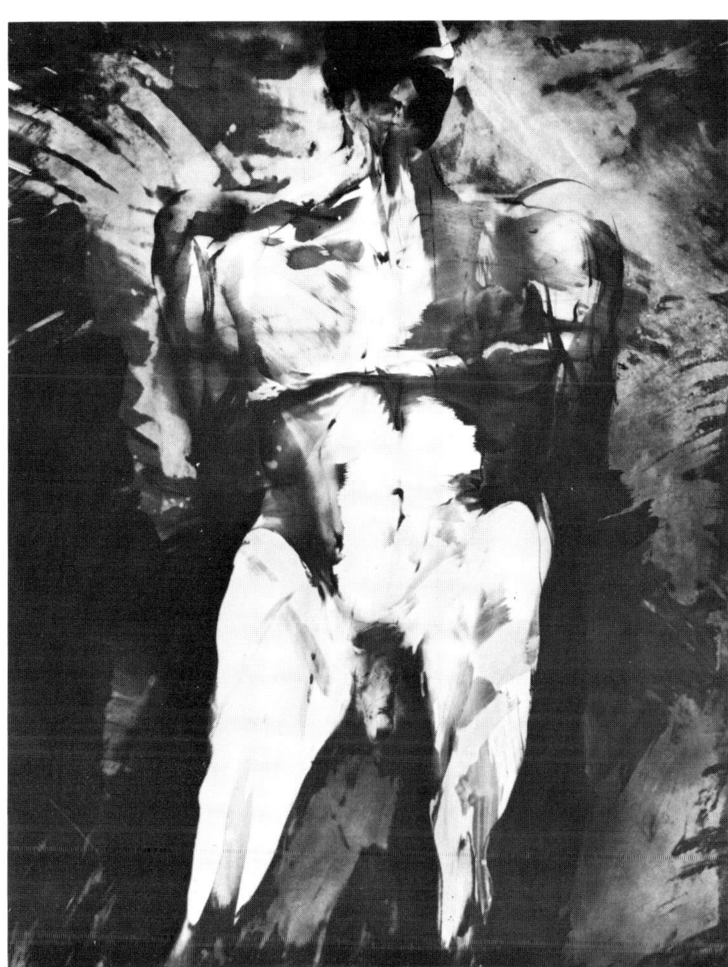
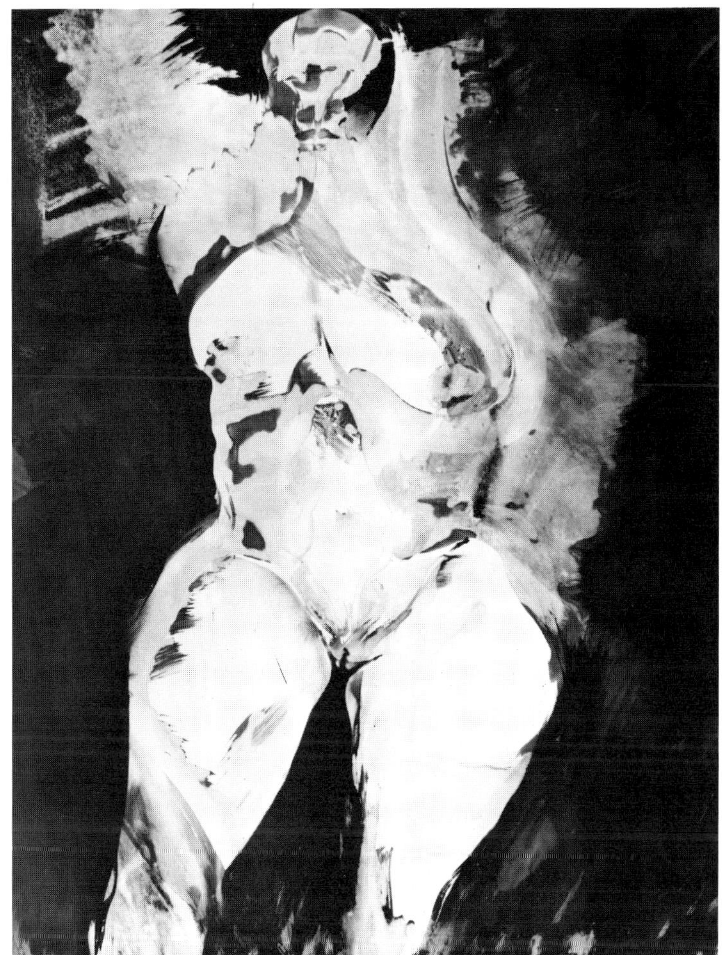

Earth color / *Couleur terre*   1986
gouache 162 x 130 cm

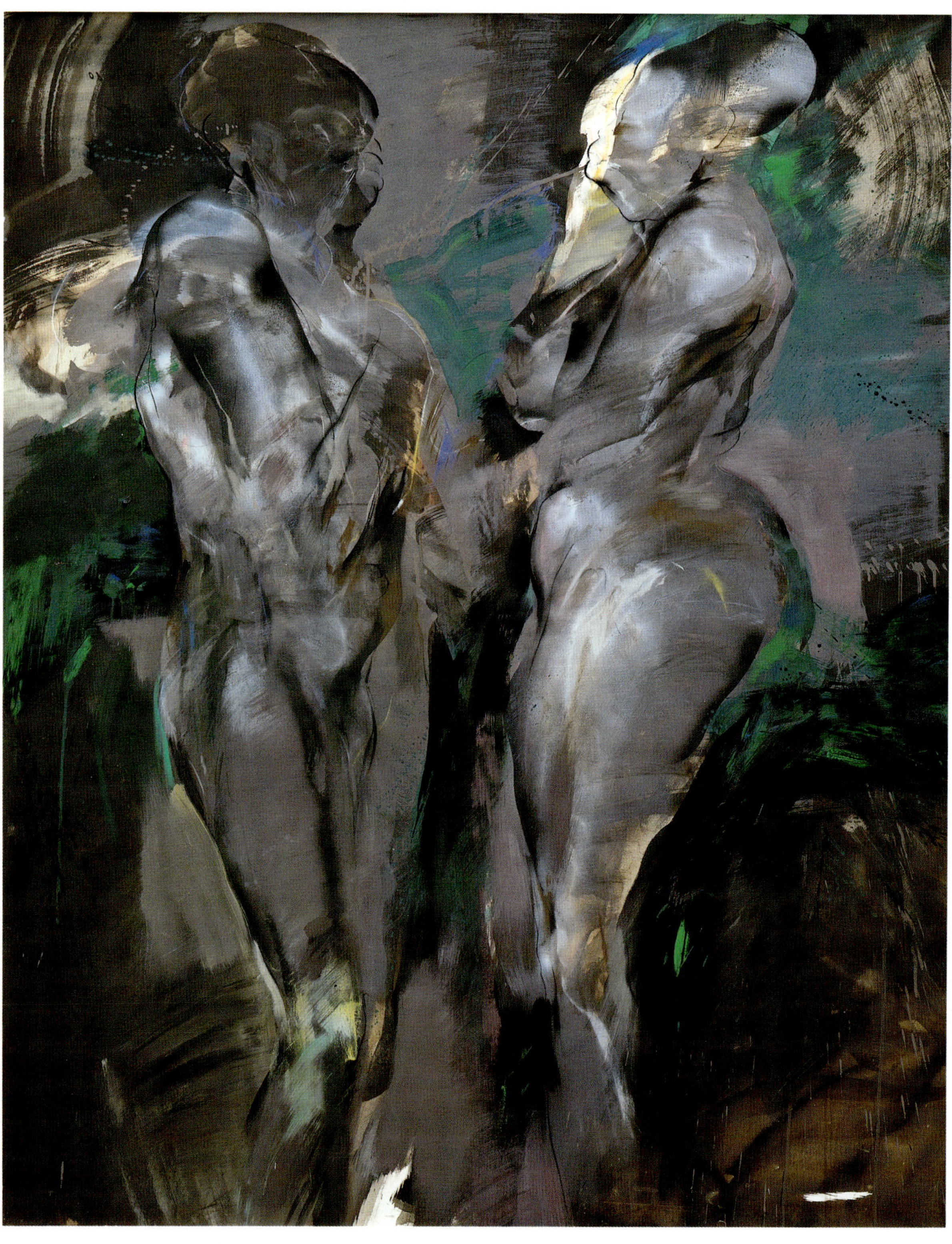

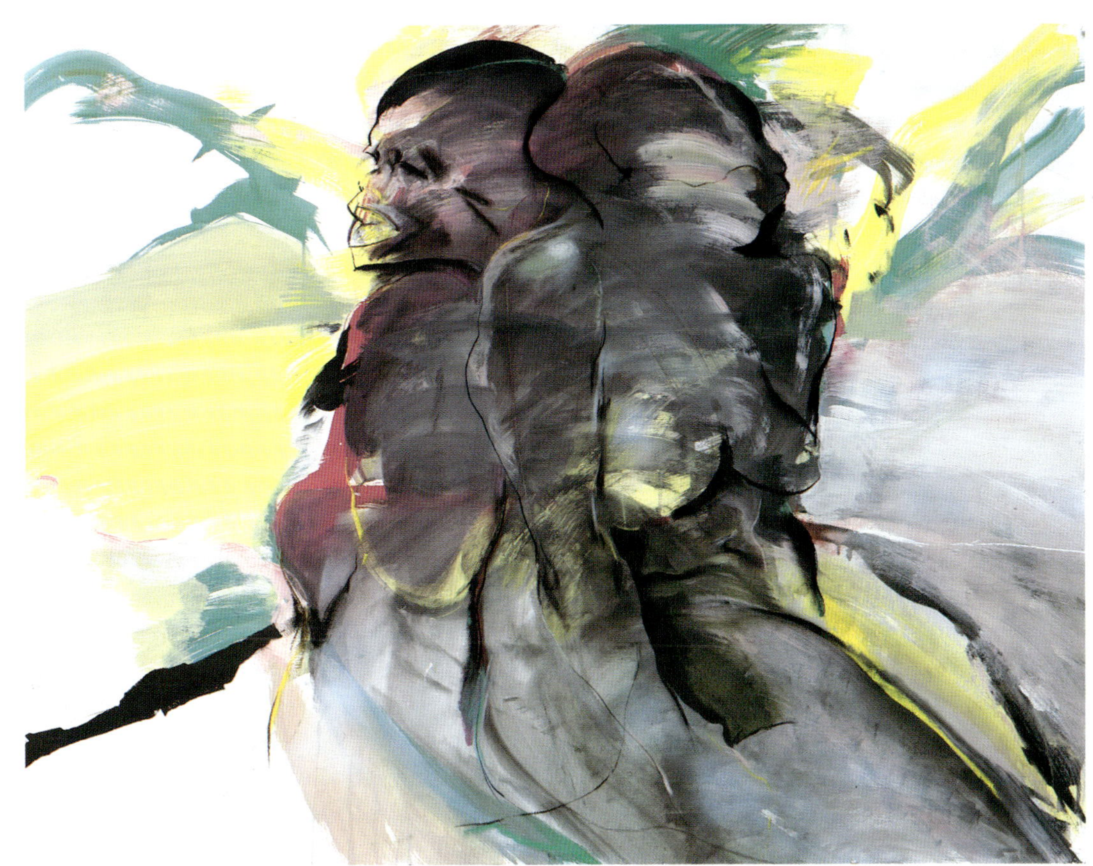

Dawn / *L'aube*   1985
gouache 97 x 127 cm

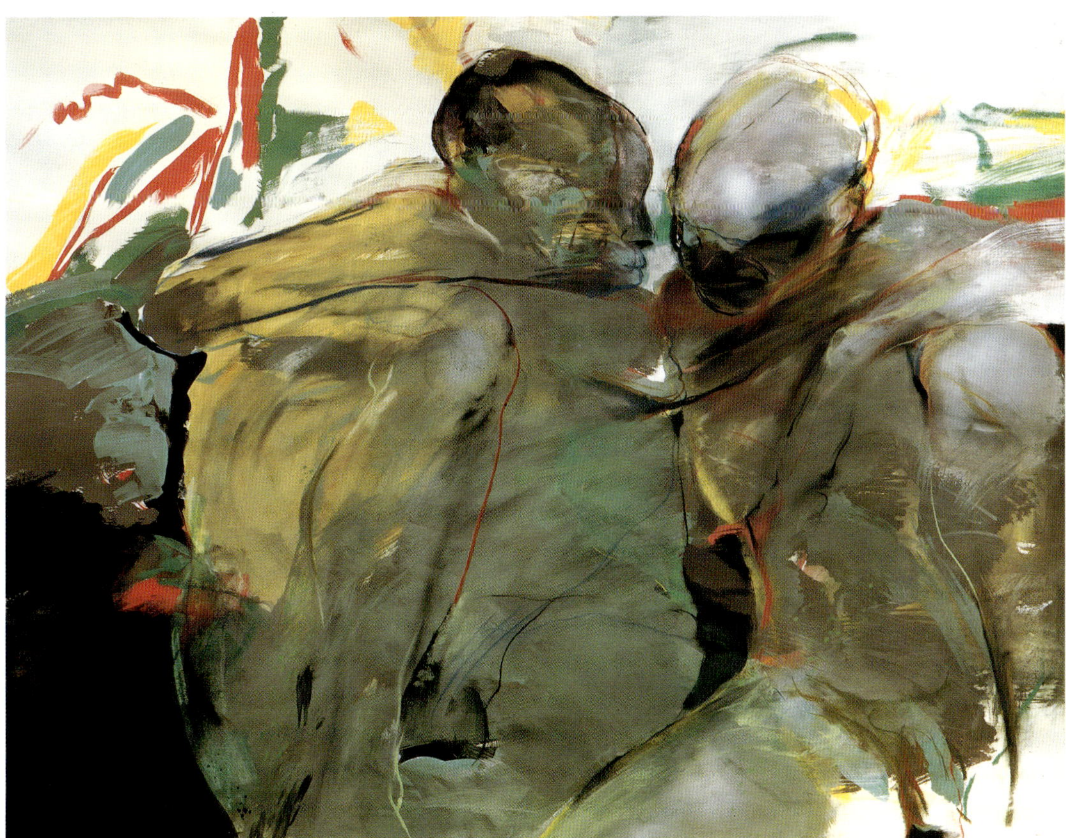

Dialogue   1985
gouache 97 x 127 cm
Coll. T.M.M., New York City

Dancers / *Danseurs*   1985
gouache 97 x 127 cm

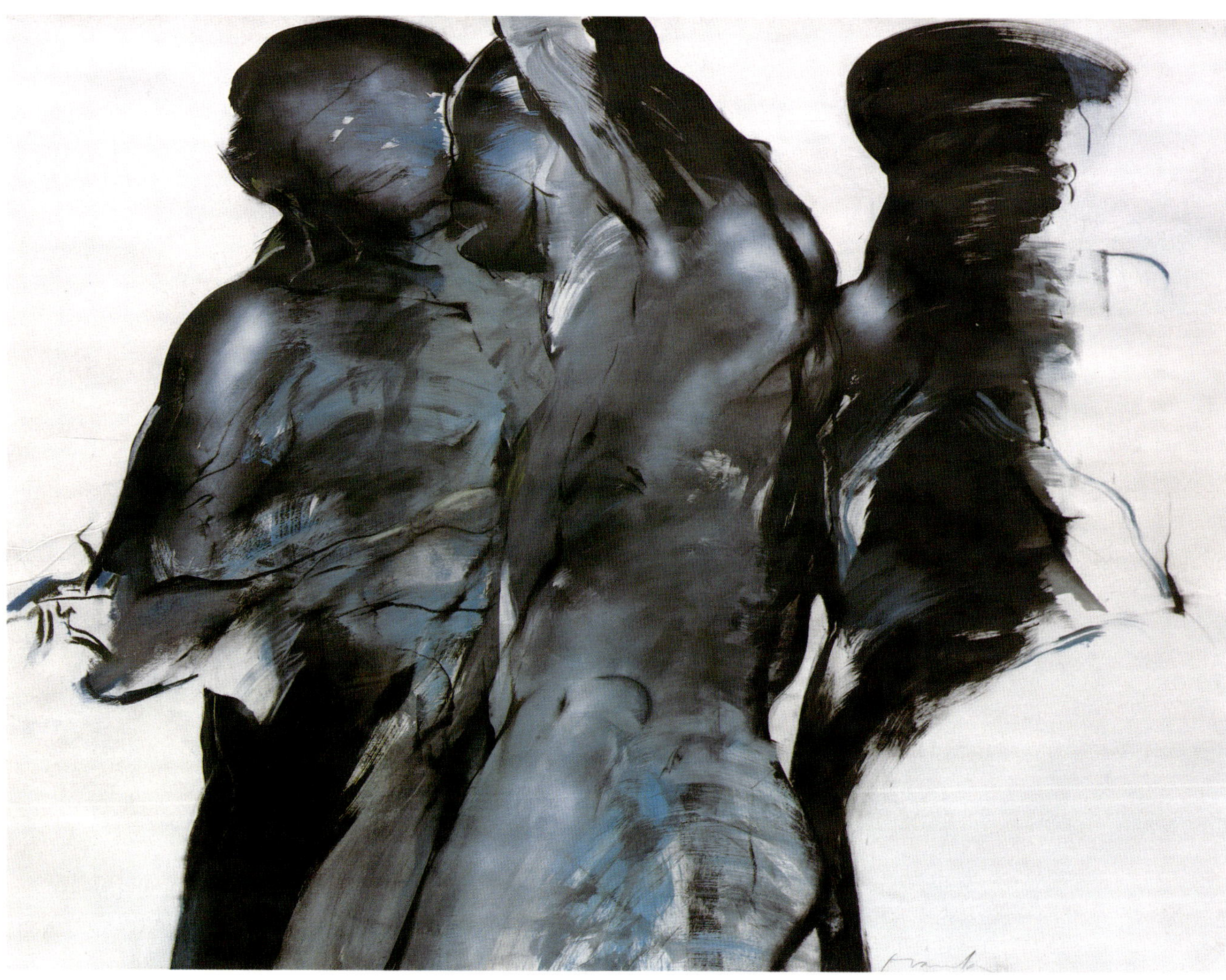

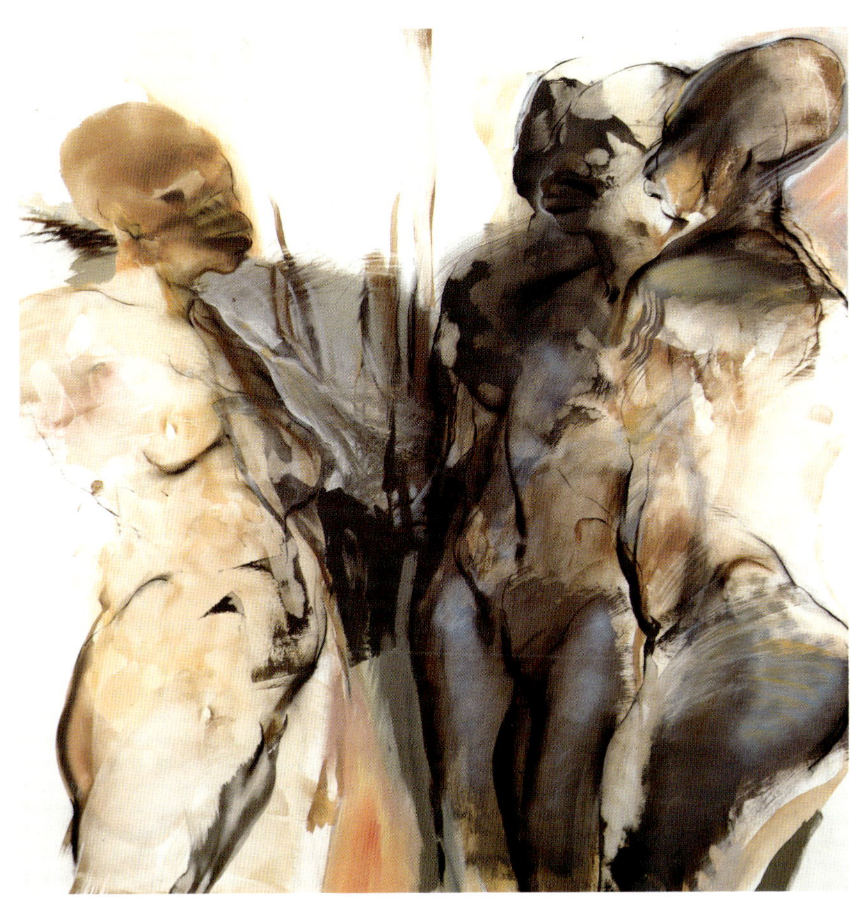

Encampment / *Campement*   1986
gouache 130 x 130 cm

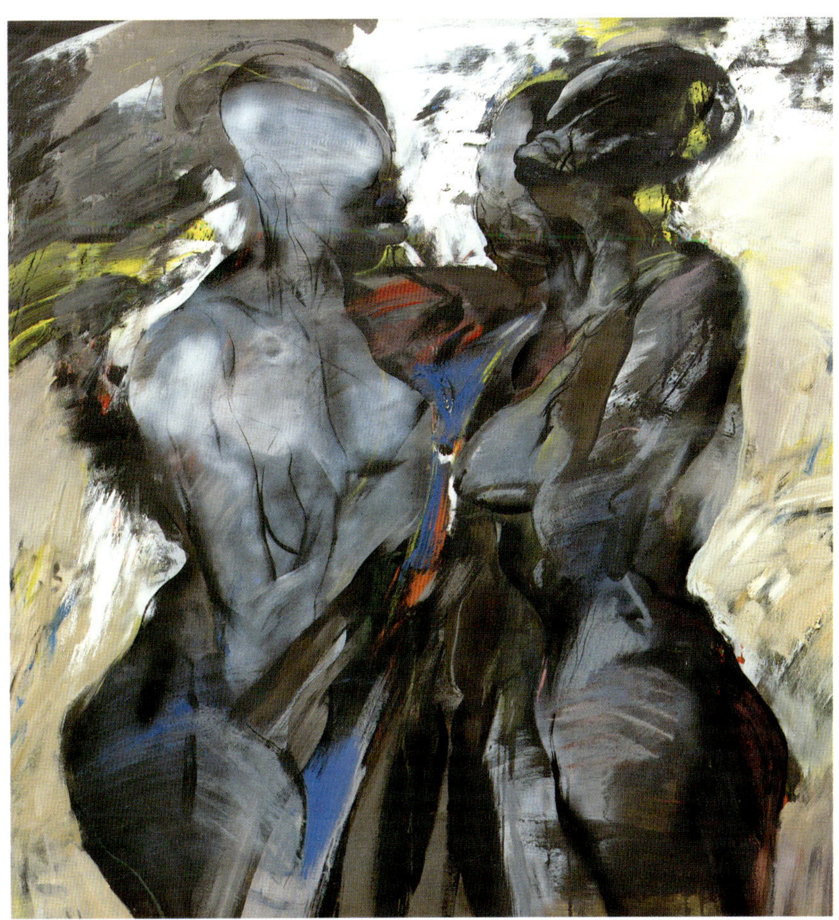

Swap / *Troc*   1986
gouache 110 x 110 cm

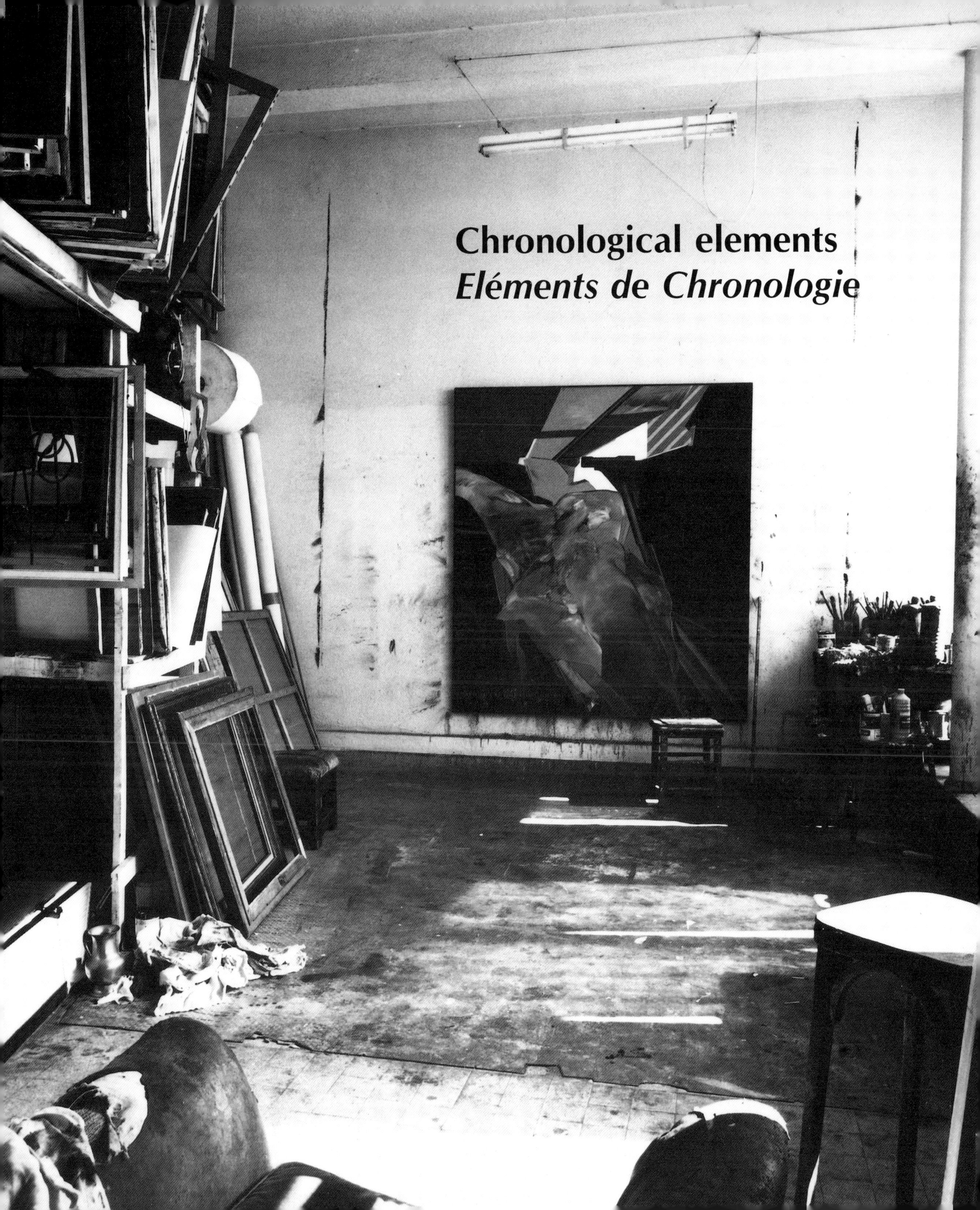
Chronological elements
Eléménts de Chronologie

Biography

1930   Born in Trebic (Czechoslovakia) on the 16th of
            March.

1939-45   His father leaves Czechoslovakia to fight Hitler's
            troops, first in the French and then the English army.
            His mother stays with her two sons. She is arrested
            by the Gestapo.

1948-52   He studies drawing and painting at the Brno School
            of Art, specializing in mural painting techniques.

1952-58   Continues his studies at the Prague Academy of Fine
            Arts under Professor Miloslav Holy.

1956   Visits Italy to study at the "Academia delle Belle Arti
            di Perugia," under Professor Gerardo Dottori. First
            direct contact with modern painting: the Italian neo-
            realism, and also the work of Pietro della Francesca,
            the frescos of Grotto, Mantegna, Massacio.
            Meets Jacqueline, his wife to be.

1958   During a study trip to East Germany, clandestinely
            crosses from East to West Berlin. He is forced to stay
            in the German refugee camps before finally coming
            to Nice (France), where he rejoins Jacqueline. They
            are married.

1960   First exhibition in Paris. Franta's work is profoundly
            influenced by his central European expressionist
            heritage. As for twentieth century art, which he
            absorbs through museums and galleries, it is
            Picasso, now fully discovered, who leaves the
            greatest impression on him. This confrontation puts
            in question his own pictorial language, which has
            been until now mostly realist. His painting becomes
            free; the human body remains his main interest.
            Pierre is born.

1961   Travels to England, Spain and Algeria.
            Catherine is born.

1961-68   One-man exhibitions at Paris, London, Nice, Berlin.
            Selected for the biennales of Paris and Menton.
            Participates in the exhibitions "Fifty Painters Around
            Picasso, Leger, Braque" in Vallauris and "Young
            Painter" at the Museum of Modern Art, Paris (1963).
            Travels to Yugoslavia and Greece.

1968-73   Participates in the exhibitions and salons in Paris:
            May Salon "Grands et Jeunes d'Aujourd'hui" (The
            Great and Young of Today), "Comparaisons"
            (Comparisons), Biennale Internationale des Es-
            tampes, etc . . . and at Basle, Turin, Buenos Aires,
            Rotterdam.
            One-man exhibitions in Paris (Zunini gallery, 1968,
            1970) Grasse (Maison de la Culture 1971), Menton
            (Museum, 1973).
            The paintings are more constructed. The geometric
            structures symbolize an anonymous universe, in

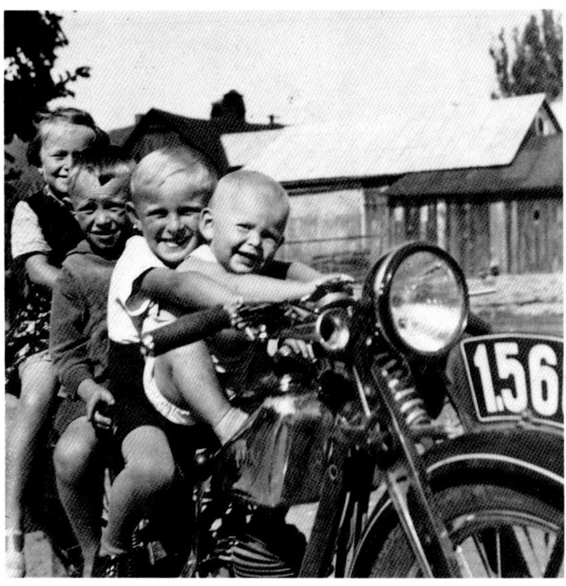

Trebic 1935

Atelier à Prague 1958

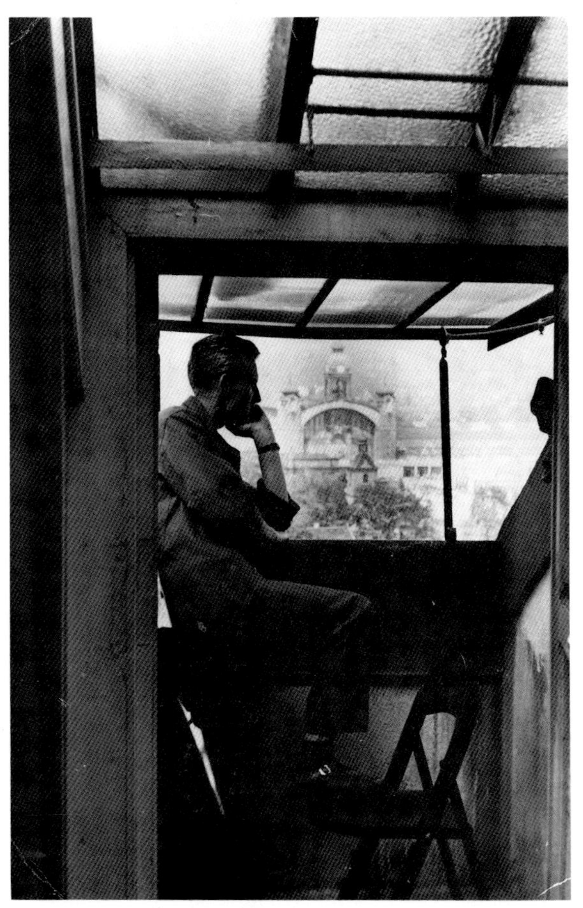

134

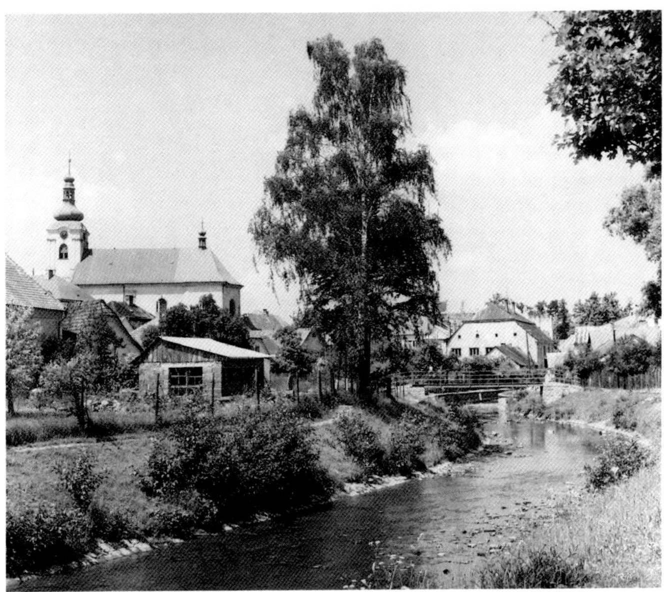

Village Brtnice 1940

Avec Jacqueline à Prague 1957

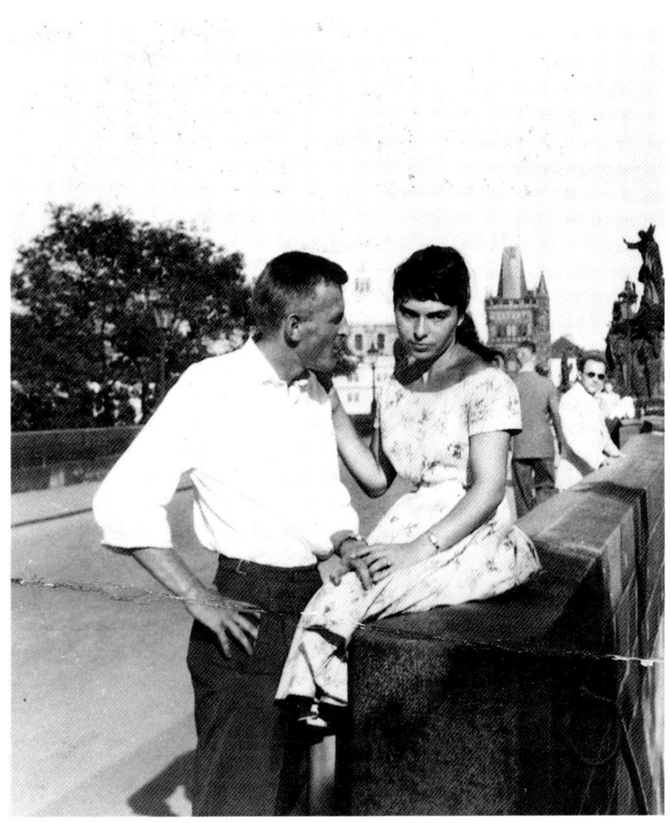

Chronologie

1930   *Naissance à Trebic (Tchécoslovaquie), 16 Mars.*

1939-45   *Son père quitte la Tchécoslovaquie pour combattre les troupes hitlériennes, en France d'abord, puis dans l'armée anglaise.*

    Sa mère reste avec ses deux fils. Elle est arrêtée par la Gestapo.

1948-52   *Étudie à l'École Supérieure des Arts Décoratifs de Brno le dessin et la peinture, ainsi que les techniques de la peinture murale.*

1952-58   *Il poursuit ses études à l'Académie des Beaux-Arts à Prague, atelier du Professeur Miloslav Holy.*

1956   *Séjour d'études en Italie à l'Academia delle Belle Arti di Perugia, atelier du professeur Gerardo Dottori.*

    Premiers contacts directs avec la peinture contemporaine: le néo-réalisme italien, mais aussi avec l'oeuver de Pietro della Francesca, les fresques de Giotto, Mantegna, Massacio . . .

    Rencontre de Jacqueline, sa future femme.

1958   *Lors d'un voyage d'études en Allemagne de l'Est, passe clandestinement de Berlin-Est à Berlin-Ouest. Il séjourne dans des camps de réfugiés en Allemagne, avant de parvenir à Nice, où il retrouve Jacqueline, qu'il épouse.*

1960   *Première exposition à Paris.*

    Son oeuvre est profondément marquée par l'héritage expressionniste d'Europe Centrale. De l'art du vingtième siècle, dont il se pénètre à travers musées et galeries, c'est Picasso, découvert enfin dans sa totalité, qui l'impressionne le plus. Cette confrontation remet en question son propre langage pictural, jusqu'alors quasiment réaliste. Sa peinture se libère; le corps humain demeure son centre d'intérêt.

    Naissance de Pierre.

1961   *Voyages en Grande-Bretagne, Espagne, Algérie.*

    Naissance de Catherine.

1961-68   *Expositions personnelles à Paris, Londres, Nice, Berlin. Sélection pour les biennales de Paris et de Menton.*

    Participation aux expositions "Cinquante peintres autour de Picasso, Léger, Braque," à Vallauris, "Jeune Peinture," au Musée d'Art Moderne de Paris (1963).

    Voyages en Yougoslavie, Grèce.

1968-73   *Participation à des expositions et salons à Paris: "Salon de Mai," "Grands et Jeunes d'Aujourd'hui," "Comparaisons," Biennale Internationale des Estampes, etc . . . Et à Bâle, Turin, Buenos-Aires, Rotterdam . . .*

    Expositions personnelles à Paris (galerie Zunini,

which the mass almost without form suggests the human body is closed in, tied up.

The subjects *Frontier*, *Autoroute*, *Observation* and *Prison* show the human fragility confronted with a civilization that is cold, mechanical and without pity.

Travels to Denmark, Holland and Belgium.

1974   A retrospective (Fifteen Years of Painting) is presented at the Musee Galliera in Paris, and then exposed at the Saint Etienne, Grenoble and Amiens cultural centers.

Returns to Czechoslovakia for the first time.

1974-79   A series of washes and drawings, where the contrasts of shadow and light compose human bodies intertwined, measured against a geometric order. This collection, from which color is absent, is presented in several museums and cultural centers.

Participates in the exhibition "Mythologies Quotidiennes (Everyday Mythologies)," organized by G. Gassiot-Talabot and J.L. Pradel at the Musee d'Art Moderne, Paris.

1980   Travels to North Africa. Discovers the Moroccan, Algerian and Tunisian deserts.

The color of sand covers enormous canvases, where, without any human presence, are strewn carcasses of machines.

1981-82   Travels to Black Africa: Senegal and Gambie. Meeting with another civilization.

The human body, freed from all shackles, reappears in washes and India inks exhibited at the Musee de Grenoble, and then the Pierre Lescot Gallery in Paris.

Carries out the scenic design and painting for the Ballet Theatre d'Eau: "Les Seductions du Minotaure," from the work of Anais Nin (Theatre de Nice, Opera de Toulon).

First contact with the United States: New York, Washington, D.C.

Takes part in an exhibition "Dessins Contemporains (Modern Painting)," which toured the United States, Canada, Italy, Yugoslavia and Hungary.

Participates in the exhibition "Art Contre—Against Apartheid" in France, Finland, Denmark and Sweden.

1983-84   Retrospective at CNAC-Villa Arson, in Nice.

Teaches painting at the Grenoble School of Fine Arts.

Travels to Kenya.

Exhibition in Washington, D.C., followed by a long stay in the United States. Works and prepares his first exhibition in New York in the following year.

The series of paintings "Paysages Noirs" (Black Landscape) communicates an extraordinary freedom of expression, as much in respect to the

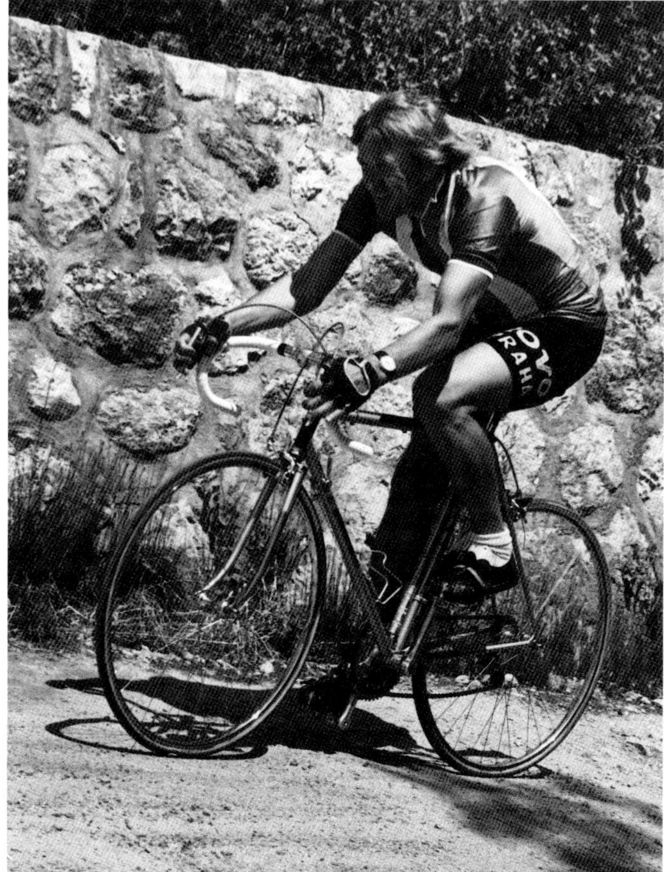

1.

1. *Vence 1972*

2. *Avec sa Mère à Trebic 1974*

3. *Son fils Pierre avec P. Gaudibert et B. Noël*

4. *Jacqueline en Afrique 1985*

5. *Sa fille Catherine*

2.

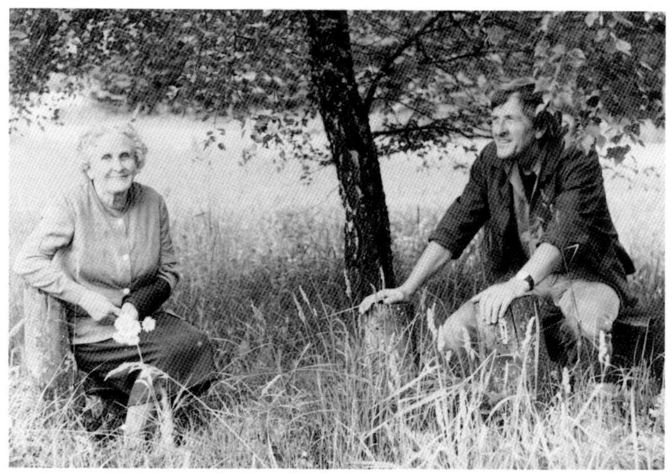

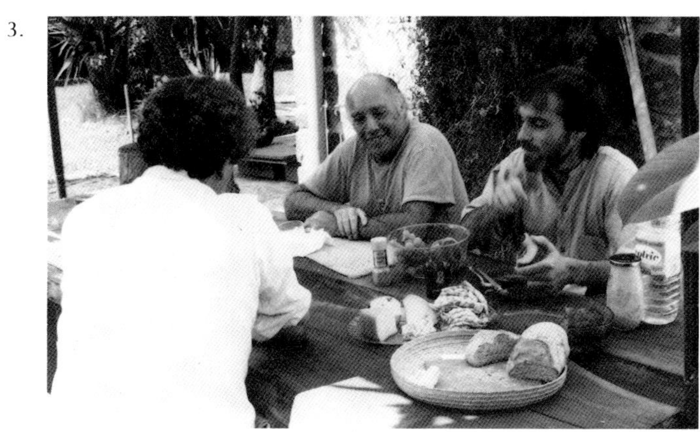

3.

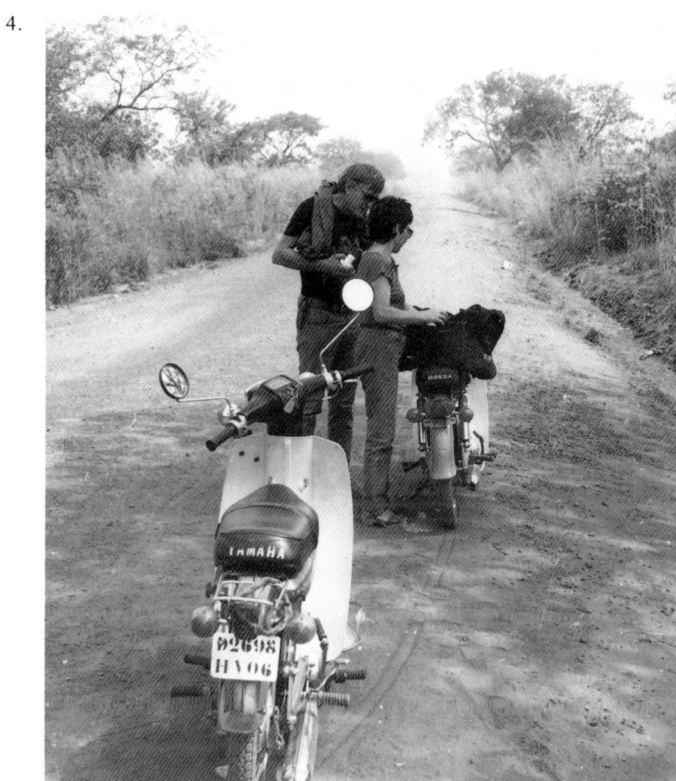

4.

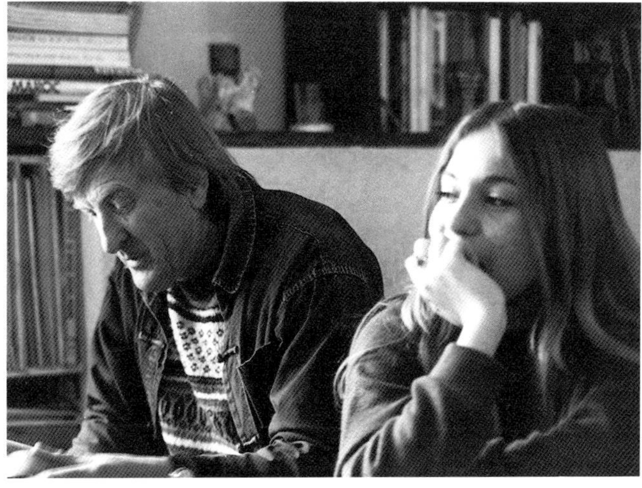

1968, 1970), Grasse (Maison de la Culture, 1971), Menton (Musée, 1973).

Les tableaux sont plus construits. Les aplats géométriques symbolisent un univers anonyme, dans lequel la masse presque informe suggérant le corps humain est enfermée, ligotée.

Les sujets: Frontière, Autoroute, Observation, Prison . . . montrent la fragilité humaine confrontée à une civilisation froide, mécanique, sans pitié.

Séjours au Danemark, en Hollande, Belgique.

1974   Présente au Musée Galliera à Paris une rétrospective (Quinze ans de peinture), puis expose aux Maisons de la Culture de Saint-Étienne, Grenoble et Amiens.

Retourne en Tchécoslovaquie pour la première fois.

1974-79   Série de lavis et dessins, où les contrastes d'ombre et de lumière mettent en scène des corps enlacés, mesurés à un ordre géométrique. Cet ensemble, d'où la couleur est absente, est présenté dans plusieurs Musées et Maisons de la Culture.

Participe à l'exposition "Mythologies Quotidiennes" organisèe par G. Gassiot-Talabot et J.L. Pradel au Musée d'Art Moderne, Paris.

1980   Voyages en Afrique du Nord. Découverte des déserts marocain, algérien, tunisien.

La couleur sable recouvre d'immenses toiles, où, en dehors de toute présence humaine, sont échouées des carcasses de machines.

1981-82   Voyages en Afrique Noire: Sénégal, Gambie. Rencontre d'une autre civilisation.

Le corps humain, libéré de toute entrave, réapparaît dans des lavis et encres de Chine, exposés au Musée de Grenoble, puis à la galerie Pierre Lescot, à Paris.

Réalisation de décors pour le Ballet-Théatre d'Eau: "Les Séductions du Minotaure," d'après l'oeuvre d'Anaïs Nin (Théatre de Nice, Opéra de Toulon).

Premiers contacts avec les États-Unis: New York, Washington D.C.

Prend part à l'exposition "Dessins Contemporains" qui tourne aux U.S.A., Canada, Italie, Yougoslavia, et Hongrie.

Participe à l'exposition "Art contre—against Apartheid" en France, Finlande, Danemark, et Suède.

1983-84   Rétrospective au CNAC-Villa Arson, à Nice.

Enseigne la peinture à l'École des Beaux-Arts de Grenoble.

Voyage au Kenya.

Exposition à Washington, suivie d'un long séjour aux États-Unis. Travaille et prépare son exposition à New York de l'année suivante.

La série de tableaux "Paysages Noirs" communique une extraordinaire liberté d'expression, tant sur le plan pictural que dans le traitement des volumes du corps humain. Nouvelle approche de l'espace: le

pictorial as in the treatment of the mass of the human body. A new approach to space: the landscape is infinite and without obstacles.

1985   Exhibition in Cannes, Becker Gallery, then in New York, followed by a stay of several months there.

1986   Franta's work is presented amongst the new acquisitions of the Guggenheim Museum in New York.

Lives and works in Africa–Burkina Faso.

Exhibition in Paris at the Pierre Lescot Gallery.

1987   A collection of large canvases are exhibited at Musée Picasso in Antibes, and then taken up by the Musée d'Art Moderne de Dunkerque.

paysage est infini, sans obstacles.

1985   Exposition à Cannes, Galerie Becker, puis à New York, suivie d'un séjour de plusieurs mois dans cette ville.

1986   Franta est présenté parmi les nouvelles acquisitions du Musée Guggenheim, à New York.

Séjourne et travaille en Afrique Noire–Burkina Faso.

Exposition à Paris, Galerie Pierre Lescot.

1987   Un ensemble de grandes toiles est exposé au Musée Picasso à Antibes et au Musée d'Art Moderne de Dunkerque.

Atelier à New York City 1985

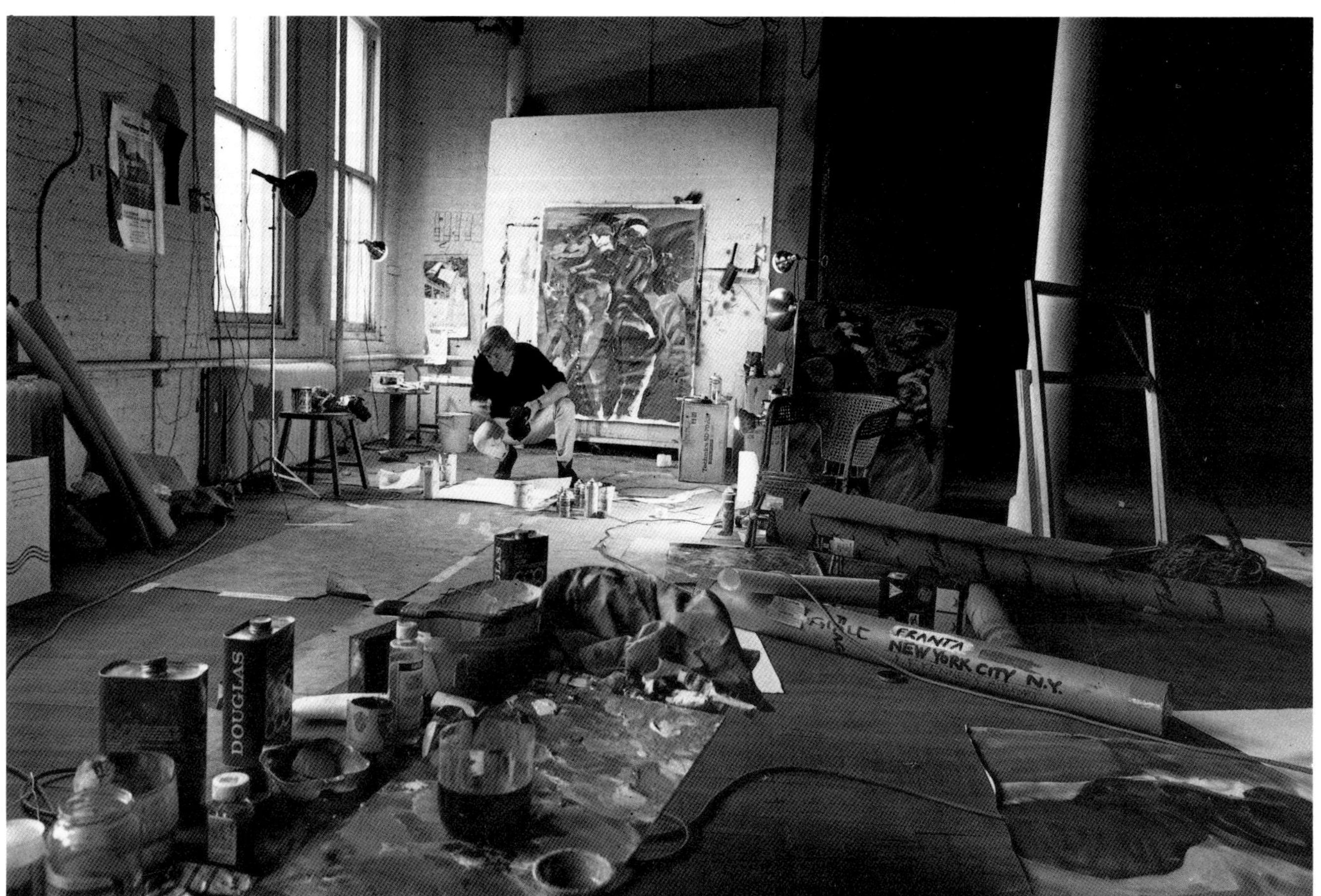

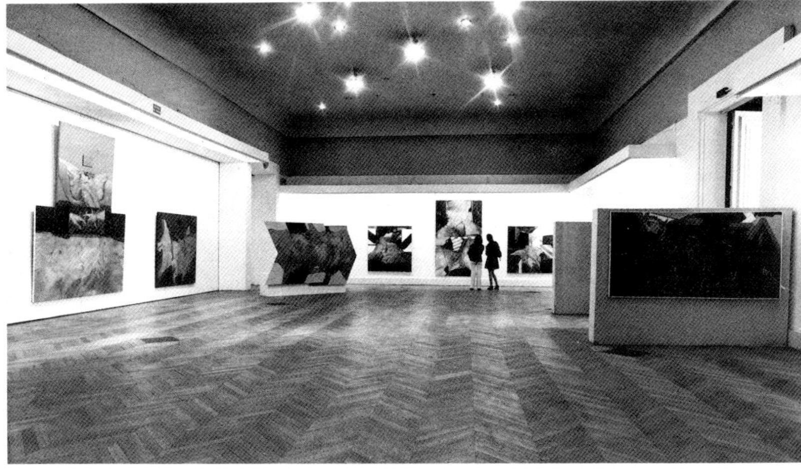

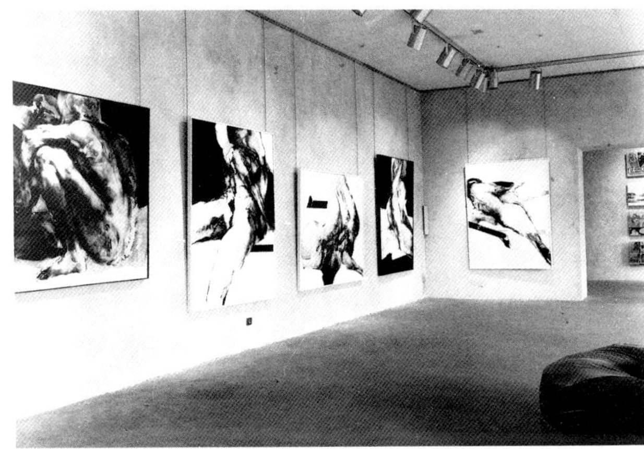

Musée Galliera-Paris 1974
Musée de Peinture-Grenoble 1982
Exposition New York City 1985

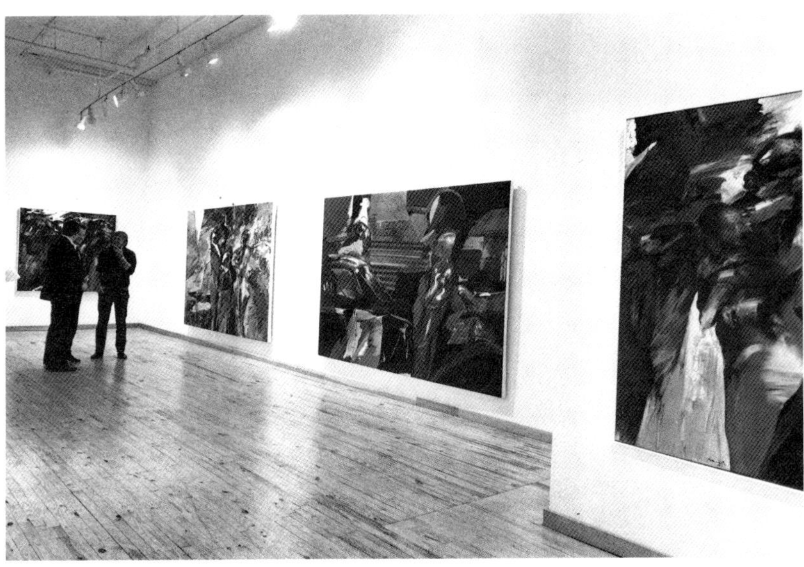

One-man exhibitions
Expositions personnelles

1960 - Galerie Genet / Paris
1961 - Galerie Internationale / Nice
- Galerie Briffaut / Versailles
- Galerie Genet / Paris
- St. Martin's Gallery / London
1963 - Galerie Internationale / Nice
- Haus am Lutzoplatz / Berlin
1964 - Galerie Internationale / Nice
1966 - Galerie De Plaza / Nice
1968 - Galerie Zunini / Paris
1970 - Galerie Le Soleil dans la tête / Paris
- Galerie Zunini / Paris
- Galerie Thot / Avignon
1971 - Maison de la Culture / Grasse
1973 - Musée de Menton / Menton
1974 - Maison de la Culture / Saint Etienne
- Musée Galliera / Paris
- Galerie Rencontre / Paris
- Maison de la Culture / Grenoble
1975 - Centre Culturel Pablo Neruda / Corbeil
1976 - Maison de la Culture / Amiens
- Galerie Candela / Cannes
- Centre Culturel Pablo Picasso / Homécourt
- Galerie Lornsenstrasse / Kiel
1977 - Galerie Pagani / Milano
1978 - Galerie Le Lutrin / Lyon
- Galerie Remarque / Trans-en-Provence
1979 - Galerie Murs Ouverts / Vence
- Galerie Tête de l'Art / Grenoble
- Galerie Pierre Lescot / Paris
- Centre Culturel Le Parvis / Tarbes
1980 - Ancien Couvent Royal / St. Maximin
- Galerie Alpha / Bordeaux
- Galerie Alinéa / Toulon
- Pavillon de l'Ancien Hospice St. Sauveur / Lille
1981 - Centre d'Art Contemporain / Montignac
- Centre d'Action Culturelle / Maison des Arts / Mont-
béliard
- Centre d'Art Contemporain / Rouen
1982 - Centre d'Action Culturelle / Mâcon
- Galerie Le Nez en l'air / Nice
- Musée de Peinture et Sculpture / Grenoble
- Galerie Pierre Lescot / Paris
1983 - Centre National d'Art Contemporain, Villa Ar-
son / Nice
1984 - Galerie Joachim Becker / Cannes
- Robert Brown Contemporary Art / Washington, D.C.
- A. Johnson Gallery / Cambridge, Massachusetts
1985 - 112 Greene St. Gallery / New York City
1986 - Galerie Pierre Lescot / Paris
1987 - Musée Picasso / Antibes
- Musée d'Art Moderne / Dunkerque

1960 - Jeune peinture méditerranéenne / Palais de la Méditer-
ranée Nice
1961 - 50 peintres autour de Pablo Picasso et Fernand Léger /
Vallauris
1962 - Jeune peinture / Musée d'art Moderne / Paris
1963 - II. Biennale de Paris / Musée d'Art Moderne
- Mostra Convengno Internazionale d'Arte Contempor-
anea / Italie
- IV. Biennale de Menton / Palais de l'Europe
1964 - Contact 65 / Vallauris
1965 - IV. Biennale de Paris / Musée d'Art Moderne
1966 - VI. Biennale de Menton / Palais de l'Europe
1967 - Jeune peinture méditerranéenne / Paris
1968 - Tendances / Galerie Contours / Bruxelles
- Grands et Jeunes d'aujourd'hui / Musée d'Art Mo-
derne / Paris
- Galerie Galatea / Buenos Aires
- Biennale Internationale de l'Estampe / Musée d'Art
Moderne / Paris
- Galerie Musarion / Bâle
- VII. Biennale de Menton / Palais de l'Europe
- Galerie Fenna de Vries / Rotterdam
1969 - Comparaison / Musée d'Art Moderne / Paris
- Franska Galleriet / Mâlmo
- Salon de Mai / Musée d'Art Moderne / Paris
- Maison de la Culture / Le Havre
1970 - Biennale de Menton / Palais de l'Europe
- Jeune peinture / Pavillon Baltard / Paris
- Grands et Jeunes d'aujourd'hui / Pavillon Balt-
ard / Paris
- Galleria II Giorno / Milano
- Triennale internationale de L'Estampe / Suisse
- Salon de Mai / Centre Culturel / Saint-Germain-en-
Laye
1971 - Salon de Mai / Musée d'Art Moderne / Paris
1972 - IX. Biennale de Menton / Palais de l'Europe
- Festival International de Toulon / Musée de la
Ville / Toulon
1973 - Galleria II Giorno / Milano
- Festival International de Toulon / Musée de la
Ville / Toulon
1974 - II. Biennale de l'Art Contemporain / La Figuration
d'Aujourd'hui / Galerie de la Halle au Blé / Alençon
1975 - Salon de Mai / Musée d'Art Moderne / Paris
- Galerie T / Amsterdam
- Tendances Contemporaines II - CIRCA / Villeneuve les
Avignon
- Paix 75-30 ONU / Galerie d'Art Moderne / Solvenj
Gradec
- L'Art vivant contre la peine de mort / Théatre d'Or-
say / Paris
- Art 6-75 / Internationala Kunstmesse / Bâle
1976 - Radioscopie d'une galerie / Maison de la Culture / St.
Etienne
1977 - Acquisitions Musée de Dunkerque
- Mythologies Quotidiennes II / Musée d'Art Moderne
ARC 2 Paris
- FIAC 77 / Grand Palais / Paris
1978 - XII. Biennale de Menton / Palais de l'Europe
- XVII. Prix International de Dessin / Fondation Joan
Miró / Barcelone
1979 - Galerie Antiope / Centro Culturale Arte Moderna / So-
rento
- Contre la peine de mort / Drout - Rive Gauche / Paris

- Acquisitions récentes / Collection de dessins de la Fondation Maeght / St. Paul de Vence
- Autout Graham Sutherland / Vieux presbytère / Gor-
bio
- Le Corps et les peintres actuels / autour d'un Géri-
cault / Musée de Cagnes-sur-Mer
- Realisti Europei / Centro Culturale d'Arte Contempor-
anea / Sorrento
- EXPO ARTE 79 / Fierra Internazionale d'Arte Contem-
poranea Bari
- L'Art au présent / Musée des Beaux Arts / Lille
- I. Rassegna Internationale di Realisti Contempor-
anei / Chiostro San Francesco / Sorrento
1980 - Corps; Tours Multiple Arts contemporains / Tours
- 25. Salon de Montrouge
- Comparaison 80 / Grand Palais / Paris
- Salon International d'Art / Musée de la Ville / Toulon
- Collection d'Art Contemporain
- Cantini 89 / Musée Cantini Marseille
1981 - Festival d'Avignon / "Midi et demi"
- "Cahiers Limage" / Galerie Pierre Lescott / Paris
- Corps: Jeux et Enjuex / Centre Culturel / Parvis, Tarves
- Tendances de la peinture figurative contempor-
aire / Forum des Cholettes / Sarcelle
- Banque d'Images pour la Pologne / Galerie Nina Daus-
set / Paris
1982 - Dessins Français Contemporains / Galerie Seita / Paris
- Gdansk 82 / Fondation Nationale des Arts Graphiques
et Plastiques / Paris
- Exposition Universelle / Knoxville, Tennessee U.S.A.
- Arteder '82 / Muestra International de Arte Grafi-
co / Bilbao
- Internationale Art Expo / Stockholm
- Tendances de la peinture contemporaine / Musée de
Belfort
- Dessins français contemporains / Atrium Gallery, Chi-
cago U.S.A.
- International Art Expo / Stockholm
- Dessins français contemporains / Saydie Bronfam Cen-
tre, Montréal
- Harbourfront Gallery, Toronto / Canada
1983 - Figuration critique / Grand Palais / Paris
- Nœuds et ligatures / Fondation Nationale des Arts Plas-
tiques, Paris
- Chaine / Espace Latino-Américain / Paris
- Dessins français contemporains / Centre culturel fran-
çais / Milano / Torino / Roma
- Franta, Tajan, Vignes / Passage, Reims
- 1ᵉʳᵉ Rencontre des Arts Contemporains / Cannes
- Art contre-against Apartheid / Fondation Nationale
des Arts Plastiques / Paris
- Dessins français contemporains / Centre culturel
français / Budapest / Hongrie / Ljubljana, Skop-
je / Yougoslavie
- Varsovie, Cracovie / Pologne
1984 - Konst mot Apartheid / Lunds Kosthall
- Lund / Suède
- Art against Apartheid / Dorin Taide Museo, Porilo
- Musée d'Art Moderne Tampere
- Lahden Taide Museo, Lahti / Finlande
- Figure-figure / Gare Paris-Est
- Dessins et Crayons / La Malmaison, Cannes
- 5ᵉᵐᵉ Salon de Création Artistique / Bourg-en-Bresse
- Art against Apartheid / Udstillingsbygningen, Copen-

Works in Museums and Public Collections
Œuvres dans les Musées et Collections publiques

hague / Danemark
- Aspects de la peinture expressionniste / Galerie S. Pons / Cannes
- ARCO / Madrid
- FRAC / Provence-Côte d'Azur / Musée Cantini Marseille
- FRAC Alsace / Musée d'Art Moderne Strasbourg
- L'Art Contemporain au Musée de Nice
1985 - Salon de Montrouge
- FRAC Provence-Côte d'Azur / Foundation Maeght St. Paul de Vence
- Téléphone-Graffiti / Galerie Pierre Lescot / Paris
- ART 16'85 Bâle
- Artistes de la Région / CNAC Nice
1986 - Recent Acquisitions / The Solomon R. Guggenheim Museum, New York City
- FRAC Alsace / Museum für Neue Kunst / Freiburg
- Graphisme Musée d'Orange
- Kunst Tegen Apartheid / Nieuwe Kerk Dam, Amsterdam

Retrospective CNAC-Villa Arson, Nice 1983

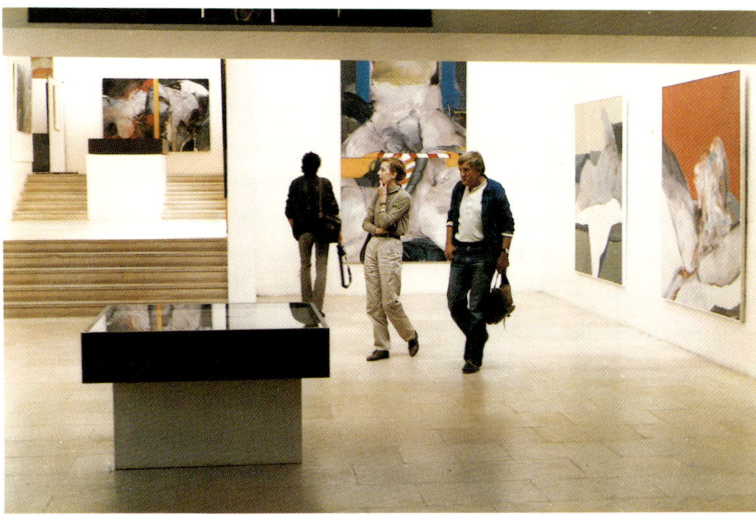

Belgium / *Belgique*

- Fondation Verannemann / Kruishouten

Czechoslovakia / *Tchécoslovaquie*

- Musée d'Art Moderne / Prague
- Musée de Moravie / Brno
- Zapadomoravske Museum / Trebic
- Galerie Vysociny / Jihlava

England / *Angleterre*

- B. Russel Foundation / London

France

- Musée d'Art Moderne de la Ville / Paris
- Centre National d'Art Contemporain / Paris
- Musée Cheret / Nice
- Bibliothèque Nationale, Cabinet des Estampes / Paris
- Musée d'Art Moderne / Dunkerque
- Musée de la Ville / Menton
- Ville de Grenoble / Grenoble
- Musée Départemental / Epinal
- Musée de la Peinture / Grenoble
- Musée des Beaux Arts / Lyon
- Maison de la Culture / Grenoble
- Fonds Nationaux de l'Etat / Paris
- Musée Cantini / Marseille
- Musée de Toulon / Toulon
- Fondation Maeght / St. Paul de Vence
- Chateau-Musée / Cagnes sur Mer
- Musée d'Art Moderne / Baux de Provence
- Fonds Régional pour l'Art Contemporain / Provence, Côte d'Azur
- Fonds Régional pour l'Art Contemporain / Alsace
- Musée Municipal / Besançon
- The United Nations Special Committee against Apartheid / Paris
- Fonds Régional pour l'Art Contemporain / Champagne-Ardennes
- Musée des Arts Graphiques / Roquebrune Cap Martin

Holland / *Pays-Bas*

- Stedelijk Museum / Amsterdam

Israel

- Israel Museum / Jerusalem

Italy / *Italie*

- Museo d'Arte Moderno / Castelanza
- Fondazione Pagani / Legnano

United States / *Etats Unis*

- The Solomon R. Guggenheim Museum / New York City
- The Bronx Museum of the Arts / New York City

West Germany / *Allemagne Federal*

- Kunstmuseum / Bochum
- Kunstmuseum / Dusseldorf

Yugoslavia / *Yougoslavie*

- Musée d'Art Moderne / Belgrade
- Musée d'Art Contemporain / Skopje
- Musée d'Art Moderne / Ljubljana
- Musée d'Art Moderne / Slovenjn Gradec

Bibliography
Bibliographie

- Mirepoix, Lévis — préface, Galerie Genet, Paris 1960.
- Lépage, Jacques — préface, Galerie Genet, Paris 1962.
- Trilithon, Rex — The Arts Review 1962.
- Lesizza, Joseph — préface, Galerie Internationale, Nice 1964.
- Sodoyan — préface, Galerie Zunini, Paris 1968.
- Gaudet, Michel — Les lettres françaises, 10.1.1968.
- Smejkal, Frantisek — "L'Homme approximatif" préface, Galerie Zunini, Paris 1970.
- Lévêque, Jean-Jacques — préface, Galerie Zunini, Paris 1970.
- Geneau, Anne — Opus International, N° 17.
- Waldemar, George — "L'enfer de Franta" préface, Galerie Avignon, 1970.
- Lévêque, Jean-Jacques — "Expressionnisme," Galerie des Arts, N° 94.
- Gauthier, Paule — Les lettres Françaises, mars 1970.
- Appelgate, Judith — Art International, vol. XIV / 4 1970.
- Beret, Chantal — Galerie des Arts, N° 88 1970.
- Claverie, Jean-Louis — Opus International N° 26.
- "L'Art depuis 1945," Editions La Connaissance, Bruxelles 72.
- Poulain, Hervé — "L'Art et Automobile," Editions les Clefs du Temps, Zong, Suisse.
- Gaudibert, Pierre — préface, Musée Galliera, Paris 1974 / Maison de la Culture de Grenoble et St. Etienne 1974.
- Gassiot, Talabot Gérald — préface, musée de Menton 1973. Maison de la Culture de Grenoble et St. Etienne 1974.
- Lévêque, Jean-Jacques — préface, Maison de la Culture, Grenoble 1974.
- Mengui, André — préface, Galerie Rencontre, Paris 1974.
- Gaudet, Michel — "Accusation et Vérité" Patriote N° 349.
- Peppiath, Michaël — Art International, vol XVIII / 6 1974.
- Gassiot, Talabot Gérald — Magazin Kunst, N° 2 1974.
- Alvaro, Egidio — Artes Plasticas, N° 6 1975.
- Lévêque, Jean-Jacques — "La pointure de cri," Nouvelles littéraires N° 2429 — "A feu et à sang," Quotidien de Paris N° 738.
- Chalumeau, Jean-Luc — préface, catalogue ATAC 1975. "Initiation à la lecture de l'Art Contemporain," Editions Fernand Nathan.
- Avila, Alin — Opus International N° 51.
- Delbourg, Patrice — Exit, 10.11.1976.
- Lévêque, Jean-Jacques — "Une certaine idée," Cimaise N° 95-96.
- Parent, Francis — préface, Galerie Lornsenstrasse, Kiel 1976.
- Tabaraud, George — "Machines & Hommes," Patriote, N° 469.
- Kaeppelin, Olivier — Exit 10.11.1976.
- Mazars, Pierre — "A chacun sa muthologie," Figaro, mai 1977.
- Altamira, Adriano — "Corpo a corpo di Franta" Gala International, N° 82.
- Verdet, André — préface Galerie Pagani, Milano 1977.
- Chalumeau, Jean-Luc — Opus International, N° 65.
- Gauthier, Paule — "Nouvelles figurations et tactiques critiques" Cimaise N° 134.
- Tronche, Anne — préface, Galerie Remarque, Trans-en-Provence 1978.
- Gaudet, Michel — Patriote, février 1979.
- Chalumeau, Jean-Luc, "Sur les dessins des peintres," Opus International N° 72.
- Leenhardt, Jacques — Journal de Genève, 12 mai 1979.
- Bouisset, Maiten — Le Matin, 18 mai 1979.
- Démoulin, Michèle — "Le non-dit de l'humain," préface, Centre Culturel Le Parvis.
- Linhartova, Vera — "Les dessins de Franta," préface, Tarbes.
- Le Bot, Marc — préface, Acien Couvent Royal, St. Maximin 1980.
- Demoulin, Michele — "Franta ou l'indicible plaisir," Opus International N° 77.
- Gaudibert, Pierre — préface Galerie Alinéa, Toulon, 1980.
- Chalumeau, Jean-Luc — "Lectures de l'Art," Editions Chêne 82.
- Chalumeau, Jean-Luc — "Franta à Rouen," Arts N° 44.
- Butheau, Robert — "Dessins de la Fondation Maeght," Le Progrès, mars 1980.
- Gaudet, Michel — "Le livre de Franta," Cahier Li-mage / Avila "Patriote" N° 746.
- Le Bot, Marc — "L'Art instaurateur," Revue d'esthétique N° 3-4, Collection 10/18.
- Avila, Alin — préface catalogue C.A.C. Mâcon 82.
- Descendre, Nadine — "Franta, le corps de la douleur," Revue Esprit N° 62, février 82.
- Xuriguera, Gérard — "Regard sur la peinture d'Aujourd'hui" Edition Arted, Paris 1983.
- "Tendances et Témoignages de l'Art Contemporain" Edition Academia, Italie 1983.
- "Rimeco Art Catalogue," Edition Rimeco, Italie 1983.
- De Ponchara, Nicole — préface, Musée de Grenoble 82.
- Delbourg, Patrice — préface, Galerie P. Lescot, Paris 1982.
- Noël, Bernard — préface, C.N.A.C. Villa Arson 83.
- Mouzon, M.L. — "Franta ou le dialogue avec l'homme" Art Thème N° 1. 1983.
- Bénamou, Geneviève — "Sensibilités Contemporaines" 70 artistes d'origine tchèque et slovaque hors Tchécoslovaquie - Ed. G.B. 1985.
- Chalumeau, J.L. — Franta — Opus International N° 95 - 1984.
- Xuriguera, Gérard — "Les Figurations de 1960 à nos jours" Ed. Mayer — Paris 1985.
- Conte, Richard — "L'ordre du graffiti" Tribu N° 10.
- Brisset, Pierre — Franta — "L'Oeil."
- Picart, Denis — Connaissance des Arts.
- Mouzon, M.L. — Franta — Art Thème N° 30 — 1985.
- Parent, Francis — "Les figurations des années 60 à nos jours."
- Ed. Larousse "25 ans d'art en France" / 1960-85.
- Noël, Bernard — Franta, Opus International N° 101.
- Gaudet, Michel — "Franta en Amérique," Patriot N° 902.
- Largillet, J.P. — "Franta l'Afrique bonheur," NiceMatin 86.
- Bataillon, Françoise — Franta, Art Presse N° 105.
- Pradel, J.L. — L'Evenement du Jeudi, N° 82.
- Brun, Geneviève - Pictura, Juin 1986.
- Faucher, Michel - Cimaise N° 182.
- Rubin, Edward - Art Speak, New York, N° 5 1985.

Acknowledgments
Remerciements

I would like to thank
Je remercie de leur aide amicale

Georges Richardot
Jana Claverie

Photographic Credits
Credit Photographique

Serge / France
Catherine Ursillo / New York City
Rudolf Hlavka / Czechoslovakia
Andre Villers / France
Alexandr Mertl / Czechoslovakia
Jean Dannery / Nice, France
Claude Gaspari / Paris, France
François Decq / France
Claus Schneider / West Germany
David Heald / New York City
Michèle Vignes / San Francisco
Hans Spinner / France
M. Batmanglij / Washington D.C.

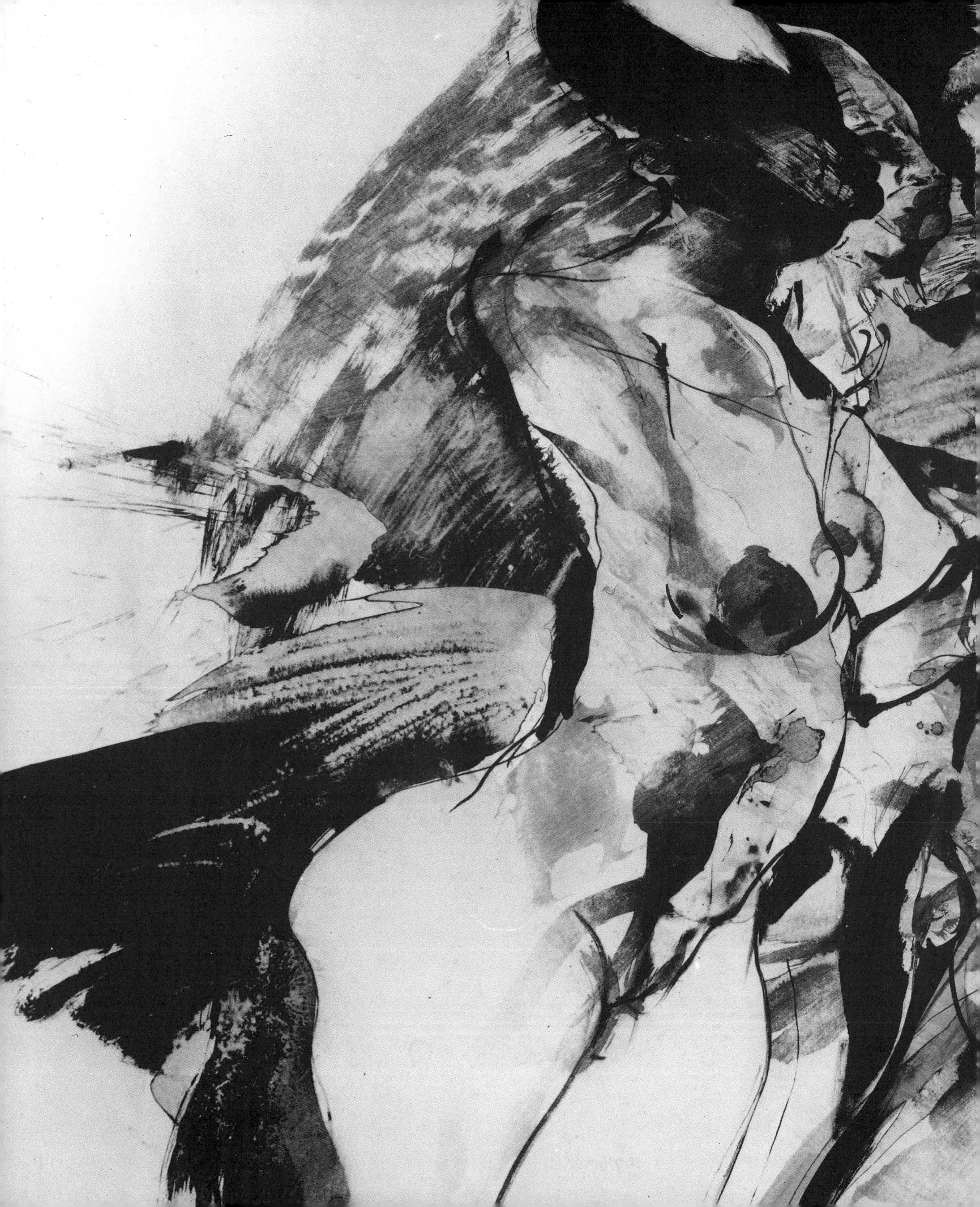